U0796906

尽 善 尽 美　　　弗 求 弗 迪

进击的文案

新媒体写作完全指南

苏芯◎著

電子工業出版社
Publishing House of Electronics Industry
北京·BEIJING

内 容 简 介

信息爆炸的新媒体时代，传播的底层逻辑已经改变。本书从这一原点出发，介绍了新媒体时代的信息传播规律，以及新媒体文案创作者应该具备的各种技能，帮助新媒体创作者不断拓展自身能力边界。这本书将为你注入全新的写作思维，让你在懂文字之外，更懂用户、懂产品、懂运营、懂增长、懂技术，成为一名复合型新媒体创作者，并熟练掌握各种类型的新媒体文案的创作技巧。

图书在版编目（CIP）数据

进击的文案：新媒体写作完全指南 / 苏芯著. —北京：电子工业出版社，2020.11
ISBN 978-7-121-39662-5

Ⅰ. ①进… Ⅱ. ①苏… Ⅲ. ①新闻写作—指南 Ⅳ. ①G212.2-62

中国版本图书馆CIP数据核字（2020）第183131号

责任编辑：张　毅
印　　刷：三河市鑫金马印装有限公司
装　　订：三河市鑫金马印装有限公司
出版发行：电子工业出版社
　　　　　北京市海淀区万寿路173信箱　邮编 100036
开　　本：720×1000　1/16　印张：19.5　字数：309千字
版　　次：2020 年 11 月第 1 版
印　　次：2020 年 11 月第 1 次印刷
定　　价：58.00元

凡所购买电子工业出版社图书有缺损问题，请向购买书店调换。若书店售缺，请与本社发行部联系，联系及邮购电话：（010）88254888，88258888。

质量投诉请发邮件至 zlts@phei.com.cn，盗版侵权举报请发邮件至 dbqq@phei.com.cn。

本书咨询联系方式：（010）57565890，meidipub@phei.com.cn。

前言 | preface

新媒体写作的游戏规则

新媒体时代，信息流动的速度比过去任何一个时代都快，出现在用户眼前的信息，比过去任何一个时代的都多。

互联网数据中心发布的报告显示，到 2025 年，全球每年产生的数据将增长到 175ZB。这是多大体量的数据呢？如果将这 175ZB 全都存在 DVD 里，这些 DVD 叠起来的高度将是地球和月球距离的 23 倍，这些 DVD 同时也可以绕地球 222 圈。如今，全球每天收发 2936 亿封电子邮件，每天有 450 亿条信息在微信中发送出去，有 4.1 亿次音视频呼叫成功；每天有 50 亿次搜索，Facebook 每天产生 100 亿条消息、3.5 亿张照片和 1 亿小时的视频浏览……

轰隆隆爆炸的信息，是这个时代给予的馈赠，也是时代布下的陷阱。

过去，在各类电子渠道还未兴起时，人们用纸质工具记载知识和想法，但纸张既昂贵又浪费空间，所以出版机构通过专业的“把关人”（通常是编辑）将知识进行简化，呈现在期刊、图书等媒介渠道上供人获取。也就是说，在传统媒体时代，渠道是一种稀缺资源，掌握渠道的人就掌握了信息分发权，也掌握了话语权。因此，那时的广告主不惜花重金购买渠道，以获得向用户推送广告信息的权利。

在新媒体时代，情形发生了剧烈的变化，随着各类电子渠道的兴起，广告主们面对的是买不完的资源位，用户面对的是刷不尽的信息流，电子渠道的这种“无限性”特征，让渠道变得不再稀缺，用户的注意力成了真正稀缺的资源。

媒介渠道的巨变，彻底改变了信息传播的底层逻辑。报纸、杂志、电台广播作为传统媒介的代表，其信息流动是单向、放射状、缺乏互动的。而现在，信息在新媒介渠道上的流动是多向、网状、多互动的。

新媒体的发展，也让用户获取信息的习惯被重新“编程”。在这个信息过载的时代，人们始终处于一种信息接收超负荷的状态，从图文到视频再到短视频，用户的注意力被分散的媒介渠道和各式各样的媒介体裁切割成细细的碎片。过去，在纸媒时代，用户在阅读图文内容时需要卷入式的深度思考，即从 A 到 Z 的、漫长的“长形式思考”（long-form thought）方式，这种思考方式受制于书籍、手机页面的物理空间，要求用户熟悉严密的论证模式，不间断地投入注意力和逻辑思考力。

但在超链接式的互联网世界中，人们正在失去这种全神贯注的长形式思考能力，取而代之的，是一种新的短形式思考（short-form thought）。在这种思考方式中，知识点与知识点之间结成了一张巨大的网，用户不断被前方的知识点诱惑着，不停点击，没有终点。这让用户在每一个知识点上停留的时间变短、思考力变浅，变得更在意知识点的娱乐性、刺激性，而非逻辑严密性。

媒介环境的更迭，用户习惯的改变，都给新媒体时代的创作者带来了全新的挑战，新媒体时代，写作的“游戏规则”正在被改写。

写作不再只是对文字的排列组合与悉心雕琢，诚然文字技巧依旧是写作不可或缺的基本功，但这个时代明显要求得更多。一句文案、一篇文章打天下的时代已经过去了，创作者必须沉下心来，去分析不同人群的喜好，去研究不同媒介平台的信息分发机制，去紧贴热点与文化的流动起伏，去思考如何实现品牌与效果的统一……这比单纯安静地写好文章复杂多了，也困难多了。在新媒体时代，我们只能在对传播规律的理解深度上，以及在对细节的把控与打磨里一点点地拉开与其他创作者的差距。

新媒体时代是一个迷惑而苛刻的时代。它要求创作者有更广阔的视野与更玲珑的心窍，思维必须跨界，知识必须多元，创作者不只要懂文字，还得懂用户、懂产品、懂媒体平台，甚至还得懂运营、懂增长、懂技术……新媒体创作者最需要具备的能力，就是不断拓展自身能力边界的能力。

而这本书的目的，就是成为一本新媒体时代的商业写作完全指南。全书分为三大篇，分别是背景篇、理论篇与实战篇。

背景篇介绍新媒体时代的传播规律与特征、用户内容消费的心理及行为和新媒体写作的新思维，消化好这一部分的内容，会让你的写作更具目标感和策略性，文字更具传播度，从而提升写作工作的投入产出比。

理论篇的主要目的是帮助你提升文字功力，从写作的逻辑、结构、内容、炼字等方面入手，提供系统性的讲解与剖析，帮助你一点点地打磨好写作的基本功。

实战篇则瞄准新媒体时代常见的各类文章体裁，将新媒体时代的创作者日常工作中会遇见的“命题作文”一网打尽，同时，也将针对当代传播环境中受欢迎的文案类型进行分析，提供新媒体推文的写作攻略，从多维度提供尽可能详细的实战分析与指导。

关于新媒体、关于写作、关于营销，市场上有千千万万的书籍提供见解、知识与指引。这本书在撰写之初，就力求在系统性、全面性、深入度、实战性和可读性上都做出努力，成为一本真正实用的读物，使无论是希望“从 0 到 1”的创作者，还是正在努力“从 1 到 100”的创作者，都能从中汲取营养，获得能量。

传统媒体时代就像一座精心修剪的花园，它安谧、美丽，静待着游人前来观赏。而新媒体时代则是一片光怪陆离的丛林，每个人都在里面进行着自己的探险。这里生物种类繁多，危险与泥沼也同样多。想要在这片丛林中采摘甜蜜果实，捕获奇珍异兽，文字功底就是你披荆斩棘的刀与剑。除了刀与剑，你还需要一本野外生存指南，它的目的不是教你如何与自然对抗，而是教你如何顺应自然规律从而得以生存。期待这本书成为你的新媒体时代写作生存手册，带你绕过泥沼与陷阱，寻到自己想要的珍宝。

目录 | Contents

背景篇

第 4 章　写作的逻辑

第 5 章　炼字：向陈词滥调宣战

第 6 章　从“文采”到“情采”

第 7 章　灵感养成指南

理论篇

实战篇

第 8 章　如何写好一篇公关稿

第 9 章　如何写出打动人心的当代文案

第 10 章　如何搭建文章结构

第 11 章　新媒体文章的写作技巧

背景篇

新媒体时代，信息流动的新规律是什么？是什么样的技术在决定着信息的分发和流动，又是什么样的用户心理在支配着流量的流向？创作者需要具备哪些跨界思维，才能在内容创作时如鱼得水？

在背景篇中，我将从传播环境、用户心理和写作思维三大角度，剖析新媒体时代创作者必备的背景知识，摸清“10万+”背后的传播脉络。

第 1 章　信息流动的新逻辑

新媒体时代，创作者需要身兼媒体人属性。在阐释这句话的含义之前，先说两个小故事。

过去，有人写了一篇《被上网毁掉的中国年轻人》，投稿给某杂志社，编辑部读了觉得有理有据、文笔流畅，于是文章被印成铅字，顺利发表，杂志被运往各大报刊亭进行售卖，作者入账一笔稿酬。购买了杂志的读者，有的认为文章一针见血，有的觉得文章有失偏颇，但除了极少数热心读者会给杂志社写信表明看法，大部分读者的声音几乎不可能被作者、编辑部和其他读者听到。

如今，有人写了一篇《被奶茶毁掉的中国年轻人》，发布到微信公众号、微博、今日头条等自媒体平台，在"毁掉体"标题正在流行、奶茶正被年轻人奉为"快乐水"的当下，读者用眼球投票，让这个标题获得了大量点击，作者入账一笔来自平台的流量分成和读者"打赏"。同时，文章也得到了大量的转发、点赞和评论，评论有好有坏，有人认为奶茶是垃圾食品害人不浅，有人认为文章是"标题党"贩卖焦虑，甚至有读者开启"喷子"模式，留下言辞激烈的谩骂。读者的评论也能获得来自其他读者的"点赞"，获赞多的评论会被排列到留言列表的顶端。

两篇立意相似的文章，在不同时代、不同媒介渠道上，传播情形可谓大相径庭。是什么导致了这种情况的发生呢?

在传统媒体时代，信息的传播路径就像一条单行道（如图 1-1 所示），信息被生产出来后，借由渠道抵达受众，它是中心化的、单向的，在这一路径中，渠道占据着非常高的地位，它们及背后的“把关人”（编辑室）决定了哪些信息能被受众看到，哪些不能。这样一来，内容生产者在创作时，难免会将把关人制定的规则和他们的审美作为重要的标尺，以此来校准、约束自身的创作。

因此，传统媒体时代的内容是较为有序、克制和精英化的。而内容消费者，也就是受众，身处整个传播链条的末端，被动地接收着信息，他们对内容的好恶只能体现在报纸杂志的发行量、电视节目的收视率这些抽象而笼统的数据上，他们是面容模糊的一群人，并且他们彼此之间是孤立的。

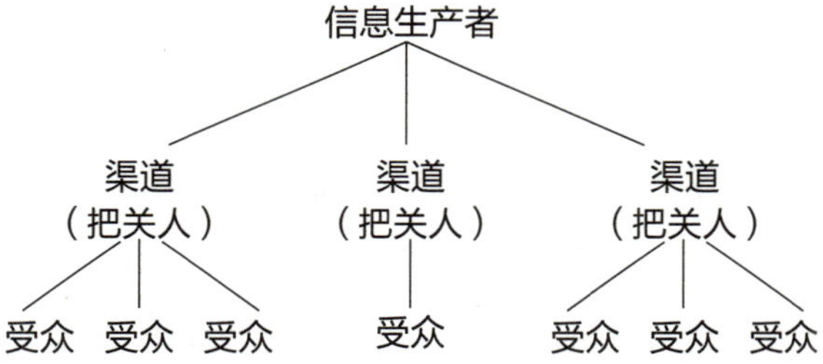

图 1-1　传统媒体时代的信息传播路径

在新媒体时代，信息传播渠道如图 1-2 所示，横亘在内容生产者与受众之间、受众与受众之间的鸿沟，通通都被发达、丰富的传播渠道填平了。随着新媒体平台的兴起，渠道变得日益碎片化、去中心化，信息传播的路径也变得愈发复杂和迷离，它不再是一条条单行道，而更像东京地下铁那般庞大错综的系统，上面分布有大量的传播节点，向四面八方循环往复地输送着海量信息。在新媒体时代，渠道的力量与其说是下降了，不如说是被分散了。少数集中的渠道分散为更多的新媒体平台，从新媒体平台分散到一个个新媒体账号上。

图 1-2　新媒体时代的信息传播路径

在新媒体时代的传播路径中，把关人对内容的审核规则在某种程度上更迭为新媒体平台的运营规则，而运营规则相比过去宽松了许多。这样一来，内容创作者必然会悉心研究新媒体平台的运营规则，内容逐渐产品化，因为是否适应新的运营规则决定了他们能获取多少用户的点击，决定了内容获取流量的多寡，也决定了他们自身的收益。

因此，新媒体时代的内容相比于传统媒体时代，具有良莠不齐、海量和平民化的特征。越通俗的内容，受众面就越广，越猎奇的信息，越容易吸引眼球，这样的信息传播机制也是导致“标题党”和不良信息泛滥的元凶。

与此同时，随着内容的产品化，受众的身份也从读者变为用户，用户对内容发表意见这一行为是受到媒体平台鼓励的，因为这能体现平台的黏性与活跃度。用户不再是面容模糊的一群人，他们对内容的评论具体而富有个性，他们彼此之间不再孤立，他们能看到其他用户对内容的评论，甚至能为自己认同的评论送上一个“赞”。

现在我们再回过头看看本章开篇那句话：“新媒体时代，创作者需要身兼媒体人属性。”这句话其实有三层含义：第一，新媒体时代的创作者，需要像媒体人那样懂得传播的规律，了解每一种媒介渠道的特征，仅仅醉心于内容的打磨是不够的；第二，新媒体时代的创作者，需要做自己内容的把关人，在内容质量与流量之间寻求平衡；第三，新媒体时代的创作者，越来越不需要“借助”媒体，而是可以直接拥有自己的媒体，经营自己的媒体，这也是“新媒体运营”一词的真实含义。

这一章的内容，将带你了解新媒体时代信息传播的基本规律、媒介渠道的特点及信息演化的道路，为你写出受欢迎的内容打下坚实的基础。

1.1 “沉默的螺旋”和“信息茧房”

1974 年，德国传播学家伊丽莎白·诺艾尔－诺依曼提出了“沉默的螺旋”理论（Spiral of Silence Theory），这一理论后来成为解释现代社会中民意形成的一大模型，影响深远。该理论认为，当人们在表达自己的观点时，如果看到与自己看法一致的观点受到欢迎，就会积极地参与讨论，当发现自己的观点无人理会时，即便自己赞同它，也会保持沉默。沉默的愈沉默，喧嚣的愈喧嚣，循环往复，呈现出螺旋式的过程。

“沉默的螺旋”理论的重要前提，是人们对被社会孤立的恐惧。人们之所以会观察大众传媒和身边人的态度，之所以会去判断强势意见和弱势意见，就是因为当个人意见与大众意见相左时，人们往往会产生恐惧和孤独感，为了不成为孤零零的少数派，人们宁愿隐藏真实看法，保持沉默。

“沉默的螺旋”理论被提出的年代，是传统媒体举足轻重的时代，这一时期的公众本来也缺乏对外发表观点的途径，主流媒体和权威人士在舆论的引导方面能发挥较大作用。

在媒介渠道异常发达的新媒体时代，“沉默的螺旋”理论所描述的现象有了新的变化。人人都有了发声渠道，发表意见的成本大大降低，网络空间的匿名性也降低了人们发表意见的心理包袱，“对被社会孤立的恐惧”在一定程度上被削弱。那些持有较极端观点的人通常愿意更积极地发声，也更容易博得大众的关注和支持，而那些理性客观的人发言通常较为谨慎，从而导致了互联网舆论容易被极端观点左右，形成“极端的少数派左右沉默的大多数”这一局面。与此同时，社交媒体、个性化推荐平台的产品机制，也会让用户更容易看到与自己喜好一致的人或信息，新“沉默的螺旋”现象更容易愈演愈烈。

这里就还需要提及近年来一个常被业界人士探讨的概念，叫作“信息茧房”（Information Cocoons）。这一概念由美国哈佛大学法学教授凯斯·桑斯坦提出，并在其 2006 年出版的著作《信息乌托邦：众人如何生产知识》中进行了详细阐释。凯斯·桑斯坦认为，在信息传播过程中，由于公众不可能做到对所有信息全盘接收，他们通常只关注自己感兴趣的或使自己感到愉悦的信息，久而久之，就会将自身桎梏于像蚕茧一般厚厚的单一的信息中。“过滤器气泡”（Filter Bubble）和“回音壁”（Echo Chamber）也是与“信息茧房”相似的概念，都在探讨人们接收信息的过滤机制。

比如，在 Facebook、Instagram、微博等社交媒体上，用户可以关注、订阅自己的亲朋好友或感兴趣的博主 / 账号，一般情况下用户是以“志同道合”或“感兴趣”为原则进行订阅的。而在一些个性化推荐平台上，用户的点击、点赞、评论等行为会被平台记录下来，并作为算法推荐相关内容的依据。人们的“信息偏食”现象自古有之，然而社交媒体和个性化推荐的产品机制一般被认为会加剧“信息茧房”现象。

可以看到，无论是在“沉默的螺旋”还是“信息茧房”现象中，用户在信息传播过程中的地位都大大提升，他们的喜好在很大程度上决定了一则信息能传播得多广、渗透得多深。同时，那些新兴大流量平台的产品运营机制，也影响着信息流动的规则和路径。

这样的现实对新媒体创作者提出了两个要求：首先，新媒体创作者必须懂用户，必须将写作的语言与用户的语境调至同一频率，必须潜入他们的心智，了解他们关心什么，知晓什么样的信息能引起他们的兴趣并获得他们的转发。其次，新媒体创作者必须懂媒体平台，必须对平台的规则如数家珍，并通过合理利用这些规则，让自己的内容被更多用户看到。

在我们了解了新媒体时代信息流动的新逻辑与新规则之后，接下来的两节中，我们将分别从内容和渠道两个角度，探讨新媒体时代获得广泛传播的内容都具有哪些特征。

1.2 新媒体传播“二十字诀”

新媒体时代，在浩如烟海的信息中，为什么有的信息轻而易举地就被用户过滤掉了，有的却像浑身长着钩子一般，能够牢牢地钩住用户的注意力？在注意力成为稀缺资源的时代，到底应该怎样去撰写和编辑信息，才能更高效地获取用户注意力呢？一般来说，能够成功获取用户注意力的信息都具有五个特征，这五个特征可以用“二十字诀”进行概括。它们分别是：信息前置、短者为王、信息增量、引发共鸣、疏导焦虑。每一个特征具体怎么理解？接下来我将逐一进行分析。

1. 信息前置：缩短信息路径

信息前置的含义很简单，就是把最重要、最核心、最吸引人的信息放到最前面。对于一篇文章而言，要把最重要、最核心、最吸引人的信息放到标题中；对文章的正文而言，要把最重要、最核心、最吸引人的信息放到第一段；对一个段落而言，要把最重要、最核心、最吸引人的信息放到段落的第一句话。

信息前置的本质，就是缩短用户接触到核心信息的路径。这与新媒体时代信息呈现的方式有密切关系。

在传统媒体时代，文字被印刷到报纸、杂志上，当受众打开一张报纸时，上面的信息是全部铺开展现在受众眼前的，即使文章标题的字号、字体要远比正文显眼，受众还是可以较轻松地读到内文信息。

但在新媒体时代，情况就大不相同了。微信公众号、今日头条等平台均采用"信息流"的呈现形式，当一个用户打开 App，首先映入眼帘的是文章或视频的标题，在用户点击标题之前，是看不到更多的内文信息的。新媒体时代的信息排列形式是"抽屉式"的，正文内容被折叠在标题背后，用户需要通过点击标题这一行为才能"拉开"抽屉，才能看到更多、更详细的信息。这样一来，标题的地位就大大地提升了，因为只有标题足够吸引人，用户才有足够的欲望去点开它阅读全文。一旦标题黯然失色，创作者苦苦撰写的内容就只能被锁在"抽屉"中，永无见光之日了。

这也可以解释，为什么新媒体时代的标题正变得越来越长。在纸媒时代，做记者的人都知道，好标题有一个重要的要素：短。这是因为纸质印刷物的成本高，并且版面有限。到了新媒体时代，标题已经摆脱了空间的束缚，目前，微信公众号允许的标题长度为 64 个字，头条号允许的标题长度为 30 个字。有第三方机构曾对 2000 多篇阅读量"10 万 +"的文章进行分析，发现微信公众号标题的平均字数，已从 2015 年的 18.02 个字，增加到 2017 年的 21.66 个字，其中，最长的标题达到了 61 个字。为了抓住用户的注意力，优秀的内容创作者们通常会在标题里呈现尽可能多的信息和关键词，有的甚至达到"一个标题讲完一个故事"的地步。

传统媒体时代"成都茶馆的魅力"这个标题，到了新媒体时代就可能被写成"全成都 9264 家茶馆，每天超 10 万成都人泡茶馆，原因是什么"；传统媒体时代"探秘肯尼迪家族"这个标题，到了新媒体时代则可能被写为"这个权贵家族富了 4 代，出过总统，但出现各种非正常死亡"。后者往往字数更多，信息更丰富，内容也更吸睛。

新媒体时代，在浮光掠影的阅读行为中，用户留给一则信息的时间不会多于几秒钟，信息前置可以有效降低用户获得关键信息的成本，让内容更容易“黏住”用户的注意力。

2. 短者为王：信息“去臃肿化”

上文中提到新媒体时代的文章标题正变得越来越长，并不意味着文章也是越长越好。事实上，新媒体时代的用户阅读习惯已被培养得越来越“急躁”，社交媒体鼓励 140 字以内的内容，短视频平台鼓励 15 秒甚至 10 秒以内的内容，平台的推波助澜让用户注意力的转移速度更快了。

今日头条曾公布过一组数据，数据显示用户阅读文章的跳出率与文章长度成正比（跳出率是指未读完文章的用户数与读完整篇文章的用户数的比率）。在今日头条平台上，1000 字以内文章跳出率最低，为 22.1%，4000 字左右的长文跳出率最高，达到了 65.8%，也就是说，有超过一半的用户打开一篇文章发现太长后，会选择跳出。

与此同时，用户的平均停留时长，也并未随着文章字数的翻倍而成倍增加，数据显示，1000 字以内的文章平均停留时长为 48.3 秒，而 2000 ~ 4000 字的文章，平均停留时长仅为 69.3 秒。而在 2018 年，今日头条创作者们发布的文章平均字数为 845 字。这些数据告诉我们，在当前的传播环境下，用户对 1000 字内的文章接受度更高，信息的传达可以更完整。

如果说信息前置的本质是为了缩短用户触达核心内容的路径，短者为王的本质就是降低用户的阅读成本。这里的阅读成本包含两个层面：一是用户阅读内容的心理成本，文章越长，用户阅读的心理成本也就越高，导致他们越容易放弃阅读；二是用户消化内容的成本，文章越长用户就越难消化。这两个成本的提升，都极大地影响了信息的传播度。

有人说，新媒体时代是一个信息微缩的时代，用户在互联网上并不是在阅读，而是在浏览网页和搜集信息，他们不会在某一个网页上花费大量的时间，而是习惯于在多个网页之间迅速切换，以寻找每个页面上最吸引他们的片段。

当海量的信息接踵而来，当用户的注意力稍纵即逝，短者为王就成为新媒体时代信息传播的一大规则。当然，"短"并不意味着要牺牲信息的含量，"短"的前提是不去折损必要的信息，因此，创作者需要在保证同样信息含量的前提下，尽可能地对内容进行提炼和精简，这也对写作提出了更高的要求。创作者需要深谙提炼和精简的重要性，熟练地控制行文节奏，让内容"去臃肿化"，变得轻盈苗条，从信息的洪流中脱颖而出。

3. 信息增量：摒弃无效内容

伴随着信息爆炸而来的，是信息的同质化。在"搬运""洗稿"等行为屡见不鲜的新媒体环境下，信息同质化现象更是愈演愈烈。面对毫无新意的重复信息的刺激，用户必然会将它们无情地过滤掉。想要通过信息获取用户的注意力，信息增量是一条非常重要的原则。

信息增量是指内容必须包含用户不知道的新信息，否则该内容对用户而言就是无效信息。

举一些极端的例子，那些流传甚广的谣言，通常都会伪装成具有增量的信息，轻而易举地攫取用户的注意力，并获得他们的主动转发。"长城是太空中唯一肉眼可见的建筑""金鱼的记忆只有 7 秒""可乐会腐蚀人类的骨头"，类似这样的信息相信许多人都见过，就是因为它们提供了一些看上去很新鲜的信息，才能骗取人们的口口相传。

另一些优秀的例子，比如《写出〈狂人日记〉的鲁迅，竟然是个脑洞大开的设计师》这篇文章，在许多平台上都获得了可观的流量，原因就在于它提供了"文学大师鲁迅也是个设计高手"这一信息增量，文章会告诉读者，鲁迅不仅会写作，设计水平也不低，北京大学的校徽、他不少作品集（如《呐喊》《朝花夕拾》）的封面，都是鲁迅亲手设计的。这样的内容，用户读完后会有惊喜感和收获感，内容里所包含的信息增量或许会成为他们聊天时的谈资，成为他们的"社交货币"。

内容的信息增量如此重要，是否意味着信息增量越多越好呢？事实并非如此。如果内容过于新鲜，用户理解和消化它的成本就会变高。也就是说，如果内容的信息增量过多，反而会影响传播的效果。

内容的信息增量与内容的传播度之间的关系，呈现出一条抛物线的形状，如图 1-3 所示：当内容的信息增量达到一个阈值之前，它的传播度与信息增量成正比。也就是说，在这个区间的内容信息增量越大，传播度就越高。但当内容的信息增量超过一个阈值之后，它的传播度就和信息增量成反比了，内容从新奇变成了陌生，传播度也会遭到削弱。

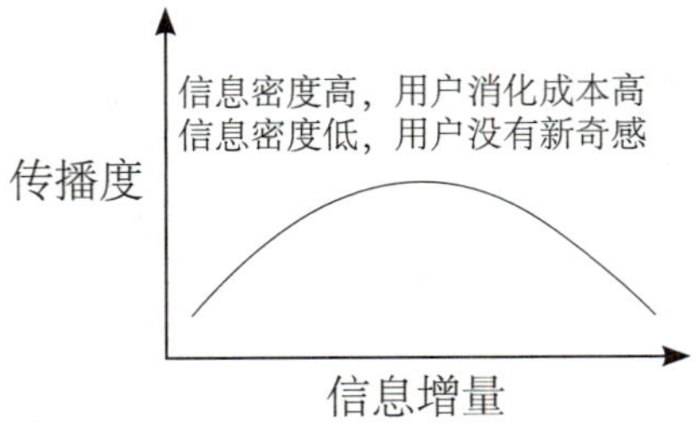

图 1-3 内容的信息增量与传播度之间的关系

创作者需要拿捏好增量信息的“浓度”，一般而言可以采取一些技巧，让用户更流畅地接受新信息，比如以用户熟悉的、关联度高的事物作为切入点，就像《写出〈狂人日记〉的鲁迅，竟然是个脑洞大开的设计师》一文那样，其实就是利用“鲁迅”这一用户熟悉的信息，加上“鲁迅是设计师”这一信息增量，才获得了用户的注意力。试想一下，如果这篇文章的内容变为《耶胡达·阿米亥竟然是个脑洞大开的设计师》，同样含有“×× 是个设计师”这一新信息，然而由于认识耶胡达·阿米亥（以色列诗人）的人相对较少，点击这篇文章的人数就会大打折扣。

4. 引发共鸣：满足人性公约数

那些广为传播的内容通常很能引发人们的共鸣，而这种共鸣背后的深层原因，在于它们大部分都满足了“人性公约数”。什么叫人性公约数？我们知道，有的内容只会在固定的圈层中引发用户关注，比如苹果手机发布会，就只有“果粉”、科技行业从业者等特定的垂直人群才会关注，又比如足球赛况报道，只有球迷群体会关注。但是有一些内容，它们的受众可以广泛到不分年龄、不分性别、不分地域也不分行业，它们可以牵动最大范围人群的注意力和情绪，这样的内容就是满足人性公约数的内容。

2017 年，一座铜制小女孩雕塑出现在纽约华尔街的地标建筑铜牛雕塑对面。“女孩”双手叉腰，下巴扬起，表情坚毅，名为“无畏女孩”。这座雕塑的出现是麦肯纽约广告公司和道富环球投资管理公司策划的一起营销事件，希望通过小女孩雕塑呼吁性别平等，尤其是呼吁让更多女性顾问加入公司集团董事会。

雕塑亮相后，立刻引起了各大媒体的报道，并在社交媒体中掀起波澜。据统计，“无畏女孩”3 个月内在 Twitter 上的曝光次数达到 48 亿次，在 Instagram 上的曝光次数超过 7.45 亿次，它也由一个暂时性的展览品变成了一处固定的景观，吸引着无数经过华尔街的人前来参观与合影。同时“无畏女孩”为麦肯纽约广告公司横扫当年广告界各项大奖，也为广告主道富公司创造了超过 700 万亿美元的广告价值。道富公司表示，这项营销活动直接导致了其投资的 476 家公司中，有 76 家公司将“积极致力于促进女性平权的运动”。

“无畏女孩”身上除了有女权主义话题的元素，也寄寓着人们对平等精神的渴望，这种渴望是满足人性公约数的，无论男女老少，无论是华尔街精英还是清洁工人，都能对这种精神产生共鸣。正因如此，“无畏女孩”才由一个营销创意变为华尔街的新地标，数百万名游客和当地居民前来观摩，无数人模仿她昂头叉腰的姿势拍照，无数人从她身上得到振奋与鼓舞，这正是人性公约数的力量。

5. 疏导焦虑：开启多巴胺按钮

多巴胺是一种神经传导物质，它会传递开心、兴奋的信息。每个人的身上都藏着多巴胺按钮，一些固定的行为能有效地触发这一按钮。收纳收藏、运动、目标达成、恋爱等行为，之所以能让人们感觉舒爽愉悦，就是因为它们能够促进人体多巴胺的分泌。

在信息传播层面，多巴胺可以有效提升某项信息在人们心智中的显著性并引起积极反馈。如果一项内容具有促进多巴胺分泌的作用，那它们获得用户关注度和好感度的可能性就会提升。

在快节奏的当代社会，几乎人人都心怀焦虑，这个时候，那些能够帮助人们疏导或舒缓焦虑的内容，就比较容易获取用户的注意力。

比如近几年日益流行的“吃播”，人们之所以愿意花时间看主播坐在镜头前吃掉一堆堆食物而不觉得无聊，有的甚至一看就是一小时，就是因为进食本身就是一项解压、治愈的行为，即使是看别人吃也是如此。日本人气主播木下佑香，就曾连吃 100 个汉堡、100 块炸鸡、200 个寿司和 2.5 千克的纳豆饭，这次吃播获得了数十亿次的播放。“大胃王”们的吃播不仅能满足大众排遣孤独、获得治愈的心理，还能满足大众的好奇心理，“吃播”就像能舒缓焦虑的安慰剂，因此这种内容才会变得越来越火。

1.3 信息分发：从人工到技术

要掌握信息流动的新逻辑，就必须了解当前主流媒体平台的信息分发机制。信息分发是连接内容与用户之间的桥梁，它决定了什么样的人能看到什么样的信息。优秀的信息分发应该是高效、有价值的。

过去，掌握着信息分发权的是“把关人”，又叫“看门人”（Gate Keeper）。他们或是个人，如记者、编辑，或是某个媒体组织。把关人扮演着信息过滤器的角色，会对信息进行筛选、过滤，将那些不适合出现在受众面前的信息过滤掉。在这个时期，信息分发主要以人工分发的机制进行。

在新媒体时代，随着内容数量的激增，人工分发的效率已经无法满足内容生产行业的需要，技术分发成为一种新的解决方案。一般而言，一个人一天能处理的文章数量大概为 1000 篇，而机器一秒钟就能处理 100 篇文章，因此算法技术成为顺应信息爆炸时代信息分发需要的一种必然选择。

目前，分发信息的技术机制主要分为两类：社交分发和算法分发。

社交分发基于用户的社交关系链，一般采用“订阅”的机制，用户订阅自己感兴趣的账号，或是与自己关联度较高的账号，比如他的亲人、朋友、同事等，并通过他们来获取信息。社交分发的本质，其实是将信息分发的权力让渡给了用户所订阅的对象，他的亲朋好友、崇拜的人、感兴趣的人化身为他专属的一个个把关人，他们决定了用户能看到什么内容。微信、微博、Facebook、Instagram 等平台就是以社交分发机制为主的平台。

算法分发则基于推荐算法模型，通过记录、分析用户的阅读习惯及偏好，向他们推荐与其兴趣关联度较高的内容。用户在内容平台上每一次的点击、停留、评论与点赞等行为，都会被算法记录下来，并视作用户对内容的“投票”，成为算法判断他们是否对内容感兴趣的标准之一。今日头条、抖音等平台就是以算法分发机制为主的平台。

这里需要注意的是，任何一个内容平台，都不是孤立地只使用某一种分发机制的，而是都采用以某种分发机制为主，其他分发机制为辅的策略，以此实现效率与平衡。比如 Facebook，它最初是一个社交媒体，但是后来也引入了算法分发机制，以提升信息分发效率。又比如今日头条，它是以算法分发机制起家的内容平台，但是也逐渐引入了社交分发机制。而无论是以社交分发为主的平台，还是以算法分发为主的平台，编辑或审核者的角色依然是存在的，在社交分发与算法分发对信息无法判断的模糊地带，人工审核仍然扮演着重要的角色。2019 年，今日头条就将其审核员的队伍拓展到 1 万人，以解决机器算法分发内容存在的弊端。

媒体平台的运营规则，对创作者来说，可以是绊脚石，可以是助推器，也可以是毒药，全看创作者如何看待它们，如何利用它们。那么，在不同类型的媒体平台上，需要把握哪些要点和精髓，才能帮助我们提升传播的效率呢？接下来就以微信和今日头条两大平台为例，分析在社交媒体和算法平台之上的传播要点。

1. 社交媒体：转发是传播的关键

相比于人工分发与算法分发，社交分发机制有哪些特点呢？

在社交媒体上获取信息的用户，不仅仅是在被动地接收来自其所关注主体发布的信息，他们同时也积极地参与到整个传播过程中，社交媒体总体而言是用户获取信息、发布观点或生活动态、表达意见的一个“广场”。这就决定了用户与信息的互动性是很强的，如果用户认同一则信息，他会进行转发或者点赞甚至写下自己的评论，如果用户不认同一则信息，他也许不会通过转发来帮助这则信息传播，而是在内容下留下负面的评论，他也可以通过转发并附上负面的评论，来发表自己的观点。因此，高互动性可以视作社交分发的一大特征,用户的转发行为是一种非常有效的传播助推器。

此外，社交分发还具备高信任度的特征。这是指用户对于社交分发而来的信息具有基本的信任感。由于用户订阅的内容都来自他们的亲朋好友或是他们认同的媒体、意见领袖，用户在看到这些信息之前，其实已经经过了“订阅”这一行为的过滤，因此用户对这些主体发布的内容是具备信任感的。这也是为什么谣言在社交媒体上通常更加肆虐，用户往往更容易对自己信任的人发布的内容放松警惕。

通过上述分析可以知道，一则信息能否在社交媒体获得较好的传播，能否触发用户的转发行为就变得至关重要。用户的转发意味着这些信息不仅能获得这一次传播，还能借助社交链条里自带的天然的信任感，获得二次、三次乃至更多次数的传播。

那么，什么样的信息更容易在社交分发机制主导的平台获得转发呢？归纳起来，它们主要有以下四个特征。

特征一：让用户觉得“与我有关”

Facebook 创始人扎克伯格曾说过：人们对自己家门口一只濒死松鼠的关心，更甚于对非洲难民。这句话说的就是信息与人的关联度的问题。当一则信息与用户的关联度很低时，它对用户而言在很大程度上就是一则无效信息，很难吸引他们的注意。人们关心的是那些与他们的生活、工作、兴趣息息相关的信息。因此，一则信息要想在社交媒体上获得较好的传播，让用户觉得“与我有关”就变得很重要。

在新媒体时代，用户每天置身于海量的信息中，他们的大脑中都有一个隐形的“信息过滤器”,它就像一个闸门,帮助人们拦截那些无关紧要的信息,过滤出真正对自己有效的信息进行加工处理,避免信息超载现象的发生。“与我有关”，就可谓是通过用户脑中“信息过滤器”的一张门票。要让用户觉得“与我有关”，创作者在创作内容时就需要找到巧妙、与用户关联度高、富有现实场景感的切入点。比如，当向用户普及垃圾分类政策时，就可以尝试使用类似这样的开篇：

> 你可能不会想到，今后当你喝奶茶和吃小龙虾的时候，不会再像过去那么肆无忌惮了，就算你不用在心里盘算卡路里的数值，你也得问问自己，珍珠奶茶和小龙虾到底是干垃圾，还是湿垃圾？我该把它们扔进哪个垃圾桶里，才不会被罚款？

吃小龙虾、喝奶茶是在用户生活中出现频率很高的场景，被罚款则是用户在生活中最不愿遭遇的事情，这些场景与人们的生活息息相关，所以选择这样的切入点去介绍垃圾分类制度，会更容易让用户产生垃圾分类“与我有关”的心情，也更愿意去进一步了解有关垃圾分类的详细信息。

特征二：填补用户的“知识缺口”

美国行为经济学家洛温施坦认为，知识的缺口会导致痛苦。当人们想要知道一些事却无法实现时，就会产生痛苦的感觉，想要消除这种痛苦，就需要把知识的缺口填满。在新媒体时代，许多内容都会利用“知识缺口”来获取用户的注意力，比如下面这些标题：

> 现在盛行一种“新毒药”，它可能就在你家冰箱里

> 罗斯柴尔德家族究竟多有钱

> 比尔·盖茨家里真的养了一头鲸

> 为什么美少女们都争相去厕所“打卡”

这些标题有一个共同的特点，就是它们都撕开了用户某个领域的知识缺口，让用户产生心痒难耐的感觉，必须点开标题一探究竟，才能消除知识缺口带来的痛苦。这样的内容可以满足用户的好奇心，也容易使他们产生转发的欲望，因为这样的信息会让已经读过的人与尚未读过的人之间产生“信息阶梯”。而处于“信息阶梯”上层会带来优越感。也就是说，那些已经掌握信息的人，会比没掌握信息的人更有优越感，会感觉自己高人一等。

还是以垃圾分类一事举例，上海宣布实行垃圾分类政策以来，以垃圾分类为选题的内容层出不穷，但为什么有的内容能在社交媒体上获得大量转发呢？那些获得用户主动转发的内容，都做到了在垃圾分类选题的基础上，填补了用户的知识缺口，比如下面这段文字：

> 上海人想不到，他们每年生产的生活垃圾有900万吨，4天就可以堆起一座高达420米的金茂大厦。杭州人想不到，他们每3年生产的垃圾，就可以填满一整个西湖。北京人想不到，自己已经用垃圾，为北京建起了七环和八环。

这样的内容，能够让用户清晰地感受到城市居民产生的垃圾数量之多，比“垃圾分类刻不容缓”这样空泛的文字更能吸引用户的关注与转发。

特征三：为用户增添“人格光环”

活跃在社交媒体上的用户，无论是有意识还是无意识，他们的每一个动作其实都在塑造着他们个人的虚拟形象。他们发布的每一段文字、每一张图片、每一段视频，他们转发的每一则信息，都呈现着他们的生活状态、意识观点和近期的关注点所在。

人们往往也更倾向于发布对自己的虚拟形象构建有益的内容。因此，那些能够提升用户虚拟形象的内容，那些能为他们增添“人格光环”的内容，往往更容易获得他们的转发。

为什么在社交媒体上，萌宠能带来其他内容难以比拟的巨大流量？除了这些小动物凭借其可爱激发起人们的怜爱，用户每发布、转发一则与萌宠相关的信息，都透露出“我喜欢小动物，我是一位爱心人士”的隐藏信息。萌宠内容是一种能为用户增添人格光环的内容，因此它们能在社交媒体上所向披靡，获得大量用户的主动传播。又比如，大部分职场人士总爱转发行业资讯、采访报道、行业报告等内容，这些内容大多打着“深度”“专业”的标签，可以帮助职场人士传递出其有水准而又热爱工作的形象。简单来说，能为用户增添人格光环的内容，就是能让用户在社交媒体上收获点赞或正面评论的内容。

“点赞，是我们时代的可卡因。”这是普林斯顿大学心理学教授亚当·奥尔特在其著作《欲罢不能：刷屏时代如何摆脱行为上瘾》中提出的一个观点。纵观国内外各大社交媒体，其产品机制中都设置了“点赞”“喜欢”等按钮，这一机制的目的就是让用户收获来自发布内容的正面反馈，从而鼓励、刺激他们不断在社交媒体上分享内容，在某种程度上这是一种令用户“上瘾”的机制。

社交媒体上的互动可以看作用户日常线下社交的延伸，因此用户在社交媒体上的行为也遵从着人类社交的基本规则。没有一个正常人会在社交中做出不利于自身形象的事情，任何有助于他们个人虚拟形象建设的内容、任何可以为他们的个人形象增添光环的内容，都是他们乐于转发和传播的。

特征四：用热点为用户提供“社交货币”

借势，又称“追热点”，长期以来就是新媒体创作者的一项铁律。借势的本质其实是利用某个公共话题被大多数人热议时产生的磁场，带动相关话题也受到人们的关注。对于普通用户而言，看新闻、追热点除了能让他们获得新鲜的内容，也让他们获得与别人交流时不可或缺的谈资。从这个角度来看，热点对于用户来说其实是一种社交货币，能帮助他们轻松地找到共同话题，推进彼此之间的交流。

对创作者而言，如果所创作的内容与某个热点话题强相关，那么这个内容的传播门槛已经大大降低了，它能够获得热点话题带来的天然的关注度。不过，追热点并不单纯只是在内容中加入几个网络流行语或者热门的“梗”，要知道一个热点发生时，所有媒体人、新媒体人和广告营销人都在磨刀霍霍准备借势，竞争可谓相当激烈。想要从中脱颖而出，就需要创作者对热点话题进行二次挖掘，一方面找出和原本要创作的主题强关联的连接点，另一方面要提供一些用户还并不知晓的新信息，这样创作出的借势内容才有可能引发用户的主动转发，不至于淹没在浩浩荡荡的借势大军中。

2. 算法平台：关键词能让算法读懂你

在社交分发机制中，人尚且扮演着重要的信息分发者角色，而在算法分发机制中，人就已经完全退居二线，隐藏到机器算法推荐规则的背后，只在制定平台运营规则和对部分内容进行终审时候发挥较为重要的作用。

那么，机器算法到底是以什么样的机制去推荐内容的呢？简单来说，算法的策略是让用户对自己收到的信息进行持续的“投票”。用户投票的方式可能是：点击（不点击）、阅读时间、终止阅读、顶（踩）、分享、搜索、屏蔽、投诉等。这些用户使用过程中留下的大量数据痕迹，就成为推荐引擎推算用户需求的依据。机器通过学习和分析用户的行为轨迹，为每一个用户建立他们专属的特征模型，并为他们进行个性化信息推荐。

算法推荐机制以用户的兴趣关键词为核心，但也并非只有这一个推荐维度，通常，算法还会辅以全平台热点、用户所在地理位置、时间、兴趣相似用户推荐等维度,综合起来为用户推荐内容。仔细分析这些维度就会发现，算法其实一直在力求推荐那些与用户关联度高、热度高、与兴趣相似用户关注内容相似度高的内容，本质上与上文提及的社交分发的几大原则一致，不同的是达到这一目标的途径是机器算法罢了。

算法分发机制与社交分发机制各有优劣。在社交分发机制中，一些懂得利用平台规则获取粉丝的账号，会逐渐成长为平台的意见领袖，并成为传播过程中的中心节点，一定程度上垄断平台的流量，掌握着极大的信息分发权。社交媒体是中心化的传播平台,一则内容想要在社交媒体上获得冷启动，如果不能借助意见领袖等大流量节点的帮助，通常是很难实现的。

此外，由于在社交分发机制中，用户充当了自己的编辑，或者他们的朋友、关注的账号充当了他们的编辑，这种过滤机制并不统一，也并不严格，所以往往会导致用户的主页充斥着不少无效的信息，比如深受用户吐槽但横行微信、微博的养生文章、晒娃照片、公司软文等内容。

与社交分发机制比起来，算法分发机制是一种去中心化的分发机制。对用户而言，算法非常忠实于他们自己的选择，能减少无效信息出现在时间线的频率；对创作者而言，算法让他们的内容更容易实现冷启动，并且对一些小众的长尾内容而言，也能有更大的机会通过算法的“配对”而找寻到精准的读者。对平台而言，算法分发机制有助于为广告主精准地匹配目标用户，并且平台方能最大限度地掌控广告分发权，以此获得几乎全部的广告收入，而不会像社交媒体那样被其平台上的意见领袖分去大块的蛋糕。因此，从上述三个层面来看，算法分发机制都取得了某种意义上的进步。

然而，算法分发机制也有其天然的缺陷。这种缺陷也会给创作者带来一定的困难。当算法看到一篇内容，并要决定将它分发给多少数量的用户、分发给哪些画像的用户时，它的判断依据就变得非常重要。因为分发给多少数量的用户，决定着内容的推荐量，分发给哪些画像的用户，决定着内容的点击率及转发率。通常情况下，算法在判断一则内容时，关键词所占的权重会非常高，标题中出现的关键词及正文中出现频率较高的关键词，会成为算法判断这则内容的主要特征。这也是导致算法无法分辨一部分“标题党”、假新闻、低质低俗内容的重要原因。

因此对于创作者而言，在算法分发机制主导的平台传播内容时，对标题的优化就显得十分重要。这里有一个实用技巧是，由于机器算法对抽象的词汇更难理解，导致分发不够精准，因此在标题的撰写中，应该尽量使用名词，同时标题里出现的信息关键要素越多，获得算法分发的概率就越高，这也是导致新媒体时代标题越来越长且越来越具有故事感的原因之一。

第 2 章　用户的新喜好和小心思

2.1　互联网毒化了用户的大脑吗

在本书第一章中，我们分析了新媒体时代媒介形势的变化和信息在不同类型平台上的流动规则，这对创作者创作出高传播度的作品至关重要。在传播学领域，有一句著名警句，叫作“媒介即信息”，它由媒介理论家马歇尔·麦克卢汉提出，意在提醒人们媒介形式的重要性。麦克卢汉在其著作《理解媒介：论人的延伸》中曾写过一个有力的比喻：媒介是窃贼，我们是看门狗，媒介内容是一块美味的肉，窃贼为了转移看门狗的注意，将肉扔给了我们，因此我们只注重媒介的内容，而忽略了媒介的形式。麦克卢汉认为，抛开媒介传递的内容不谈，媒介形式本身的出现和发展，就会导致尺度变化、速度变化和模式变化。他在这里又打了一个比方：

> 铁路的作用并不是把运动、运输、轮子或道路引入人类社会，而是加速并扩大人们过去的功能，创造新型的城市、新型的工作和新型的闲暇。无论铁路是在热带还是在北方寒冷的环境中运转，都发生了这样的变化。这样的变化与铁路媒介所运输的

> 货物或内容是毫无关系的。

从纸质媒体时代，到电子媒体时代，再到数字化媒体时代，媒介形式的变化让人们产生了哪些变化？它们又是怎样改变、重塑着人们的阅读习惯、思维方式甚至行为模式的？美国作家尼古拉斯·卡尔在《浅薄：你是互联网的奴隶还是主宰者》一书中，比较了互联网诞生前后，不同媒介形式对人们思维方式的影响。卡尔认为，由于人的大脑是高度可塑的，互联网的出现，正在让全神贯注的“线性思维”被一种新的、更“浅薄”的思维模式取代，新的思维模式习惯于用简短、杂乱、爆炸性的方式收发信息，遵循的原则是越快越好。

他在书中写道：

> 正如麦克卢汉所说，媒体不仅仅是信息通道。媒体提供思考的素材，同时它们也在影响思考的过程。互联网所做的似乎就是把我们的专注和思考能力撕成碎片，抛到一边。无论是上网还是不上网，我现在获取信息的方式都是互联网传播信息的方式，即通过快速移动的粒子流来传播信息。以前，我戴着潜水呼吸器，在文字的海洋中缓缓前进。现在，我就像一个摩托快艇手，贴着水面呼啸而过。

随着人们阅读的载体从纸面发展到屏幕，发生变化的不仅是人们的阅读方式，还有人们阅读的专注程度和深入程度。互联网时代的阅读是一种“超链接”式阅读，我们在网页上的许多文章中都能看到超链接，点击这些超链接，我们就可以从一篇文章链接到另一篇文章，从一个观点跳到另一个观点。在数字文档的链接之间跳跃，显然比在纸质印刷品之间来回翻阅要便捷和高效许多。

然而，超链接在充当高效导航工具的同时，也不可避免地导致了用户精力的分散。与此同时，用户的阅读方式也会发生很大的变化。过去，用户可以捧着一本书沉浸式地、从头至尾地将它读完，现在，用户在读某一篇文章时就可能被其中的某个超链接吸引，整个阅读路线可能会呈现树枝那样的枝丫状。也就是说，用户的阅读方式正在由“线性阅读”向“非线性阅读”转变。

互联网的阅读环境鼓励浅度、非线性、多任务式的阅读，它还设计了一个高效反馈的机制来鼓励大家这样做。比如，我们每点开一个链接，就可以看到一堆新鲜的内容；我们每刷一次朋友圈，让人心痒难耐的“小红点”就会消失；我们在搜索引擎上每搜索一次内容，就会看到相关信息的列表。

相信许多人都有过这样的经历：当你在新闻网站上阅读资讯时，微信提示音忽然响了起来，同事在微信群中向你发送了一个工作文档，你不得不点开查看，几秒钟后，你的电子邮箱又跳出一个弹窗，告诉你刚收到一封邮件，于是你点开邮件标题查看内容并写了一封回复邮件，接着，你的电话响了，是快递员打来告诉你，你购买的快递放在了物业收发室，你挂了电话，忍不住打开微博刷了刷热搜，却看到了某个明星离婚的消息，于是你在这个话题下吃了一阵子“瓜”……就这样，一两个小时稍纵即逝，你最开始打开的那个新闻网站还在孤零零地等着你把文章读完，但你早就忘了它的存在了。

演员阿兹·安萨里曾指出，当人们去查看 Instagram 的新回复或《纽约时报》又更新了什么内容的时候，其实他们在意的根本不是获取内容，而是沉迷于那种看到新事物的感觉。

在尼古拉斯·卡尔看来，互联网毒化了用户的大脑，让人们变得越来越“浅薄”，这里的“浅薄”或许不是一个贬义词，它代表着用户的阅读习惯乃至思维模式都正在丧失“深潜”的能力。在新媒体时代，创作者必须知晓用户阅读习惯和思维模式的变化，并在内容质量与用户喜好之间寻找平衡，才有更大的概率创作出受人欢迎的作品。

2.2 赌场机制与甜甜圈效应

在忧心忡忡的学者们眼里，用户的大脑正在遭遇互联网的“毒化”，他们的注意力被五光十色的电子产品与数字化内容撕扯成支离破碎的碎片，他们正在失去深度思考的能力。那么，在这一变化发生的时候，互联网的各个产品又起到了哪些推波助澜的作用呢？

据美国 Billboard 榜单数据显示，流行歌曲的长度正在变得越来越短。2000 年，Billboard 单曲榜单中，时长中位数为 4 分 6 秒；2010 年，这个数字减少到 3 分 40 秒；到了 2018 年，则进一步下降到 3 分 31 秒。不仅流行歌曲的整体长度变短了，歌曲的前奏也变得越来越短，而且前奏变短的目的，正是尽快抓住用户的注意力，否则等待它们的命运就是被用户迅速地"跳过"。

当注意力成为一种稀缺资源时，当前众多的互联网产品，无论是图文、视频还是音频，就不得不使出浑身解数去获取用户的注意力、黏住用户的注意力。当用户在微博、抖音等 App 上播放一个搞笑视频，看完一个之后，系统会自动为他们播放下一个短视频，并且播放的内容都是搞笑类的短视频，符合用户当时内容消费的"胃口"。这样的产品机制太了解当代用户容易分心的特质，于是制造了连续不断的观看体验，让用户不用动手指就能看到自己感兴趣的内容。

以抖音这款短视频 App 为例，从它刚刚上线到日活用户突破 2.5 亿人，只用了不到三年的时间。抖音之所以能收获数量这么庞大的高黏度用户群体，与它的产品设计机制密不可分。

曾经有人将抖音的产品界面比作"赌场"。当用户进入抖音 App 界面之后，原本出现在手机顶部的信号、时间、电量等信息通通都被短视频界面覆盖了，用户一旦开始观看抖音短视频，就看不到现在几点几分，也无法精确地知悉自己已经看了多久的短视频。抖音的产品设计刻意模糊了用户对时间的判断，因此会有"抖音 5 分钟，人间 1 小时"的戏谑说法。

这样的产品机制与赌场的装潢很类似，赌场都会安装电子天幕，无论赌场外是凌晨几点，赌场内看到的都是一片蓝天白云，这容易让赌徒们产生一种"天色还早，还能再玩一会儿"的心理；此外，赌场都是无窗的，至少在里面很难看到透明的玻璃窗，这也是为了将赌徒与外界充分地隔离开来，让他们产生沉浸式的体验。

刷抖音时，用户被源源不断地推荐感兴趣的内容，这个过程就像在不断地接收算法递过来的"甜甜圈"，用户并不知道下一个"甜甜圈"是草莓味还是巧克力味的，但无论是什么口味的，它都会是一只美味的“甜甜圈”，在这样未知又充满期待的心理下，用户就会感到难以自拔。

信息流开发者阿萨·拉斯金曾一针见血地指出：在你的手机屏幕背后，有上千名工程师正试图使软件最大限度地让你上瘾。在各互联网产品以“日活用户”和“用户使用时长”作为衡量产品价值的最重要维度时，以使用户“上瘾”为目的的产品机制的出现，就变得不那么难以理解了。

Facebook 的产品经理格雷格·马拉就曾把互联网产品中常见的信息流比作“甜甜圈”——一种营养价值不高但让人喜爱的甜食。众所周知，甜食能使人分泌快乐的多巴胺。也许有时用户想喝一杯清爽健康的羽衣甘蓝汁，但互联网产品从“点击率”出发，依然不断递给用户一个个“甜甜圈”，用户又难以抗拒，因此形成循环。从短期来看，满足了用户内容消费的需求，但从长期来看，却并没有为用户提供足够的“营养”。对此，技术作家托马斯·高兹曾提出了一项“甜甜圈”测试，呼吁互联网公司推出的每一个新产品都应该通过这项测试。这个“甜甜圈”测试包含以下五个问题：

1. 它是否减少了人们独自使用的时间？
2. 它可以帮助人们多运动吗？
3. 它对你和你的家人、朋友或社区有益吗？
4. 使用它之后，会让人感觉更好吗？
5. 人们使用它越多，就能收益越多吗？

“甜甜圈”测试的目的是厘清一款产品给用户带来的短期利益与长期利益，如果以它为标尺，目前盛行的互联网产品中，有几个能顺利通过测试呢？

2.3 数字时代用户的五种“病症”

数字时代，用户在接收信息、消化信息、传播信息时，到底有哪些习惯和偏好呢？了解他们的特征和了解媒介渠道的特征同样重要。如果把渠道比作河道，内容比作河水，用户就好像河流的入海口，我们囤积了河水，精心规划了河道，如果找不到入海口，或者中途被大坝拦截了下来，那之前的努力就全都白费了。要让内容的洪流奔腾着顺利抵达用户那里，而不是引发洪灾或者流入一片荒漠蒸发殆尽，就必须对用户的喜好和心理了如指掌。

数字时代的居民是双面的、矛盾的，他们一面兴致勃勃、精力充沛，眼神追逐着一条条滑过信息流的内容，一面又疲惫不堪、精神涣散，眼睛下长着浓厚的黑色眼圈；他们一面渴望着更多新鲜的内容与刺激，一面又因为信息过载而感到焦虑不已。归纳起来，数字时代的用户在信息消费领域具有以下五种“病症”。

病症一：注意力涣散症

注意力涣散症，或许是信息过载的数字时代最为常见的一种大众病症了。韩裔瑞士籍哲学家韩炳哲在其著作《倦怠社会》中提出了“超注意力”的概念，认为人们的深度注意力正在日益边缘化、涣散化，并在不间断的多个信息源之间来回切换，他这样描述道：

> 过度的刺激、信息和资讯，从根本上改变了注意力的结构和运作方式，感知因此变得分散、碎片化。深度注意力日益边缘化，让位于另一种注意力——超注意力。这种涣散的注意力体现为不断地在多个任务、信息来源和工作日程之间转换焦点。

不得不承认，如今让人分散注意力的事物可谓密集地分布在用户周围，电子邮件、朋友的短消息、新闻桌面弹窗、股市信息、明星八卦等，只要有屏幕在的地方，就有取之不尽、用之不竭的信息。人们通常不停地重复着相似的动作：拖动鼠标并点击鼠标按钮，敲击电脑键盘，在一个个网页间切换、手指在狭小的手机键盘上迅速跳跃，拇指向下以拖动信息流，点击消除一个个因为更新信息而出现的“小红点”……

我们在做出这些行为的同时，我们的眼睛、耳朵、指尖都会收到相应的反馈，我们大脑的视觉皮层、触觉皮层和听觉皮层也会随之收到稳定的刺激，我们的大脑也变得越来越习惯如此高频切换与多任务并行的模式。也就是说，我们的大脑已经接受了导致注意力分散的各类刺激，并默认它们为正常模式了。

过去，当人们接收信息时，比如当我们读一本书、读一份报纸时，我们的注意力就像在进行一次“深潜”，纸质读物给我们提供了潜水所需的足够的“氧气”，而数字时代，当我们消费内容时，我们的注意力就好像在进行一次次的“浮潜”，我们需要不时地浮出水面进行“缓气”，而在这个过程中，注意力的连贯性与深度就随之失去了。

这种现象也被称作“注意力残留症”（Attention Residue），也是多任务、多线条并行的工作模式所导致的一种“病症”。注意力残留是指当人们从任务A转向任务B时，我们的注意力并没有即时转移，残留的一部分注意力依然在思考任务A。如果在转移之前，我们对任务A缺乏控制或关注度较低，这种残留就会更加严重。即使在转移之前我们已经完成了任务A，我们的注意力依然会有一段残留的时间。任务的间断会导致工作效率降低，在多个任务、多件事项叠加时就会产生注意力残留。

当代用户的工作、生活、娱乐环境，都是一种允许注意力残留出现的环境。在职场中，人们在多个会议中穿梭，在电脑前伏案时，会不时地收到不得不查看并及时回复的电子邮件；在生活中、娱乐中，在发达的消费社会和应接不暇的商品面前，用户的注意力也很容易发生转移。注意力残留现象不利于人们养成深度工作、深度思考的习惯，也会导致效率的降低。

病症二：错失恐惧症

随着技术的发展，人们的社交行为已经全面“线上化”了。智能手机变成了人类随身携带的“新器官”，微信、微博等平台让人们随时随地可以与他人保持沟通，人类只要睁着眼，就一直处于心理上的在线状态，对互联网的依赖正在持续增强。这就导致当一个人不在线、未连线时，往往会感受到一种怅然若失的焦虑感，这样的焦虑会让人们产生负面情绪和抑郁感受，这被称为“错失恐惧症”（Fear of Missing Out，简称FOMO）。

一般而言，当用户错过了某个社交事件、社交经历、社交互动，或是对它们既没参与也不知情时，就会引发错失恐惧症。比如，人们总是担心错过朋友圈的动态，每个“小红点”出现时都要及时消灭；自己所在的微信群里就算有 100 条未读信息，也要爬回顶部一条条读完；出门要是忘带手机，那感觉简直比坐牢还难熬；要是在朋友圈刷到了几个好友在聚会时发的照片而你对此毫不知情，那一刻真的会产生被世界遗弃的恐惧。

不过，一些饱受错失恐惧症困扰的人也反向滋生出另一种心态，那就是 JOMO（Joy of Missing Out）心理，即“享受错过”。关闭微信朋友圈、不带手机出门一天等行为都属于 JOMO 的范畴，这样的行为在信息过载的传播环境下，往往能给当事人带来放空般的治愈作用。

病症三：社交焦虑症

社交媒体在给人们带来丰富的信息与娱乐的同时，也带来了不小的社交焦虑。在社交媒体上，人们展示自己的生活、表达自我的观点并在虚拟世界进行社交，但是这种展示与表达比线下的社交更容易进行粉饰与伪装——人们往往倾向于在社交媒体上展示自己生活的“高光时刻”，有选择性地展示生活的酸甜苦辣，社交媒体上大部分人的生活看上去都是光彩熠熠的，这样的特点，就很容易让平台上的用户因攀比而产生压力与失落感。

据调研机构 Origin 数据显示，有超过一半的 Z 世代成年人表示他们“正在减少对社交媒体使用”，甚至有 1/3 的人表示会永久关闭社交媒体账户。可以看出，与日俱增的社交压力已经让不少年轻人开始重新审视甚至阶段性放弃社交媒体。在国内年轻人中，也有不少人正在使用“关闭朋友圈 ”或“只显示 3 天朋友圈”的微信功能。不少中国用户认为，社交媒体使得他们的个人信息安全及隐私缺乏保障，减少了他们的睡眠时间，使他们的注意力变得不够集中甚至让他们的视力变差。

“发条朋友圈”或“发推”成了许多人在生活中遇到开心、惊喜、意外时第一时间的反应。甚至有的人在遭遇车祸、地震等危险事件后所做的第一件事也是在社交媒体上更新状态。除了这些较为极端的案例，越来越多的人也开始意识到，社交媒体占用了他们太多时间，让他们错过了生活中更多真实的瞬间。就连著名歌手麦当娜也在接受媒体采访谈到社交媒体时表示“它们只会让你们感觉更不好”。麦当娜在社交媒体上是名副其实的“大V”，拥有的粉丝数量超过 3000 万人，她认为社交媒体会让人不自觉地和其他人比较，而这种比较只会让人更不喜欢自己，并让人成为获得他人肯定的奴隶。

麦当娜的观点也道出了人们对运营自己社交账户，以及维护自己社交面孔、希望获得他们肯定的压力。

病症四："第一世界问题"症

"第一世界问题"（First-world Problem），是指那些微不足道、鸡毛蒜皮，甚至看上去有点矫情的问题，它们与饥荒、战争、疾病等严峻的"第三世界问题"形成鲜明对比。当人们的衣食住行等方面的物质需求得到满足与提升之后，就开始将关注点转移到一些"微不足道"的小问题上来了。比如，以下事件就属于典型的"第一世界问题"：

手机电量只剩 10% 了插座没法同时插上两孔和三孔电源，早上睡醒短发发梢乱翘，今天出门锁门了吗，被网约车司机取消订单，喜欢的食物被便利店下架……

这些琐碎的事虽然并不致命，却会催生人们大量、高频、小型的焦虑，在一定程度上影响生活质量。用户在社交媒体上吐槽得最多的，或者最容易引发他们吐槽的，也是诸如此类的"第一世界问题"。对于新媒体时代的创作者而言，也需要敏锐地洞察到各式各样的"第一世界问题"，将其融入自己的创作中，这样的内容会更真实生动，也更容易引发受众的共鸣。

病症五："后真相"沉迷症

"后真相"（Post-truth）一词，曾被评选为 2016 年《牛津词典》年度关键词。它是指比起陈述客观的事实，诉诸情感和个人信念的内容更能影响舆论的现象。也就是说，在"后真相"时代，事实是什么变得不重要了，人们对事件产生的情绪超过了事实本身。

比如在英国脱欧、特朗普当选美国总统等"黑天鹅事件"中，往往是情绪先行而真相滞后。而许多大众眼中的"真相"，其实是经过刻意的加工、篡改、煽动或断章取义的，目的就是迎合大众心理，获取人们的注意力和主动传播。在社交媒体、智能推荐平台缺乏传统专业把关人的产品机制下，在新媒体时代部分创作者对流量的强烈渴求的心理影响下，"后真相"的现象愈演愈烈。

《连线》杂志主笔凯文·凯利认为，当前时代的"真相"已经不再由权威来定义，而是用户通过周围人分享的信息拼凑而成的。这样的"真相"后面，往往会跟随着一个甚至多个“反转”，真相也愈发扑朔迷离。

2016 年，微信平台就上演过一次大型“反转”事件。11 月 25 日，一位名叫罗尔的作家在其微信公众号发布了一篇推文《罗一笑，你给我站住》，称其 5 岁的女儿罗一笑不幸罹患白血病，他并没有发起公益募捐，而是选择“卖文”，称用户每转发一次，便会为罗一笑的治疗筹款多增加一元钱。

此前，罗尔曾在其微信公众号中提及，他将把记录罗一笑与病魔战斗的历程发布在一个名为“小铜人”的公众号中，读者每转发一次，小铜人便捐给罗一笑一元钱，文章同时开设赞赏功能，赞赏金全部归罗一笑。《罗一笑，你给我站住》一文，在微信的传播力度之大，可以说前所未有，仅转发次数就达到上千万次，并收到了来自用户的打赏金额超过 252 万元。

后经媒体调查发现，“小铜人”是一家金融服务公司，其与罗尔策划的捐款事件带有明显的营销炒作性质。罗一笑事件中，一开始人们就被掀起了巨大的情绪波澜，他们被罗尔的文章感动，为罗一笑遭遇不幸而感到悲伤，甚至不惜慷慨解囊，利用微信的打赏机制自发地为小女孩捐款，但这一事件也没有逃过“反转”的命运，当事实发生逆转时，用户的情绪由同情转为愤怒，微信平台也将用户的打赏金额悉数退还。

2.4 用户心理及沟通策略

新媒体时代，用户不再是一群面目模糊的“读者”，他们很难被简单粗暴地进行分类，随着用户个性化的提升，以及圈层文化的发展，他们再也不能被“性别”“年龄”“收入”这些简单维度的标签所涵盖了。

技术飞速发展的新媒体平台就像一台“显微镜”，能勾勒出颗粒极细微的用户画像。对于创作者而言，这个时代为我们提供了无穷的机会，可以通过互联网上海量的公开信息走近用户、了解用户，打开微博、微信等平台，我们就能倾听无数用户的观点，了解他们最近的关注焦点。

这个时代同样也为创作者提出了更高的要求，在信息过载的新媒体环境下，我们必须深入洞察用户的心理，才能写出具有传播力的内容。

在当前传播环境下，用户都有哪些需要我们洞察的心理特征？创作者又有哪些打开用户心扉的策略？接下来，就让我们一起来破译打开用户心扉的密码。

1. 用户五大新型心理

当前的时代，是一个高度便捷、高度连接的时代。用户动动手指头就能在公开的线上渠道发表观点或展示生活。他们可以参与一个个社交话题的狂欢，参与创作或捧红精彩的热词与热梗；他们彼此互联互通，热衷于分享对产品的喜爱和吐槽；他们享受着高度便利的生活，用打车软件叫车，用外卖软件点餐，用排号软件预约餐厅，在许多生活琐事中可以省去等待的麻烦。总结起来，新媒体的高度发达，已经充分释放了用户的情绪、表现欲、创作欲和占有欲。因此，打卡心理、种草心理、微情绪心理、微创作心理、即时心理，就成为当代用户的典型新型心理。

第一种：打卡心理

美国互联网公司 Dscout 的调研数据显示，人们平均每天点击手机 2617 次，手机屏幕亮着的时间共有 145 分钟。也就是说，每隔几分钟，手机就会把我们从现实世界拽入线上的虚拟世界，并在那里流连忘返。人们花在手机和网络上的时间比过去任何时候都多。

正如安迪·沃霍尔所说的，这是一个人人都能当 15 分钟明星的时代。社交媒体逐渐释放着用户的表达欲，人人都有自己的舞台，都乐于经营自己的“人设”，比起做沉默的观众，用户越来越乐于自己做“演员”。

手机屏幕已不再是一块光滑的平面玻璃，而是赛博世界中一座体积无限的立体舞台。

在社交媒体上流行着一个词叫“打卡”。不同于健身打卡、背单词打卡，这个“打卡”是指用户去了某个地方之后，拍照晒留影这一行为，比如“打卡 ×× 网红餐厅”“打卡 ×× 拍照圣地”。打卡的本质，是一种在线上分享线下体验的行为，它带有某种仪式化的意味，打卡行为背后的心理机制是“晒”，并供后打卡者参考、模仿。

对于越来越多的用户而言，一个景点是否值得浏览、一个餐厅是否值得去用餐、对一个线下活动是否有趣，在于它是否适合拍照并发布到社交媒体上。比如在 2019 年年底，生鲜电商品牌盒马鲜生就在上海开了一家特别的“超市”,“超市”中售卖的蔬果肉类和鸡蛋都是色彩明亮的、毛茸茸的——这些物品都由毛毡制作而成。这其实是盒马鲜生为吸引用户而打造的一家快闪店，用户走进这家快闪店就能欣赏或购买英国艺术家露西·斯帕罗 (Lucy Sparrow) 亲手缝制的毛毡艺术品。

这些毛毡版“生鲜”不仅可爱而且逼真，展览中有“生鲜区”，用户在这里可以看到大大的 U 形“冷鲜台”，上面整齐陈列着“海鲜”和“肉类”，蛤蜊、海胆、生蚝、多宝鱼、帝王蟹……种类繁多，琳琅满目；不仅有“冷鲜台”，也有一排排装满“货物”的冰柜，里面摆放着毛毡制成的鲜牛奶和鲜榨橙汁；“蔬果”就更加“高甜高萌”了，火龙果、香蕉、苹果、西瓜、胡萝卜……色彩明艳，让人忍不住拿起相机一通拍。这家特别“超市”成为当地红极一时的打卡圣地。

除了与盒马鲜生的合作，其实英国艺术家露西·斯帕罗此前就曾推出过一家名为 Sparrow Mart 的毛毡“便利店”，这家快闪店还原了一家便利店的构造和商品，薯片、饮料、饼干、卫生用品应有尽有，260 平方米的店里，摆满了超过 31000 种毛毡产品，顾客不仅可以在这家毛茸茸的便利店里拍照“打卡”，也可以购买自己喜欢的毛毡艺术品。

为了提升体验感，还原便利店购物的场景，顾客需要使用购物车和篮子来装载商品，还得去结账柜台排队结账。虽然卖的是“假货”，但 Sparrow Mart 不仅红遍了 Instagram，还曾经在三天内售空过 9000 多件毛毡商品，快闪展览还因为商品提前售罄而提前关闭。“打卡”这种充分调动了用户自传播力的方式，在信息流通异常快速的新媒体时代，蕴藏着巨大的商业能量。

第二种：种草心理

如果留心就会发现，如今，诸如“网红餐厅”“网红酒店”“网红面膜”“网红打卡地”等说法越来越普遍了。任何商品、服务、体验，只要加上“网红”两个字的前缀，就很容易让用户“种草”。“种草”是指用户心里有了对某种商品的购买欲望或计划，一旦用户购买了自己中意已久的产品就叫“拔草”。

从最早的美妆社区到各大社交媒体平台，“种草”的风潮愈演愈烈。对网红产品的迷恋，对“种草”和“拔草”的享受，是新时代消费者的一大特征，这一特征的背后是“模仿律”在作祟。

法国社会学家塔尔德曾在其著作《模仿律》中提出过一个观点：模仿是最基本的社会关系，社会是由相互模仿的个人组成的群体，每一种人的行动都在重复某种东西。除了模仿的本能，社交媒体的发达，也让用户对来自熟悉的人、关注已久的“大V”的推荐更加信赖，加之想要一探究竟的好奇心，从“种草”到“拔草”的过程就变得很容易实现。

比如李佳琦能在5分钟内卖光15000支口红，就得益于他强大的“种草”能力。李佳琦在为粉丝“种草”口红的过程中，会使用大量夸张且具有煽动性的文案，比如形容口红的光泽度为“嘴巴上有星空”，还有形容口红色系的各种比喻，比如“这支唇膏在嘴巴上面会跳舞”“爱马仕在你的嘴巴上”“当你想要秒杀全场的时候，就涂××号色出门”，这些文案容易让用户产生购买的冲动，再加上李佳琦本人的逐一试色，在展示口红颜色时也会介绍口红适合的肤色、适合的服饰搭配等，试完所有口红色号后，李佳琦会重点推荐其中的一两款口红，激发起用户的购买欲望，完成“种草”过程。

从消费者行为来看，“种草”其实包含了一个完整过程，包括关注、发现、认可和行动。这其实也是消费者收到内外部刺激因素、产生购买念头，最后实现购买行为的过程。

第三种：微情绪心理

当今大众心理的一个侧面是：越来越多微小、细碎的情绪需要得到满足。社交媒体所构筑的虚拟空间，使得人们对情绪的关注越来越细腻，就像用户很少面对面向一个朋友抱怨昨天吃的外卖有多糟糕，但很可能在收到迟到的外卖后发一条朋友圈发泄不满。社交媒体的存在，让许多生活和情绪的细节被放大了，大众不再为宏大的情绪所倾倒，却容易被一条及时回复的微信消息所打动。

用户的情绪颗粒不仅越来越小，也越来越复杂。据输入法公司Kika发布的数据报告，2016年全球移动互联网用户使用最多的Emoji表情为“笑哭”表情，它同时也是 2015 年《牛津词典》年度关键词。为什么这个表情那么受欢迎？最关键的一点是，它模棱两可，可以表达的情绪含义非常丰富：笑到流泪、破涕为笑、哭笑不得的无奈、尴尬、自嘲、蠢哭了……堪称线上社交的万金油。

这个颇受欢迎的“哭笑”表情可以从一个侧面告诉我们，在当前的营销环境中，用户对单一的情绪表达已越来越没有兴趣，而那些更为复杂、微妙的情绪则更接近他们情绪的真相，也更能引起他们的共鸣。

比如京东电器曾推出过一组海报，每一张海报都围绕当代人的某个情绪点，并结合电器的特点进行文案撰写。电压烧水壶的文案是“凉凉人生，记得保温”，具有防脱发控油按摩强健发根功能的激光生发梳文案是“如果没有很多钱，至少要有很多头发”。可以看到，这些电器文案都瞄准了用户生活中某种细小但确切存在的情绪，比如“凉凉人生”的孤单、脱发的困扰，而这些电器产品能在一定程度上为用户解决这些困扰，这类可以戳中用户“微情绪”的内容，更容易让用户产生代入感，也更容易赢得他们的注意。

第四种：微创作心理

赛博空间的日益发达，不仅解放了一大批患有社交恐惧症和自称患有社交恐惧症的灵魂，发布信息的低门槛和被鼓励（点赞、分享等产品机制）更让人们越来越乐于表达自己，随手发布观点或分享生活点滴，即使他们在生活中依然是羞怯、保守的人，他们的表达欲和创作欲也在不断增强。

比如风靡全球的绿色悲伤蛙 Pepe，它最初是由美国艺术家马特·弗里创造的一个蛙脸人身的漫画形象，因为其特别而极其引人注意的表情红遍了社交媒体。悲伤蛙 Pepe 那张莫名悲伤的脸和它流露出来的黑色幽默精神，配上网友们自主创造的各式各样的表情包文案，让它成功地攻占了主流社交媒体。悲伤蛙 Pepe 的流行，也得益于许多网友的二次创作及加工。

神烦犬 Doge、假笑男孩等风靡一时的表情包、图片、营销事件等，与悲伤蛙 Pepe 也有着异曲同工之处。他们的形象、寓意及被网友附加甚至“脑补”的寓意，都在一次次的二次创作中得到加强与新生。他们都是 Meme 的一种，有点类似于中文“梗”的意思。

Meme 一词最初由英国科学家理查德·道金斯提出，他认为“Meme 在诸如语言、观念、信仰、行为方式中所起的作用，就像基因在生物进化过程中所起的作用一样”，而《牛津英语词典》对 Meme 的解释是“通过模仿等非遗传方式传递的行为”，简言之就是文化基因。

网站“Know Your Meme”将 Meme 解释为“某种通过人与人互相传播，同时不断演变的内容或概念”，它可能是一张图片、一个表情或者一段视频。而这类以对原作品的二次创作为核心的文化，被称为“混制文化”，表情包、同人作品等都属于混制文化的范畴。

混制文化对于营销行业的启发在于，互联网的出现已经让传播环境发生了巨变，它导致了创作权的下沉：每个人都拥有发布自己作品的渠道，在“获赞”“被转发”等社交媒体机制的刺激下，用户的创作欲也空前高涨，他们知道，只要自己的作品足够优秀，就能引起可观的传播。那些能够成功创造出混制模版的营销者，其品牌获得大规模传播发酵的概率也会更高。

第五种：即时心理

当下用户过着“即时”的生活：社交媒体让他们能随时随地与外界交流信息、分享动态并收到反馈，外卖 App 让他们用不着花时间做饭，也不用出门去餐厅，在家就能享用种类丰富的食物。互联网的高速发展让用户对“快”的预期不断提升，点一下手机屏幕就能获得即时的反馈，这样的满足感已经把用户“惯坏”。

这是一个追求“即时”和“快”的时代，哥伦比亚大学的一份研究显示，网站速度快 1 毫秒，每年带来的收益会超 1 亿美元；YouTube 从 2017 年开始上线时长为 6 秒的视频贴片广告，迎合用户日益萎缩的耐心。在新媒体时代，“标题党”的产生，也是用户求快心理的一种映射：别废话，快把最关键、最吸引人的信息直接放到标题里给我。

面对多元、随时可被满足的消费选择，人们停留在某个产品、品牌上的时间和耐心都极其有限，有一个名词可以描述这种心理：IWWIWWWIWI，即“I want what I want when and where I want it”的缩写。翻译过来即“我想要的，此刻就要；我想要的，在这儿就要”。这里既强调了“我想要的”，即用户消费大多凭主观的心态，也强调了“在我想要它的时候”这种想要就马上就要的心情，体现出用户“即时消费”的行为趋势。

2. 与用户沟通的五个策略

对创作者而言，新媒体时代是一个坏时代，用户的注意力从未如此稀缺，他们从未如此挑剔；这也是一个好时代，这个时代的用户比以往任何时候都更具有表达欲、合作性、人文精神和幽默感，他们身上蕴藏着帮助内容实现自传播的钥匙，创作者唯有跟紧他们的心理趋势，才能从疲惫的跟风者变为新颖玩法的创造者。与新媒体时代的用户进行沟通，可以用到哪些实用的策略呢？

策略一：帮助用户构建“人设”

美国活动平台 Eventbrite 数据显示，超过 3/4 的“80 后”“90 后”消费者在预算有限的情况下，会优先考虑购买“体验”，而非产品。这是一个有趣的数据，由于“体验”往往比产品更具有丰富性和“可晒性”，因此它更能满足用户的打卡心理。其实在用户打卡心理的背后，通常还跟随着另一个动作，那就是“将照片发到社交媒体上”，这样的行为其实就是用户在构建自己“人设”的行为。

人们对于构建“人设”已经痴迷到什么地步？数字媒体公司 SweetyHigh's 曾针对 600 名 Z 世代年轻女孩（1995 年以后出生的女孩）进行了一次关于“收送节日礼物习惯及影响因素”的调查，发现 58% 的人希望收到的礼物可以在社交媒体上收获点赞和分享，在 13 ~ 16 岁的受访者中，52% 的人表示希望收到自己愿望清单上列出的礼物，而非得到“惊喜”。

礼物，要晒得出的才是最好的，收到礼物时的“惊喜”变得不那么重要了。虚拟空间中的个人形象经营开始受到重视，拍照打卡快要成为一种仪式，“人人都是演员”的时代正在降临。

同样，当用户转发一篇文章到朋友圈或是转发一条微博内容时，驱使他们做出这种行为的心理动机，也是通过这些内容，从各个侧面完善自己想要在社交媒体上呈现的“人设”。

在这个“人人都是演员”的时代，用户需要的不是“引导”，而是“表达”。我们不仅要考虑创意与内容，也要考虑如何才能为用户的“内心戏”提供一个舞台。那些有助于帮助用户构建“人设”的内容，会更有机会赢得用户青睐。

比如网易新闻在2020年年初推出的H5《人生必做的100件事》，用户可在这个H5提供的100件事中，勾选自己已经完成的事项，比如“完整地看一次日出 / 日落”“拥有一个死党”“近距离接触偶像”“看完1000本书”“作为选手参加一次大型赛事”等。勾选完毕后，可以生成一张属于自己的人生已完成事项清单。

这样的H5看上去是一个较为有趣的互动游戏，但本质上是用户对外展现自己“小型人生成就”的一次机会。通过勾选的选项，用户可以向周围的人展示自己的喜好、成就和生活状态，比如一个用户如果勾选了“看极光”“去西藏”“观鲸”“去喜欢的国家生活一段时间”这样的事项，其实可以反映出这名用户是一个旅行方面的高端玩家；如果一个用户选择了“潜水”“高空跳伞”“在星空下露营”，则可以看出这是一个喜欢极限运动、热衷冒险挑战的人；如果一个用户选择了“精通一门外语”“看完1000本书”“会一种乐器”“学会一支舞”，那可以看出这个用户是个热爱学习、多才多艺的人。

网易新闻这个《人生必做的100件事》H5，本质上是可以帮助用户对外展示自己“人设”的，这也是这个H5能够获得用户积极参与、产生刷屏效果的重要原因。有助于帮助用户以一种有趣的方式构建自己的“人设”的内容，自然容易受到用户的追捧。

策略二：善用“模仿律”与场景

塔尔德的“模仿律”可以解释为什么大众对更容易种草“网红”产品：因为它们是拥有各种背书的、经过验证的、拥有良好口碑的绝佳模仿对象。就像戴森Supersonic吹风机，在各种推荐帖中被塑造为优雅中产生活的标准配置，购买它则可以被视作对这种生活状态的追求与模仿，用户的心理机制则是“购买了戴森Supersonic吹风机，我就过上了优雅精致的生活”。

值得关注的是，电子支付和电商的发达，已将“种草”到“拔草”之间的过程大大缩短了，对于那些客单价较低的商品，甚至只需要短短几分钟的时间。这个时候，如果创作者能在内容中突出“模仿律”的作用，对用户进行心理暗示，则可能达到事半功倍的效果。例如，在许多种草帖中，都能看到“它在Instagram上火得不行”“时尚博主力推”等字眼，就是在悄悄使用“模仿律”，释放用户“种草”力的能量。

除了“模仿律”的作用，场景的渲染和暗示也非常重要。当博主们在帮助用户种草时，往往会大量使用富有场景感的内容。以口红这一商品举例，口红“种草文”可以细分用户生活中的多种场景，比如职场、约会、闺密聚会、面试都需要使用不同色号的口红，这样富有场景感的内容，更能引发用户的联想与憧憬，使得种草行为更易发生。

策略三：制造情绪显微镜，制造“微标签”

随着用户情绪的表达变得越来越细腻和细碎，他们对“标签”的反感就会与日俱增。往用户身上粗暴贴标签的时代已经过去了，但这并不代表“标签”已经完全失效。用户通过向他人、向外界展示自己寻求认同和正向反馈是天然的需求，他们之所以反感“标签”，其心理机制是“我不想和别人一样”，不想让自己的性格和别人“撞签”，这是一种对趋同和自身个性泯灭的恐惧。

如果换作描述入微、与他人重合度较小的“微标签”（microlabel），就既能弥补普通标签的粗暴，又能让用户向外界较为轻松和清楚地展示自己的个性。给用户提供“微标签”，是内容赢得用户的关键。

如果观察仔细，就会发现自带“刷屏体质”的多个测试类 H5，都不只是简单地利用了用户爱晒爱秀的心理，而是都用到了“微标签”这一技巧，通过数量足够多并且能够形成多样化组合的文案，为用户勾勒出不那么容易与别人“撞签”的画像。

比如网易新闻推出的“荣格心理学”人格测试 H5，一经推出便迅速取得刷屏效果，这个测试基于瑞士心理学家荣格提出的“集体潜意识”理论，这一理论将人格分为 12 种原型：天真者、孤儿、照顾者、爱人者、战士、统治者、反叛者、魔术师、创造者、追寻者、愚者和智者。网易新闻的 H5 通过 6 道简单的测试题，让用户答完题后就能获得一份属于自己的“人格分析报告”海报。比如一位用户拿到的“报告”显示他的外在人格是“创造者”，具有勇气、革新、天赋这三个关键词，除了外在人格还有内在人格，比如“孤儿”，就具有内敛、执着、蜕变这三个关键词。同时海报上还会有关于用户“人格”特征的描述文案，比如“天真者”人格的描述文案为：“你善良纯洁而有力量，你内心干净透明，信奉世间美好，你才智过人，但你仍保有赤子之心。”值得注意的是，H5 所展现的 12 种人格和 36 种关键词都是正面词汇，因此这样的一份“人格分析报告”其实能帮助用户展示自己性情中美好的一面，从而引发用户分享和展示的欲望。

用户心理的变化，要求创作者在做用户洞察时装上一个“情绪显微镜”，从用户微小的举动中发现背后的情绪，并用有趣的方式进行表达。在新媒体时代，用户情绪的颗粒度可以很小，不仅是愤怒、悲痛、感动这样宏大、剧烈的情绪可以打动他们，更多时候，抓住用户一些微小的情愫，更容易俘获他们的内心。

瑞典音乐平台 Spotify 就曾经捕捉到用户的微情绪，并在美国、英国、丹麦等街头的巨幅广告牌上，写下了这样的文案：

> 在情人节播放了 42 遍《对不起》的用户，你到底做了什么？

> 致 1235 位喜欢了“闺密之夜”歌单的兄弟们：我们爱你。

> 致 NoLita 的那位从 6 月就开始听圣诞歌曲的朋友——你真的是“jingle all the way”对吧？

> 3749 个在英国脱欧日播放《我们知道今天是世界末日》的用户，坚持住啊。

Spotify 的文案诙谐中带着感性，展现出对用户细微行为和情绪的关注，并且加入了大数据这味佐料，让内容既有情怀又令人信服。

策略四：将创作权“外包”，提升参与感

社交媒体的出现，培养了用户乐于表达、乐于创作的心理。许多广为传播的内容，都并非内容创作者的“独角戏”，而是容纳了许多来自用户的 UGC 内容产出。越来越多的品牌主和创作者，开始把创作权“外包”给用户以提升他们的参与感和内容的自传播度。

比如 2016 年已经 75 岁“高龄”的美国巧克力豆品牌 M&M's 就曾经把巧克力豆常规口味的决定权交给用户。M&M's 发起了一场投票，消费者可以在蜂蜜坚果、咖啡坚果和辣坚果的花生巧克力豆中选出自己喜欢、希望成为常规口味的一个口味，根据用户的投票数据，咖啡坚果巧克力豆胜出，成为 M&M's 的常规口味。其实这三款口味的巧克力豆在测试阶段，最受欢迎的就是咖啡坚果巧克力豆，M&M's 在某种程度上只是顺水推舟，在这个投票活动中给予用户表达自己喜好的机会，极大地增强了用户的参与感，也提升了用户与产品的关联度。

无独有偶，西班牙汉堡王近期在 Instagram 上发起了一项调查，它们通过 9 支短片，让用户选择自己青睐的口味，如汉堡中要加几片肉、几片生菜，酱汁选哪种口味等。完成调查后，用户可以获得优惠券，在规定的时间内可到门店兑换票选出的定制汉堡，在几小时内，这场活动的参与用户就超过 4.5 万人，并产生了 27 万次互动。

策略五：告别程式化，制造 Wow Moment

Wow Moment（哇哦时刻）是指用户惊喜并发出感叹的时刻。菲利普·科特勒认为，在信息过载、注意力稀缺的时代，营销必须为用户创造意外和惊喜。

有三个因素可以制造 Wow Moment：

- 要让人惊讶，当某人有一定期望值，而结果超出这个值时，他就会发出惊叹；
- Wow Moment 是个人化的，只有通过个人的体验才能触发，个人深藏的需求一旦得到满足也会引发 Wow Moment；
- Wow Moment 是有传播性的，经历了 Wow Moment 的人会自主向他人传播这一信息。

在信息过载的新媒体时代，制造 Wow Moment 显得更加有意义。在泰国视频广告《忠犬 Rocky 的爱情故事》中，以宠物狗 Rocky 的第一人称视角，讲述了它与自己的女朋友，也就是女主人潘之间的日常，比如守在家门口等待女主人下班、和女主人一起整理书橱、帮女主人暖床。直到有一天，女主人带真正的男友回家了，男友对 Rocky 并不友好，甚至有些针锋相对。Rocky 会在女主人和男友看电视时摁下遥控器切换频道，而男友也会故意撕坏自己的裤子嫁祸给 Rocky……如此几轮的角逐后，Rocky 成功“打败”了男友，重新独占了女主人的宠爱，然而，视频在这里话锋一转，指出 Rocky 又到了一个尴尬时期——掉毛季。女主人为了清理 Rocky 掉落的狗毛苦不堪言，男友又重占上风，遭到女主人嫌弃的 Rocky 决定离开。女主人开始怀念 Rocky，一阵子之后，Rocky 回来了，还为女主人带来了万杰灵静电除尘纸，这下终于消解掉了和女主人之间的矛盾，重新变成女主人宠爱的宝宝。这样的内容能让用户在一波三折的剧情推进中不断获得惊喜，也容易刺激用户的转发与分享。

第 3 章　新媒体写作的新思维

3.1　创作者的“五维角色”

新媒体时代，媒介渠道错综复杂，用户的喜好瞬息万变，现实给创作者们提出了更高的要求。创作者不能是一枚只会生产文字的孤零零的螺丝钉，而是需要有“一个人就是一个团队”的综合素质。

从前，我们像匠人那样拿着显微镜雕琢文字，现在，我们还要拿起望远镜观察媒介渠道的流向，拿起听诊器倾听用户的心跳。我们需要踏遍传播的上游和下游，调研每一个环节的运作方式，并在脑海中形成完整的传播地图。除了写字，我们要做用户洞察，要会搭配媒介组合，要懂产品、会运营，要会看传播数据……创作者的角色会越来越多元和复杂，这是我们不得不面对和适应的未来。毕竟，唯有打破边界，才能看到更多崭新的景色。

那么，一个优秀的创作者，还需要身兼哪些角色，才能从容应对新媒体时代的挑战呢？总结起来，新媒体时代的创作者应该扮演好以下“五维角色”。

第一维角色：创作者

无论如何，创作者是我们的基本面，我们的“人格底色”。文字是绕不开的基本功，创作欲是少不了的能量源头。能认真、有技巧、有创意地写文案、写稿件，拥有流畅而有逻辑的书面表达能力，其实都并不简单，也并非每一个懂中文的人都能完成的任务。就像《文案基本功》一书中写道的那样：

> 和木工活一样，文案创作也是一门技术活，但它又不止于技术。匠人和商人的区别是，匠人身负精湛手艺，能生产出有价值的作品，而商人却拥有创意与洞察力，能让有价值的作品同时具有商业价值。

终身研习写作的技巧与创意，保持对文字的敏感与热情，是创作者需要遵守的原则。要懂得什么时候说、说什么、对谁说、用什么方式和技巧说，要说得妥帖，说得严丝合缝，说得有收益，都需要稠密的脑力和深厚的功力。要实现以上这一切，最离不开的就是文字的基本功。你的词汇量有多大、写下的文字是否有画面感、是否会讲故事、会不会写金句、写出的文章能不能“带货”，这一切都是你文字基本功的判断因素。所有听上去抽象、玄妙的法则、道理和套路，都要沉淀在每一次刻意练习、每一次认真而有创意的写作中，从中自己领悟到的感触和经验，才是提升写作基本功最有用的法宝。

第二维角色：产品经理

产品经理并不是人人都能担任的，他们是存在于用户与产品、技术与商业之间的重要枢纽。他们需要周旋在思维导图、需求文档、代码及心理学、行为学、营销学专业词汇之间，并将它们融会贯通，帮助产品摆脱千篇一律的平庸面貌，从不痛不痒变得撩动人心。创作者与产品经理之间最大的一个共同点，那就是他们都是某一个作品或产品从 0 到 1 的孵化者，不同的是，产品经理需要协调和处理的环节更多、更烦琐。

新媒体时代的创作者，对待自己的文字和作品，要像一个产品经理对待自己的产品那样，更加理智、更加开放。创作者要像产品经理那样收集和分析用户需求，对用户想要看到什么样的内容了如指掌；还要像产品经理那样输出方案，制定明确的写作目标，梳理完整的写作大纲；接下来，创作者就需要像产品经理那样协调开发、测试、设计等，完成创作内容，将内容交由小部分读者试读并提供反馈，并精心设计内容的排版与样式；内容“上线”后，创作者还需要像产品经理那样收集用户反馈，通过文章阅读量，视频播放量，标题点击率，用户点赞、转发、评论等多维度指标，进行复盘与总结，并运用到产品后续的打磨与优化中。

第三维角色：运营人

无须赘言，“新媒体运营”这个新兴的岗位名称，已经充分说明在新媒体时代运营这一技能的重要性。对创作者而言，运营的作用是让内容更顺畅地在各个渠道上流动，并吸引更多用户的互动与关注，在有“带货”需求的情况下，甚至要通过运营机制引发用户的购买行为。

运营是一项非常考验细节管理能力的工作，文章标题应该怎么写，引导关注的图标应该是什么颜色，线上活动的奖品金额等级应该怎么设计才最能吸引用户参与，一篇公众号推文应该在早上 8 点还是中午 12 点发布……如此种种，都是一个优秀的运营人必须了解的。有时候，一些细微的调整和优化，就可能会带来点击率、转发率的极大提升。这就是运营的重要所在。

目前，行业已达成共识，那就是互联网流量红利期已经终结，这意味着即使是非常优质的内容，也很难仅仅凭借内容自身获得较好的曝光。

这就需要创作者同时身兼运营人的角色，不仅要将内容生产出来，还要将内容推荐出去，并让内容黏住用户。在优质的内容之外，利用运营手段给用户提供一些激励机制，如活动福利等，在长期、精巧的运营之下，建立与用户之间的连接，提升用户对内容的参与感，这就是运营能给创作者带来的收益。

新媒体时代，写作不仅是写出文字，而是要精心地运营内容，将内容的生产、分发和消费过程打造成健康的活水循环，才算完成了创作的闭环。

第四维角色：增长黑客

增长黑客（Growth Hacking）是发源于硅谷的一个名词，由 Qualaroo 的创始人兼首席执行官肖恩·埃利斯（Sean Ellis）于 2010 年提出，是指用最低成本、最快时间实现用户大规模增长的互联网业内人士。区别于传统高投入的广告方式，增长黑客更多地由数据驱动，通过产品策略、技术化手段和用户洞察来获取用户，对于那些缺乏财力与资源的初创型企业而言，增长黑客提供了一种低成本甚至是零成本的营销新思路，获得了大量创业公司的追捧。

增长黑客本身就像一个“多面体”，他们身上兼有广告人、技术极客、产品经理和运营人的角色，但最重要的，还是他们所拥有的“增长思维”。这是一种数据化、精细化和快速迭代的思维方式，与传统粗放的豪掷千金的营销投放形成鲜明区别。

以 Facebook 为例，它曾经推出过一个带有用户个人基本资料的博客小挂件，用户可以将其贴到自己的主页或博客上，向外界展示自己。就是这样一个看似不起眼的小功能，每月却给 Facebook 带来了数十亿次展示量和百万级的注册量。这个小挂件的推出就是典型的“增长思维”的体现，它步步为营，首先洞察到了用户可以利用小挂件展示自己和吸引更多好友互动的心理动机，这是增长团队对 Facebook 海量用户的行为数据进行研究后得出的推测，随后团队利用并不复杂的技术手段研发出了这个功能，成功地实现了用户的增长。

创作者也应该具有增长思维，不去凭空或是以自己的经验去揣测用户的喜好，而是多通过切实可行的数据来做出分析和判断，即使没有 Facebook 那样的大数据，仍可以参考社交媒体的“热搜”“热榜”及用户的热门评论推测风向。此外，创作者亦需要通过内容不断增长自己的读者或粉丝，或者通过内容为所服务的企业带来流量，而不仅仅局限于创作文字这一个单一的环节。

第五维角色：UI 设计师

看到这里，或许有人会觉得，跨界的幅度是否有些过大了？但新媒体时代确确实实是一个视觉化的时代，用户的眼睛已经被缭乱的视频惯坏了，四平八稳的白纸黑字很难满足他们的视觉需求了。

写作人要兼具 UI 设计师的角色，其实主要是需要学习他们的三种职业能力。

首先，是视觉审美能力，这无关艺术，但内容的字体、排版风格都需要符合美的标准。以微信公众号的排版为例，字号到底是 14 号合适还是 16

号合适，字间距到底是 1.0mm 合适还是 1.7mm 合适，都是需要考量的。这不仅仅是为了美感，更是为了让用户阅读起来更省力、更高效。

对于不同的目标用户群体，也需要做不同的考虑，比如当账号的粉丝群体主要是年轻人时，那么他们可能偏好更小的字体、极简风格的排版；如果粉丝群体主要是中老年群体，那么稍大一些的字号在视觉上会对他们更友好，用鲜艳的颜色突出重点也能帮助他们更好地理解内容。在符合基本的审美原则的基础上，不同内容的风格主要由用户群体的喜好与习惯来决定。

除了视觉审美能力，对交互的理解也是创作者需要从 UI 设计师身上学习的一项能力。什么样的配图更能吸引用户的点击？在头条号等自媒体平台上，头图用单图模式的点击率更高，还是用三图模式的点击率更高？引导关注的文案是写在文章顶部更有效，还是写在文章底部更有效？这些问题的答案都有赖于我们对用户行为的分析，许多时候它们与用户的个人喜好无关，而是取决于人们的交互习惯。

接下来，我将用更为详尽的内容，提炼出新媒体创作者“五维角色”中产品经理、运营人、增长黑客的角色能带给我们的方法论及实战技巧方面的启发。

3.2　用产品思维写作

任何一个作品，无论是一则文案、一篇文章、一篇推送、一支视频还是一场直播，想要在新媒体时代取得理想的传播效果，都需要被视为一个产品，用产品思维进行全盘的策划与打磨。产品经理身上，到底有哪些行之有效的工作思维和方法值得创作者汲取化用呢？总结起来有 5 个原则，它们分别是：共情原则、MVP 原则、KISS 原则、彩蛋原则和心智树原则。

1. 共情原则：远离“知识的诅咒”

共情，也就是有同理心，指的是通过心理上的换位，设身处地地对他人的感受和情绪进行感知和觉察。共情原则是产品经理在工作中需要遵循的基本原则，在专业性的工作中，需要将专家思维切换为用户思维，站在用户的角度考虑问题，洞察用户的需求和痛点。

用一个小故事来阐释什么是共情：有一个人不小心掉进一个枯井里，他在井底呼救："救命，我被困住了，这里好黑，快救我出去！"共情会让我们听见呼救后爬下井底，对那个人说："我知道你现在的处境了，你并不孤单，我会想办法救你出去。"而同情则是让我们站在井口低头向井内说："天哪，这真是太糟了，需要我给你拿个三明治吗？"

可以看出，共情与同情最大的不同，就是它的立场并不是隔岸旁观，而是设身处地。无论是产品经理还是创作者，在长时间地从事专业工作后，就会不可避免地陷入"知识的诅咒"（Curse of Knowledge）。知识的诅咒是指，当人们对某个对象很熟悉时，就很难想象在不了解这一对象的人眼中，这个对象会是什么样子，人们就像被自己所掌握的知识"诅咒"了一样。

可口可乐公司曾在2014年推出过一组多功能瓶盖套组，让使用后的塑料可乐瓶可以"变身"喷壶、哑铃、铅笔刀、涂鸦笔，甚至是小朋友爱玩的水枪，如图3-1所示。这一产品功能上的创意，就洞察到用户对废弃塑料瓶再利用的真实需求，让他们得以更方便轻松地将可口可乐瓶改造成他们需要的样子，因为即使是在可口可乐推出这一组限量瓶盖套组之前，许多用户也在对使用过的各类塑料瓶进行再利用。可口可乐的这一次营销活动，就充分应用了共情原则，在产品上做一个小小的改动，就让用户对这一品牌的好感度倍增。

图 3-1　可口可乐的多功能瓶盖套组

坚持共情原则，对于创作者而言，可以有效地避免知识的诅咒，让我们从用户的角度出发，避开艰涩难懂的专业词汇，避开那些无法吸引用户注意力的角度，写出真正为用户所接受和喜爱的内容。

2. MVP 原则：五是一个神奇的数字

MVP（Minimum Viable Product）是美国作家埃里克·莱斯在其著作《精益创业：新创企业的成长思维》中提出的概念，即“最小化可行产品”。它是一种产品理论，也是一种快速试错、快速迭代的思维，具体是指开发团队通过最小化可行的产品，先获取一定的用户反馈，并对最小化可行产品进行快速迭代，直到产品达到一个较为稳定的阶段。

看过电影《社交媒体》的人都知道，扎克伯格最初研发出的 Facebook 的第一个版本仅支持男女彼此投票，获得了用户反馈后，才加入了照片评选、个人主页、分享传播等功能。Facebook 这一平台其实就是根据 MVP 原则进行产品开发的，它先推出了一个最简易的版本，然后根据用户反馈迭代而成，有了小范围内的成功验证，一经推出后就受到网民的喜爱，以病毒般的速度快速扩散起来。

其实在内容创作领域，MVP 原则也一直在起作用。微信公众号就可以视作一个最小化可行版的“杂志”。对于内容创作本身来说，创作者通常会经历“选题策划—提纲撰写—正文撰写—文章发布”等既定环节，如果在创作中引入 MVP 思维，那么创作者在确定了选题范围之后，就可以进入初步的用户反馈验证环节。我们可以将几个备选的选题发送给小部分的目标用户，或者是对内容具有一定敏感度的同事、朋友，让他们从中选出感兴趣的选题，然后再进行下一步的操作。

许多创作者也许会困惑，到底该将内容发给多少人进行反馈，才能取得更好的效果呢？用户研究专家雅各布 · 尼尔森也曾思考过这个问题，他的主要工作是研究如何设计出人们易使用的网站，为此他曾经观察过对成千上万名用户的采访，他还观察了在 10 次、20 次的采访后，用户能发现多少个产品问题，结论是：85% 的问题在仅仅采访 5 个人后就被发现了。因此，给更多的人进行测试和反馈并不能带来更精准的答案，在同一个研究中，参与人数超过 5 人，一般来说额外收获的边际效应就会递减了。与其投入更多时间去发掘剩余的 15% 的问题，还不如先将 85% 的问题进行修改后再做一轮测试。

对创作者而言也是同理。在创作流程中，如选题策划阶段，我们通常只需要将备选的选题发给 5 个人，就能得到相对靠谱的选择，然后按照 MVP 原则进行快速迭代。在创作标题时，这个方法也同样适用，可以用自己的专业经验加上 5 人投票团的选择作为选择最终标题的依据。

3.KISS 原则：简单、愚蠢就是美

KISS（Keep it Simple and Stupid）原则也是产品设计领域常用的一种理论，它是指将产品设计得越简单、越傻瓜化越好。无论是一个网页、一个系统、一个 App 都需要将它们设计得更简单、更便于操作，设计者需要想尽一切办法降低用户的使用门槛。越简洁、简单，就越容易开发、容易维护，也易于用户操作，获得市场成功的概率也就越大。

小米在其网页设计中，就运用了极简主义的原则，如图 3-2 所示，只保留必要的元素，因为屏幕上的元素越少，用户对剩余元素的关注度就会越高，信息传达的效率也就更高。在页面中，“负空间”——也就是留白——所占的比例也较大，因为某个元素周围的负空间越大，该元素被用户关注的可能性也就越大。 此外，扁平化设计因为省去了阴影、斜度等立体化元素，也显得更加简洁，页面颜色种类较少、对比鲜明、文字简洁等特征，都有效地遵循了“KISS 原则”，提升了网页的可操作性。

图 3-2　小米的页面设计

KISS 原则在写作领域也同样适用，想让自己的信息被更多的用户接收和记忆，它就必须足够简单和清晰。

让文字尽可能地满足 KISS 原则，通常有两种方式：一是简短，二是直接。就像网页设计一样，我们需要让用户只看到最精练的文字部分，避免受到冗余信息的干扰，这考验着创作者的“裁剪”功力。而“直接”则需要创作者发挥具象化思维能力，比如同样形容汉堡销量好，“销量巨大”就不如“每年被吃掉 3.5 亿个”更直接，总体来说，具体的数据、案例就比抽象的概念更直接。

4. 彩蛋原则：制造 Wow Moment

彩蛋最初源于西方复活节的找彩蛋游戏。在电影领域，彩蛋是指那些被埋藏在影片中或影片结尾，不仔细寻找就容易忽略的有趣细节。在电影中埋入几枚彩蛋，目的是提升观影趣味，同时也能起到增加隐藏剧情、向某种文化致敬、剧情解密、为续集埋下伏笔等作用。游戏中的彩蛋设计，也能给玩家带来更多惊喜。

在互联网产品设计领域，“彩蛋”也成为提升产品人文情怀、增加与用户趣味互动的有效手段。比如，当我们在微信对话框中发送“生日快乐”四个字时，屏幕上方就会缓缓降落一堆生日蛋糕的 emoji 表情；又比如，当我们用百度浏览器搜索“黑洞”这个词时，浏览页面就会出现一个逐渐扩大的黑洞图形，如图 3-3 所示。这些埋藏在产品中的彩蛋，通常以用户的某种行为作为触发机制，通过互动的设计，给用户带来惊喜，也让产品变得更加有温度。

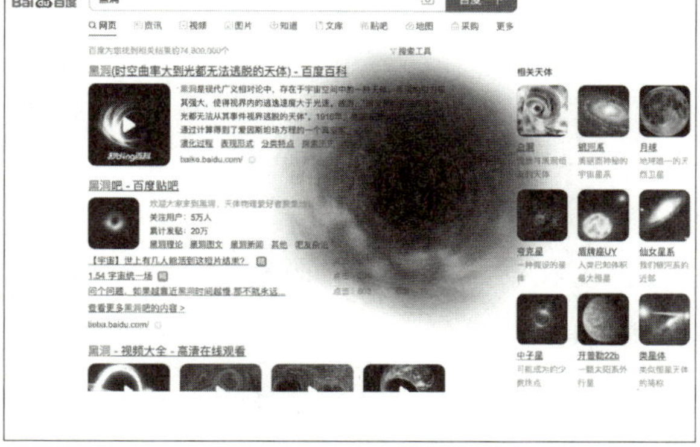

图 3-3　当用百度浏览器搜索“黑洞”时，页面会出现黑洞图形

其实，彩蛋的本质就是为用户制造 Wow Moment。在内容创作领域，彩蛋通常以一则内容、一篇文章中一个反转结尾的形式出现，又称为“神转折”，在许多段子的创作中都会使用这一手法。比如“妻子说我应该表现得像个成年人，我无言以对，毕竟嘴里有 45 颗小熊软糖是很难说话的”“在飞机上我要求换座位，因为旁边有个熊孩子一直在哭，但别人不同意，因为孩子是我的”，诸如此类的内容，往往能带给用户彩蛋般的惊喜，引起用户主动传播的概率也会更高。

5. 心智树原则：建立逻辑

心智树，又称思维导图、脑图、心智地图，是产品经理在日常工作中经常使用的一种图形化工具。它体现为一种树型结构，从一个根主题流向一个个子主题，可以有效地帮助使用者组织思想、建立逻辑、管理记忆。思维导图还能帮助使用者建立起知识图式，把大脑中较为孤立、零散的信息、知识串联起来，对于我们储存知识和提取知识都大有裨益。

在创作者的心中，也需要有一棵这样长满钩子、上面挂满各种写作元素的心智树。比如，当我们创作一篇文章时，在下笔之前可以试着画出一棵心智树：文章的主题（通常体现为标题）就是这棵心智树的“树根”，而文章的几个小标题则是心智树的几组枝丫，每一个小标题之下的内容（相关数据、故事、论据等），则又是枝丫上长出的几片“树叶”，如此一来，整篇文章的内容就构成了一棵逻辑严密、内容丰富的心智树，它可以有效地帮助我们在下笔之前理清思路、组织内容，让撰写文章的过程变得更从容且流畅。

3.3 用流量思维写作

流量，是经常出现在新媒体创作者眼前的一个关键词。内容能否带来流量、能否带来粉丝，甚至已经成为大部分时候判断内容好坏的标准，而“涨粉”也早成为新媒体运营人员必须面对的 KPI 之一。写作这项原本很难被量化标准所评判的工作，忽然间有了许多可以衡量它的指标，文章阅读量、点赞量、评论量、标题点击率、文章转发率等，都是新媒体创作者不得不面临的考验。这一切，都要求我们在写作的时候具备流量思维，把流量作为一把标尺，时时校准我们的写作路径。

当前，创作者与运营人的边界正在变得模糊，创作者不仅要负责产出内容，也要对内容的推广和效果负责，要学会拉新、引流和转化的手段，做好用户关系的维系。

随着流量红利期的结束，想要获取流量变得越来越难，这更要求人们对流量进行精耕细作，运用各种巧思获得用户的关注。以运营的对象为划分依据，运营可以分为四种类型：内容运营、用户运营、产品运营和活动运营。不同类型的运营工作都包含大量细节性的技巧。那么，创作者能从运营人身上学到哪些有效的思维呢？总结起来有三类：UGC 思维、裂变思维和杠杆思维。

1.UGC 思维：黏性与流量可以兼得

UGC（User Generated Content）即用户原创内容，对于运营而言，这是一种能有效提升用户活跃度与黏性的方法。在本书第 2 章中提到过，社交媒体的出现已经培养了当代用户乐于表达、乐于创作的心理与习惯，许多深受用户欢迎的产品或内容，都并非产品或内容产出者的“独角戏”，而是容纳了许多优质、多元的用户 UGC。国内女性社区小红书、问答平台“知乎”就属于这类典型产品。UGC 不仅能为平台创造内容，也能带来高黏度的流量。

在创作 UGC 的过程中，用户不再仅是被动的内容接收者，而是也身兼主动的内容创作者，运营人需要充分调动 UGC 的能量，或采用各种运营机制鼓励用户分享内容，或对用户生产的优质内容进行二次加工，确保 UGC 创作能长期、健康地形成良性循环。比如，小红书就会根据日常的节日、热点等推出相关主题的线上话题活动，如“七夕攻略”“和小龙虾一起看世界杯”“vlog 记录一座城”等。豆瓣也会针对其产品和用户的特点，推出线上热门话题，如“炎热夏天里的清凉回忆”“作家的可爱时刻”“寻找城市里的螺旋”等，吸引用户在话题广场晒照片、晒经历、分享感悟，提升用户的活跃度，如图 3-4 所示。

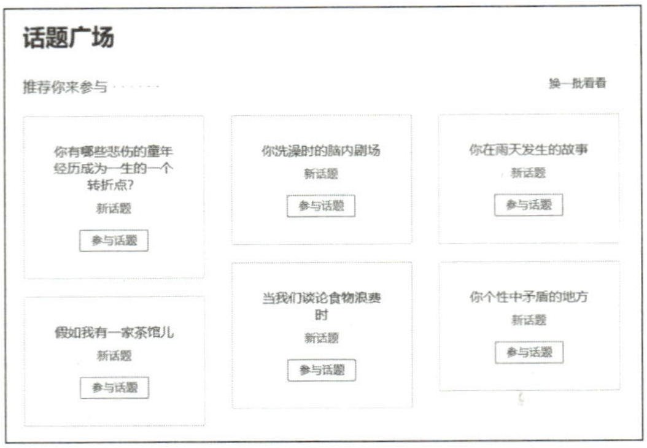

图 3-4　豆瓣话题广场上的热门话题

对于创作者而言，在传统的写作思路里，读者或用户不过是一群静静地等待内容“投喂”的人群，他们只能被动地接收信息和内容，但是在 UGC 思路里，用户是富有创造力的，他们创作的内容可以打破创作者个人的眼界和经验，提供更加广阔多元的视角，贡献充满细节的鲜活故事。

拥有 UGC 运营思维的作者，往往能以更低的成本获得更海量的内容，得到丰富多元的写作素材，从而使内容生产的效率得到较大的提升，通过 UGC 获得的内容可谓“取之于民，用之于民”，往往也更能引起用户的共鸣，获得用户主动传播的概率也更大。

在各大社交媒体平台兴起的“bot”类账号就是 UGC 大放光彩的一个例子。“bot”是“robot”（机器人）的缩写，它们本质上并不是人工智能机器人，而是可以看作一个个不带账号运营人主观色彩的公开发布渠道，用户可以向各类 bot 投稿相关主题的内容，由 bot 放出。比如微博上拥有数百万粉丝的“天秀 bot”“宇宙搞笑 bot”“冷知识 bot”等，就会向用户征集投稿内容，通过账号运营者的筛选发布相关主题内容。

2. 裂变思维：用流量撬动流量

“裂变”是近年来在营销推广领域很流行的一个词语。和传统的营销手段相比，“裂变”强调用低成本获取用户，通常会利用创意和一定的福利机制，通过老用户的“分享”行为得到新用户。从本质上来看，裂变就是一种用流量撬动流量的机制，常见的落地方法有拼团优惠、好友砍价、邀请返利、分销等模式。

二手书买卖平台“多抓鱼”为了获取新用户，也在 App 页面中长期设置有“邀请新用户，得买书券”的活动（如图 3-5 所示），这个活动对老用户和新用户均设有福利机制，老用户分享后可以获得 20 元的买书抵扣券，新用户通过老用户的邀请链接或二维码领取买书券并成功下单后，也能获得 15 元的新人买书抵扣券。通过这样门槛稍高的分享机制，多抓鱼能够以较低的成本获取精准、高转化率的用户群体。

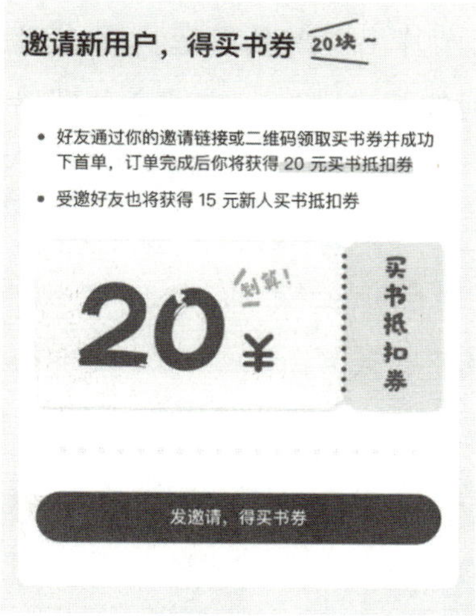

图 3-5 多抓鱼的“邀请新用户，得买书券”活动

对于创作者而言，我们可能无法在文章中埋入福利供读者获取，但是“裂变”思维却是值得学习的。因为在新媒体传播环境下，用户的“转发”这一分享行为对内容的传播是至关重要的。用户的转发，也是促成“10 万 +”爆款文章不可或缺的因素。对于内容而言，引起“裂变”的可能是一个有新意、跟热点的选题，或是一个能激发用户转发欲的标题，又或者是一篇富有信息增量的内容。无论满足哪一个条件，内容只有触发了用户的转发心理，才有机会获得更广的传播，带来更多流量。

3. 杠杆思维：寻找撬动用户的支点

杠杆思维本质就是指以较小的成本去撬动较多的流量和资源，这是运营人的一种重要思维，往往能起到四两拨千斤的作用。通常来说，能作为杠杆支点的要素有两类：一类是内容，一类是激励。有创意、能引发用户主动转发的内容，往往能降低用户的心理防御，从而开启更多触达新用户的机会。而设计合理的激励机制，则能利用用户厌恶损失的心理，刺激他们配合运营人员“完成任务”。

2015 年，一张名为“裙子是蓝黑色还是白金色”的图片风靡互联网（如图 3-6 所示），这张图片出自擅长打造病毒式传播的美国新闻聚合平台 BuzzFeed 之手，在不同的用户眼中，裙子会呈现出蓝黑和白金两种颜色，因此引发争执和热议，在 BuzzFeed 上获得 2500 万次点击并迅速蔓延至其他媒体平台。曾经同样在网络上疯传的“灾难中的女孩”（Disaster Girl）一图（如图 3-7 所示）也出自 BuzzFeed，画面中一名小女孩在一栋被焚毁的屋子前，望着镜头露出神秘微笑。BuzzFeed 的工作人员将小女孩的照片通过抠图放进了多个坠机、沉船、爆炸等犯罪现场中，“毫无违和感”的合成照片得到了用户的积极传播。

图 3-6 “裙子是蓝黑色还是白金色”

图 3-7　灾难中的女孩

BuzzFeed 拥有数百人的运营团队，他们每天会产出数百份诸如“裙子是蓝黑色还是白金色”的内容，其运营的重要策略就是关注值得分享的内容，通过内容去撬动用户的自传播，从而带来数据的增长。除了制造内容，BuzzFeed 还会通过一项名为 POUND 的技术跟踪内容在社交媒体上被分享的数据，分析内容传播的方式和路径，并利用数据的反馈对内容进行优化。内容和技术的深度融合，也成为 BuzzFeed 打造病毒式增长的一只密匙。对于内容，BuzzFeed 总结出了一组“分享黄金法则”，对新媒体时代的创作者也很有参考意义：

- 不耍小聪明，用户不喜欢被玩弄
- 做自己，内容更应该展现自己的特点
- 比起用户，你应更愿意分享自己的内容
- 不断地试验，找到更优质的内容

除了内容，巧妙的激励机制也是运营人员离不开的手段。内容资讯 App 趣头条迅速崛起，就离不开其设计的一系列以送福利（金币、现金）为核心的产品运营机制。当用户注册了趣头条账户后，可以通过阅读资讯、每日签到、做任务、参与分享等方式获取“金币”，金币可以按照一定的比例兑换为人民币，趣头条通过这样的方式提升了用户黏性与活跃度。

此外，趣头条还推出了“收徒机制”，提升老用户分享的积极性。只要老用户的好友通过他们分享的链接或二维码注册趣头条，老用户就可以获得一定的现金激励，通常是 6 ~ 10 元人民币不等。同时，老用户的好友产生的有效阅读也会转化成一定的“金币”提供给他们。比如老用户的好友通过阅读新闻获得了 10 个金币的收益,那么老用户就可以获得 20 个金币的收益。在这样的激励机制之下，趣头条相当于将用户广告投放的预算用于直接补贴用户，让用户的阅读和分享意愿得到大大提升。

3.4 用增长思维写作

数字化时代，海量的数据就像是一笔宝贵的馈赠，前提是懂得分析和利用它们。增长黑客就是一群对数据高度敏感，拥有数据驱动的实验精神，能在纷繁复杂的海量数据中抽丝剥茧的专业人士。比起消耗昂贵预算的营销投放，增长黑客更多时候是用较低成本的创意与技术手段使产品用户量获得增长的。

以电子邮箱品牌 Hotmail 为例，这款产品在刚推出时不温不火，而产品本身也很难通过传统的营销投放手段获取精准用户。最终 Hotmail 利用电子邮箱产品天然的社交属性作为突破口，在每一封用户邮件末尾的签名处都附加了一句：“PS:I love you.Get your free E-mail at Hotmail.”（我爱你，快来 Hotmail 申请你的免费邮箱。）就是这新增的一句文案，让产品的用户增长曲线发生了明显的改变，Hotmail 开始以每日 3000 个新用户的速度增长，6 个月后，Hotmail 已经成功积累了 100 万用户，一年半后，Hotmail 的全球用户量达到了 1200 万。

从 Hotmail 的用户增长案例中可以看出，正是巧妙地撬动了用户的社交资源，在产品上做出一个看似不起眼的改动，才让 Hotmail 用户量实现滚雪球般的快速增长。这种在产品、用户甚至技术本身身上挖掘潜力的做法，正是增长黑客获得高投入产出比回报的核心策略。

增长黑客的日常工作会覆盖搜索引擎优化、病毒营销、页面优化、E-mail 召回等，触达率、转化率等指标是他们重点关注的对象。以增长思维为代表的 Facebook 曾经在 2009 年进行过一次改版，改版后的新页面对主页、个人页面和好友动态页面都进行了修改，从视觉效果上来看，改版后的页面非常漂亮美观，然而造成的结果却是用户在线时长减少、广告收入下降。原因是这次改版并没有增加新功能，而是取消或隐藏了一些用户早就用惯的功能，比如日程安排等，让新版的用户使用体验变得糟糕，最终 Facebook 不得不恢复旧版本。现在 Facebook 严格遵循数据导向思维，产品的任何改动都要以数据反馈为依据，一旦数据反馈不符合预期，功能就不能上线。

对创作者而言，拥有增长思维意味着可以获取更多的读者和粉丝，也就是能让内容更具"涨粉"和"带货"属性。新媒体时代的创作者也需要拥有增长黑客那样的数据导向思维，用冷静的眼光审视、优化自己产出的内容。AARRR 模型、A/B 测试是创作者值得向增长黑客学习的常用工作方法。

1.AARRR 模型：转化漏斗思维

AARRR 模型是增长黑客经常使用的一个模型，模型中的 5 个字母分别对应着产品生命周期中的 5 个重要阶段：获取用户（Acquisition）、促进活跃（Activation）、提高留存（Retention）、获取收入（Revenue）、传播分享（Referral）。

AARRR 模型呈现出漏斗的形状（如图 3-8 所示），正常而言，从漏斗的顶部开始，每一个环节都会产生用户的流失，而增长黑客的任务就是尽可能地阻止用户流失，最终确保产品的商业价值和品牌价值。

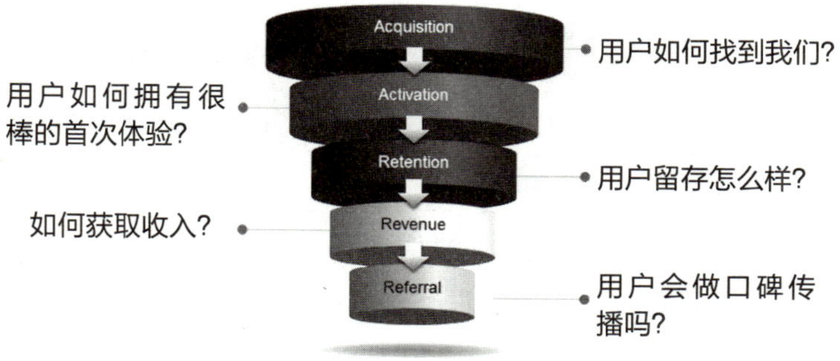

图 3-8　AARRR 转化漏斗模型

第一步：获取用户（Acquisition）

无论是一个产品、一篇推送还是一支视频，在诞生后要面临的第一个任务就是获取用户。所谓“冷启动”就是指产品从 0 到 1 获得第一批用户的过程。对产品而言，获得第一批核心用户是很关键的，第一批用户是否精准、是否活跃，会影响到 AARRR 模型后续的四个步骤。

投放广告、媒体报道、线下地推等都是获取用户的常用途径。比如国内问答社区知乎就借鉴了美国问答社区 Quora 的运营策略，利用邀请制积累了社区的种子用户。具体做法是通过创始团队成员及知乎早期投资方创新工场李开复的人脉圈，定向邀请用户入驻，由于首批用户的身份多是企业 CEO、媒体从业者或行业评论员，他们的共同特质是拥有优质内容的产出能力并且愿意分享和贡献内容，这一冷启动的方式，奠定了知乎社区用户和内容质量高的底色。同时，因为种子用户在各自领域均有一定影响力和粉丝量，这也让知乎可以凭借口碑传播的方式在短期内积累关注度和口碑。知乎在上线后的两年内都通过邀请制积累了一批高质量用户，为产品打上了“专业”的烙印，一直到 2013 年才开放注册，到 2016 年已获得 5000 万注册用户。

第二步：促进活跃（Activation）

促进活跃是当产品有了一定用户积累后，调动用户积极性的必备动作，这也是挽回沉寂的、即将流失的用户的重要步骤。一般而言，唤醒一个“沉睡”的用户比获取一个新用户的成本低，效果也更好，因此促进活跃是增长黑客工作中的重要环节。

派发福利、发起趣味活动、填写问卷等方式都是常见的促活手段。总结起来可以分为三类：利益激励、引导互动和游戏化激励。利益激励包括赠送用户“金币”、积分或折扣券、代金券、减满券等。引导互动则是通过趣味化的线上活动邀请用户参与，比如前文提到过的豆瓣的热门话题，就通过多样化的线上活动，邀请用户贡献内容、晒出自己，从而促进活跃度的提升。而游戏化激励则是通过具有游戏属性的产品运营机制吸引用户参与，比如春节期间阿里巴巴旗下的支付宝发起的“集五福”活动，就是典型的通过游戏化激励促进用户活跃的运营手段。

第三步：提高留存（Retention）

提高留存即提升用户黏性，它是防止用户“来得快，走得也快”的必备手段，能有效延长产品的生命周期，也是将现有用户转化为长期、忠诚的老用户的重要阶段，这对产品实现其商业价值非常重要。

用户放弃一款产品的原因，可能是无法感受到产品价值、产品操作上遇到困难或者已经找到其他替代产品，为了让用户“留下来”，可以使用成瘾模型（The Hook Model）。成瘾模型分为 4 个阶段：触发（Trigger）、行动（Action）、奖励（Reward）和投入（Investment），如图 3-9 所示。

触发可以通过投放广告、发消息推送、热点借势等形式进行。行动即驱动用户的行为，这一阶段要求产品的易用度高，能满足他们使用产品的需求（产品功能、产品体验、响应速度等）。奖励大部分情况下是让用户上瘾的关键，产品需要提供各式各样的奖励机制，主要包括社交酬赏（收获好友、粉丝等）、自我酬赏（成就感、减压、心流体验等）、现实酬赏（现金、奖品等）等。投入指用户对产品的投入，包括用户的金钱、时间成本、情感的投入等。通过成瘾模型触发、行动、奖励、付出这 4 个阶段，可以让用户发现产品的价值，从“首次体验”到“重复使用”，从而让用户真正留存下来。

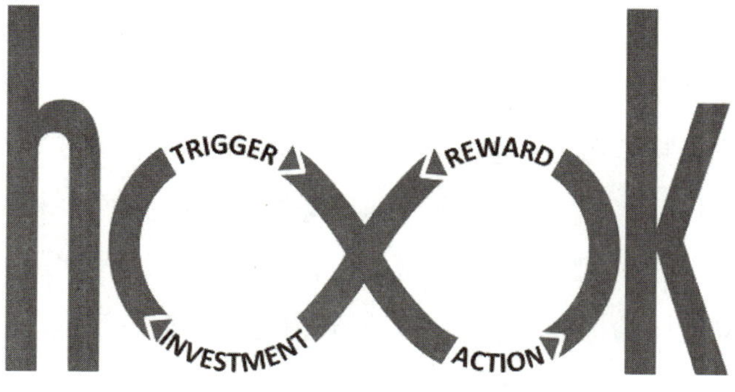

图 3-9　HOOK 模型的 4 个阶段

第四步：获取收入（Revenue）

获取收入是产品证明其商业价值的重要一步，也是让产品能够健康成长的不可或缺的步骤。互联网产品获取收入的形式主要有三种：广告、游戏和内容付费。比如今日头条就是为用户提供免费的资讯和内容，通过在信息流中推送广告获取收入的；而各类游戏产品则是通过让用户购买道具、皮肤等获取收入的；内容付费则通过内容直接变现，比如爱奇艺、优酷等视频网站的付费会员、“得到”App 的知识付费等。

第五步：传播分享（Referral）

在互联网时代，传播分享往往能给产品用户数量带来意想不到的增长，尤其是在社交媒体时代，利用社交链条的传播更容易产生“裂变”的效果。K 因子（K-factor），又称“病毒系数”，是衡量自传播效果的一个指标，它等于每个用户向其朋友们发出邀请的数量乘以被邀请人成为新用户的转化率。也就是说，当 K 因子大于 1 时，用户数量的增长就会像滚雪球一样不断增加，而当 K 因子小于 1 时，用户群就会停止自传播增长。

以公众号推文为例，如果一篇文章推送之后，K 因子大于 1，这篇文章的涨粉率就高，它成为爆文的概率就更大，也说明文章通过内容获得了用户的自传播。反之，文章的涨粉率就低，文章阅读量也很可能在一个较低的数字上停止增长。

2.A/B 测试：数据驱动思维

在今日头条的头条号平台上，当一名创作者准备发布一篇文章或一支视频时，他可以在系统后台输入两个不同的标题，这个功能叫作“双标题”功能。文章或视频发布后，创作者可以看到两个标题的点击率（阅读量 / 推荐量）、评论量、跳出率、平均阅读速度等维度的数据。如果 A 标题的点击率远远高于 B 标题，那说明 A 标题的写作模式更受读者欢迎，创作者今后也可以多采取这样的标题写作手法以提升内容的数据表现。

头条号的“双标题”功能，其实就是 A/B 测试（A/B Testing）思维在内容创作领域的应用。A/B 测试是指在产品设计或营销推广时，制作 A、B 两个版本或更多个版本，在同一时间让组成成分相同或相似的人群进行使用或体验，并通过数据的反馈，判断和选择更优方案。

A/B 测试最初被应用在生物医学领域，也就是“双盲测试”，在测试中病人被分为两个组，在病人不知情的情况下分别让其服用不具备药性的安慰剂和真正的测试用药，经过一段时间后比较两组病人的表现是否具有显著差异，以此来判断测试用药是否真正的有效。

在产品的研发和优化过程中，A/B 测试是一种产品优化的方法，为同一个优化目标制定两个方案（比如两个页面），让一部分用户使用 A 方案，同时另一部分用户使用 B 方案，统计并对比不同方案的转化率、点击量、留存率等指标，以判断不同方案的优劣并进行决策。

A/B 测试在验证用户体验、市场推广等层面往往能起到有效作用，可以减少基于经验、个人主观意见等抽象判断标准引发的纷争，降低新产品的风险性，减少广告投放的浪费，提升效率。A/B 测试的基本原则有三个：提供两个或以上的方案并行测试，不同方案之间只存在一个变量以排除其他干扰因素，以某种标准判定结果。

比如，在许多网站或 App 上都会设置引导用户注册的文案，文案到底怎么写，才能提升用户的注册率？是“立刻注册”好，还是“免费注册”更有吸引力呢？“立刻”会营造出紧迫感，而“免费”则更具现实激励性，在遇到这样难以抉择的情形时，A/B 测试就是一个终结困境方法。

国内的今日头条也是一个爱用 A/B 测试、以数据思维驱动产品用户数量增长的公司，每发布一款新的 App 时，都会投放多个 App 待选名字放到各大应用商店中，经过 A/B 测试后最终选择下载率最高的一个名字，西瓜视频、抖音等知名 App 的名字都是经过 A/B 测试后诞生的。民宿短租平台 Airbnb 就曾经使用 A/B 测试改动其收藏功能，通过将“保存到心愿单”的收藏图标从星形改为爱心的形状，让心愿列表的使用率提升了 30%。Airbnb 是一家严格遵从 A/B 测试的公司，它所有的重要页面在调整时都必经 A/B 测试这一步骤，通常会将每一项产品的改动都首先灰度发布给 1% 的用户，然后观察用户下单率、留存率、注册率等数据指标的变化，根据数据的反馈判断是上线新版本还是打回旧版本。

理论篇

“理论”，并不等于味同嚼蜡的教条和框架，也并非难以落地执行的空谈与理想。写作理论在文案创作者的学习和精进过程中，原本就像一把不可或缺的“尺子”，可以用来帮助创作者校准创作路径，用更少的时间和精力成本创作出更好的作品。前提是，我们知道如何去理解理论和使用理论。

文案创作原本就不是一场任由思绪翻飞和灵感涌现的旅程，它需要我们恪守诸多原则，才能顺利抵达创作的目的地。在这一篇中，将为你呈现数种经典的写作理论，它们大多是经过验证并在文学创作、商业写作等领域已经得到推荐和使用的。在它们的指引下，文字会以更有逻辑的方式组合在一起，文章的结构会更清晰，信息的传递会更准确，并且更有趣。

第 4 章　写作的逻辑

为什么有的文章看上去辞藻华丽，读起来却不知所云？为什么有的文章铺陈了足够的观点和论据，却总让人抓不住重点？

文案创作者必须透过词语的皮肤，理顺内容的“骨骼”。逻辑，就是能将一堆信息支撑起来的“骨骼”，它能让信息依附在适当的位置，各司其职，从而帮助信息接收者更轻松地理解。

在这一章中，我们将重点关注写作的逻辑，利用实用的逻辑梳理方法去训练我们的思维，打磨我们的写作功力。我们需要知道，文字不仅可以是表达思考的素材和载体，也可以是用来思考的工具，每一次的文案创作都是一次梳理思路、提炼思考的历程，只有找到了正确的方法，才能越写越顺利，越写越清晰。

本章将从信息的解剖开始，一步步澄清文案创作者在信息表述中时常出现的错误，再通过金字塔原理、MECE 技巧等实用方法，训练逻辑思维，帮助大家写出更有逻辑的文案。

4.1　“解剖”信息

1. 如何分清信息的类型

信息是文案中所包含的基本要素。想要写出有逻辑的文案，首先就需要辨别信息的类型。

《麦肯锡教我的写作武器》一书将信息分为三种类型——记述信息、评价信息和规范信息，并指出所有的商务信息都是由这三种信息组合而成的。

记述信息是指那些单纯描述某个现象的信息，它们不表现好坏。评价信息则是指那些包含好坏评价的信息，规范信息是指那些“表现出事物应有的状态或人应采取的行动”的信息，比如提案、建议等。

一听可口可乐的容量是 330 毫升。（记述信息，平铺直叙）

草莓味的可口可乐口感十分香甜。（评价信息，有形容词）

可口可乐公司应该推出草莓味可乐，满足用户多元化的需求。（规范信息，有动词）

在通过文字向信息接收者传递信息时，为了尽可能做到清晰明了，就需要我们对三种类型的信息进行正确的组合和灵活的选择。比如，当你写出一句“这款手机拥有超视网膜 XDR 显示屏”时，这是一句记叙信息，信息接收者可能会不明白，心里会纳闷拥有了超视网膜 XDR 显示屏的手机有什么不同呢？这个时候就需要我们给出评价信息，“这款手机拥有出色和清晰锐利的显示屏”，通过评价信息，让信息接收者对这款手机显示屏的价值产生一个估量。在大多数情况下，信息接收者还希望在最后获得规范信息，如当我们已经表明了“这款手机拥有出色和清晰锐利的显示屏”之后，再给出一句规范信息“你应当购买这款手机”，虽然这不一定会促使信息接收者真正做出行动，但会让他们更明确你的意思。

通常情况下，撰写内容时最好让信息按照记述信息、评价信息、规范信息的顺序进行表达，但同时也需要根据不同情况，来判断如何运用这三大不同种类的信息，以获得最好的传播效果。

2. 如何让信息更易懂

“说人话”是在中文商业语境中出现频率颇高的一个词。从信息传递的角度来说，“说人话”意味着让信息更容易被人读懂。如何才能让我们撰写的内容更易懂呢？有两个方法可以帮到我们：第一，在语法结构层面，需要使主语和谓语关系明确；第二，在文字表达层面，用词需要具体。

在语法结构层面，需要使主语和谓语关系明确

在日常的文字表达中，创作者常常会犯一些错误，使得语法结构不清晰甚至错误。常见的有主语和谓语的关系模糊、主语和谓语或主语和宾语之间隔得太远等问题。

比如，“A 企业与 B 企业达成的独家合作向来为业界看好，而最近开始与其他公司展开合作，引发了不小争议”，这个句子就存在主语和谓语关系不明确的问题，“最近开始与其他公司展开合作”的，究竟是 A 企业还是 B 企业呢？从这个句子的表达来看，是相当模糊的，诸如此类主语和谓语关系不明确的句子，会让信息接收者感到费解。

导致信息模糊的另外一种情况，就是主语和谓语之间相隔太远，而这一情形在中文语境下是很容易产生的。中文的语法奉行的是“左行原则”，即中文中对宾语的限定词通常是放在谓语和宾语之前也就是宾语左边的。而英文的语法则奉行“右行原则”，对谓语或宾语的限定词常常被后置。

比如，我们可以对比一下这样两个句子：

We shall not see space filled with weapons of mass destruction, but with instruments of knowledge and understanding.

我们不会看到遍布大规模杀伤性武器的太空，而是看到充满获取知识的工具的太空。

在这句英文的表达中，主语是“we”（我们），谓语是“see”（看到），宾语是“space”（太空），由于英文语法奉行“右行原则”，对宾语“space”（太空）的修饰语，也就是“filled with weapons of mass destruction”“(filled) with instruments of knowledge and understanding”这样一长串的词组，整个是放在句子的末尾，也就是句子的右侧的，它们是被后置的。理论上而言，当信息接收者还没读完整个句子时，主谓宾的结构就已经清晰地呈现在眼前了。

我们再来看看与这句英文相对应的中文表达。“我们不会看到遍布大规模杀伤性武器的太空，而是看到充满获取知识的工具的太空”，在这个句子里，同样的，“我们”是主语，“看到”是谓语，“太空”是宾语，但是对宾语的修饰词“遍布大规模杀伤性武器的”却是放在宾语之前，也就是宾语的左侧的，同样，“充满获取知识的工具的”也放置在宾语的左侧的，为了让语句通顺，宾语出现了两次。

通过上面两个句子，可以发现中文“左行原则”和英文“右行原则”的区别，中文是一种更委婉的语言，而这样的特点往往会给信息的理解造成一定的障碍，如果在较长的句子中，主语和谓语或宾语相隔太远，对信息接收者来说理解成本会相对较高。

面对这样的情况，一般在英译汉时会采取一些技巧，在不改变原意的基础上，缩短主语和谓语或宾语之间的距离，降低信息理解的成本，比如将“我们不会看到遍布大规模杀伤性武器的太空，而是看到充满获取知识的工具的太空”改写为“我们不会看到太空遍布大规模杀伤性武器，而是充满了获取知识的工具”。

比如这样一句话：

业务部部长在前天的例会中，听到各业务据点报告的业务进度比预期好，以及各据点关于伦理提升所做的说明之后，感到非常满意。

改善方法：

在前天的例会中，听到各业务据点报告的业务进度比预期好，以及各据点所做的关于伦理提升的说明之后，业务部部长感到非常满意。

现在主语与谓语确实靠近了，不过主语出现前的前置文字居然有将近50个字，念起来还是很累。

除了上述问题，在语法层面，如果不是在修辞方面有特殊需求，比如需要利用被动语态来起到强调语气的作用，则尽可能使用主动语态，让信息变得更明了。

在文字表达层面，用词需要具体

除了明确主语和谓语的关系，用词具体对于让信息变得更易懂也十分重要。用词具体的本质，在于减少信息接收者处理信息的成本，越抽象的表达，越需要信息接收者将它们自行消化，而具体的表达方式则可以让信息接收者能瞬间理解这则信息想要传递的含义。

用词具体对文案创作者而言是一种责任，我们在写作中要尽量杜绝圆滑又闪躲的抽象用语。比如以下两句文案：

A 文案

这台平衡车拥有出色的平衡性和灵活性。

B 文案

这台平衡车上有多个精密传感器，可以捕捉人体微小动作，以每秒 200 次的速度动态调整车身姿态以保持平衡。

A 文案就是典型的抽象型信息，“×× 性”“×× 化”“×× 力”这样的表达方式无法让信息接收者脑中产生具体的联想，而 B 文案的用词方式则相反，它利用“多个精密传感器”“捕捉人体微小动作”“以每秒 200 次的速度动态调整车身姿态”这样拥有细节和数据的文案，让用户可以在脑中形成生动具体的印象，真正理解到这台平衡车的“平衡性”和“灵活性”。

又比如以下两句描述某款不粘锅产品性能的文案：

A 文案

这款不粘锅拥有优质的耐磨性和不粘性。

B 文案

这款不粘锅的表面在 1.5kg 受力条件下可耐 5 万次打磨不破损，可以连续煎 150 个无油鸡蛋依旧不粘。

A 文案中的“耐磨性”和“不粘性”这样的词汇，虽然已归纳不粘锅的性能维度，但是并不能让用户了解到这款不粘锅和其他不粘锅到底有什么区别。B 文案用“表面在 1.5kg 受力条件下可耐 5 万次打磨不破损”这样具体的文案阐述了这款不粘锅的“耐磨性”，用“可以连续煎 150 个无油鸡蛋依旧不粘”来阐释锅的“不粘性”。众所周知，鸡蛋是一种很容易粘锅的食材，更何况是在“无油”的前提下，不仅如此还能连续煎“150 个”，像这样具体的、富有场景感的文案，往往能让用户快速理解这款锅到底有多“不粘”。

用词具体能让信息更易懂，但在创作过程中也不能矫枉过正，因为在很多时候，化繁为简的抽象化技巧也同样重要。

太具体会导致琐碎，太抽象会导致模糊。在创作过程中，我们应该追求的是既有高度概括的抽象提炼，又有具体形象的阐述，先用抽象的概括提纲挈领，道出事物的本质，再用具体的描述让信息接收者脑中产生印象，这样一来就更容易清楚地传递信息。

3. 如何让信息更容易被传播

雷蒙德·洛伊是20世纪美国一位著名的工业设计师，可口可乐弧形瓶身、壳牌石油标志、灰狗巴士的设计都出自他之手，小到铅笔刀和面包机，大到火车、航空工作站，都留下了他设计的痕迹。雷蒙德·洛伊提出过一个设计理念叫“玛雅原则”，即MAYA（Most Advanced Yet Acceptable），意思是“最前卫且最易被接受的”。雷蒙德·洛伊认为人们喜欢那些大胆但又容易被理解的产品，这样的产品也往往容易流行起来。在玛雅原则的指引下，雷蒙德·洛伊的设计作品在当时广为流行，人们在穿过20世纪50年代的美国街头时，很难不遇见他和他的公司设计的产品。

雷蒙德·洛伊巧妙地洞察到了一个大众心理，那就是人们确实迷恋新奇的事物，但是如果它们过于新奇，又会让人们感到紧张和抗拒。人们一方面享受熟悉所带来的安全感，另一方面又渴望新事物所带来的兴奋感。最理想的情况，就是让人们一开始感到不熟悉和震惊，但这种震惊稍纵即逝，很快被新事物带来的兴奋感所取代。

在雷蒙德·洛伊看来，人们的注意力并不只受一个方向的力的作用，而是被不同方向的力量角逐。流行的本质就是在旧瓶子里装新酒，像一个一见如故的陌生人、一个熟悉的惊喜。找到熟悉与新奇这两股力量之间的临界点，就是玛雅原则的精髓。

在信息传播领域，玛雅原则也同样适用。大众容易受到新奇信息的吸引，但如果信息过于新奇，又会提升理解成本，让信息的传播性受到削弱。

想要让信息更易被传播，所要做的就是找到熟悉与新奇之间的平衡点。为了赢得大众的注意力，流行文化领域的创作者经常使用“最优新鲜度”这一技巧，比如编剧会把两个大众熟悉的故事用新的方式组合在一起，如《泰坦尼克号》就是“罗密欧与朱丽叶在一艘沉船上”的故事，而《宠物的秘密生活》就是“《玩具总动员》加上会说话的动物”。在大众熟知的故事模式上加入新的元素，产生恰到好处的新鲜感，这样的作品就会更容易流行起来。

放到传播环境中，想要用户进入介乎新奇与熟悉之间的微妙状态，一个常用的方法就是制造刺激和重复曝光。使用新颖的素材，并让它们持续不断地出现在大众眼前，通过曝光让大家产生熟悉感，消解掉新事物带来的不适。

音乐领域的“耳虫”现象，就能展示刺激和重复所带来的效果。“耳虫”现象是指，一首歌曲中，总有那么一两段旋律或歌词能在人们脑中留下很深的印象，并且挥之不去，旋律会不受人控制地一直在脑中回荡。这些能产生“耳虫”现象的歌曲会通过重复的方式帮助大家记住它最动听的一段旋律、歌词，这段旋律或歌词通常也是相对简单或朗朗上口的。

这就不难理解为什么品牌主每年会花费大量的营销预算去投放各类广告。当电视或视频贴片广告不停地向用户推荐一款新口味的汽水时，哪怕这款汽水看上去是不那么令人愉快的蓝绿色，在一遍又一遍看到广告演员喝汽水时夸张的幸福表情之后，不少人也会产生买一瓶试试的想法。当用户每天打开手机都能刷到由机器算法定向推荐给他的广告或软文时，“种草”可能就不知不觉地发生了。

大到品牌广告投放战略，小到一句文案，“重复”都是一项很有效的策略。一个简单的例子就是，那些使用了回环修辞的文案，在传播过程中更容易脱颖而出，被人们记住且传颂。

回环修辞的具体形式，就是相同的词语以相反的语序重复出现，其经典结构是“AB，BA”。比如肯尼迪总统在其就职演讲中的那句名言“不要问国家能为你做什么，而要问你能为国家做什么”，就是典型的回环修辞，这句经典的发言获得过无数次引用，也衍生出过无数个新版本，足以证明其传播度。又比如，尼采那句知名的“你凝视深渊的时候，深渊也在凝视你”也用了回环修辞。即使是在一个较短的句子里，重复也能产生强调作用，产生记忆点，能使信息更容易被传播。

4.2 梳理信息的逻辑

1. 金字塔原理

想要让信息的表达做到逻辑清晰、条理分明，金字塔原理（The Pyramid Principle）是一个有效的方法。金字塔原理是麦肯锡公司在工作时常用的一种写作方法，它的理论依据是人脑具有对事物进行归纳总结的习惯，我们的大脑会自动将发现的所有事物以某种秩序组织起来，比如古希腊人在仰望星空时，看到的是由星辰组成的各种图案，如大熊星座、猎户星座，而非一堆散乱的星辰。

在进行文案创作时，金字塔原理能帮助我们把散乱的信息按照一定的逻辑架构进行组合，让信息的传递过程更加清晰、更加流畅。下面通过 A 文案和 B 文案的对比，来了解金字塔原理在信息梳理中扮演的重要角色。

A 文案

本次发布会拟邀请的 A 嘉宾在 8 月 18 日没有档期，他表示在 8 月 22 日到月底之间都可以参加会议并发表演讲。B 嘉宾目前在国外，要 8 月 24 日才回国，目前会议场地的预订只有 8 月 25 日和 8 月 27 日才有档期。考虑到 8 月 27 日是星期六，非工作日会影响媒体记者的参会率，所以建议发布会日期定在 8 月 25 日。

B 文案

本次发布会建议安排在 8 月 25 日举办。因为这个日期我们想邀请的 A 嘉宾和 B 嘉宾都有档期，并且 8 月 25 日会议场地也还可以预订，此外 8 月 25 日是周四，非周末时间也利于提升媒体记者的参会率。

上述两段文案，A 文案是许多人在日常交流或书面表达中经常会使用的思路，而 B 文案则是经过金字塔原理组织后的思路。最明显的一个区别就在于，B 文案是将结论信息放在最前面，再解释建议发布会在 8 月 25 日举办的三个理由，而 A 文案则是先介绍理由，才提出结论，而且介绍理由的过程也较为啰唆。

B 文案的逻辑是呈金字塔状的，先讲结论，再由金字塔的顶端向下沿着各个分支展开，而 A 文案中的信息则是散乱和平行的，容易让人抓不到重点。对于信息接收者而言，最容易理解的顺序，正如我们在 4.1 节中提到的那样，就是先了解主要的、抽象概括性的信息，再了解次要的、可以解释抽象概括内容的具体信息。

图 4-1 是 B 文案的逻辑结构图，这就是一个典型的金字塔结构，由一则主要的、关键的信息统领一组次要的信息。从纵向来看，任何一个层级的信息都是对它下面一个层级的信息的总结；从横向来看，并列在一个层级的多个信息，也因为它们可以共同组成逻辑推理的过程而被排在一起。

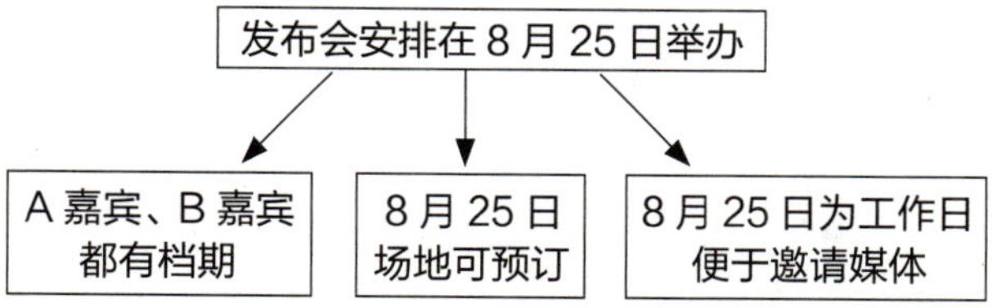

图 4-1　B 文案的逻辑结构图

按照金字塔结构进行表达的信息是更容易被人们接受的，《金字塔原理》一书解释了为什么人们会觉得使用了金字塔原理的文章更易读，这是因为金字塔结构体现了人类思维模式的基本规律：

- 大脑自动将信息归纳到金字塔结构的各组中，以便于理解和记忆。
- 预先归纳到金字塔结构中的沟通内容，都更容易被人理解和记忆。
- 你应有意地将沟通内容组织成金字塔结构，包括口头表达和书面表达——说话、演讲、报告、述职和写文章等。

当我们在使用金字塔原理时，需要培养哪些核心思维能力呢？

思维一：归类分组

金字塔原理本质上就是要求我们在写作时始终秉承一种“归类分组”的思维，当我们进行写作时，还可以用以下三个原则来校验文章是否符合金字塔原理：

- 原则一，任何一个层级的信息都应是对其下一层级信息的概括和总结。
- 原则二，属于同一个分组的信息必须属于同一个逻辑范畴。
- 原则三，每一个分组中的信息必须按照逻辑顺序进行组织。

举个简单的例子，如果我们需要将下面一堆物品按照金字塔原理进行逻辑组织，我们应该如何将它们放入一个金字塔图中？

鳕鱼、鸡蛋、牛奶、生蚝、
番茄、酸奶、香蕉、橘子、
卷心菜、基围虾

面对这样一组词汇，需要做的是将其按照同一标准进行分组、归纳，提炼出金字塔的上一层级。可以看到，无论是鳕鱼还是卷心菜，上述物品都属于生鲜产品这一范畴，而其中的鳕鱼、基围虾、生蚝属于海鲜产品，鸡蛋、牛奶、酸奶属于蛋奶产品，番茄、卷心菜、香蕉、橘子则属于蔬果产品。进行了分组、归纳后，就可以整理出一张清晰的金字塔图了（如图 4-2 所示）。

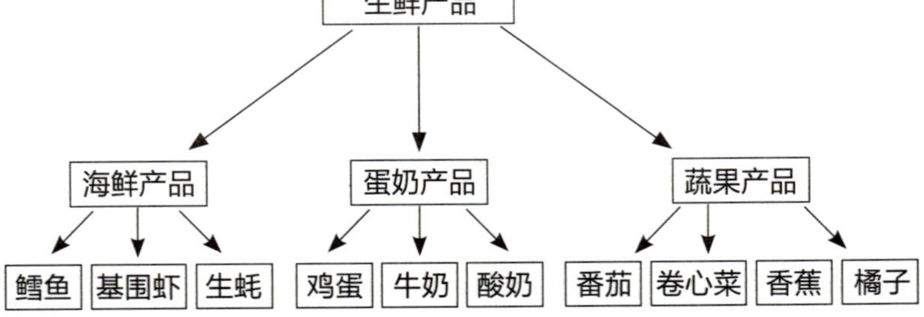

图 4-2　将物品分组、归纳后整理出的金字塔图

在这个金字塔图中，首先每一个层级的信息都是对下一层级信息的概

括，比如生鲜产品可以涵盖海鲜产品、蛋奶产品和蔬果产品，海鲜产品可以涵盖鳕鱼、基围虾、生蚝，蛋奶产品可以涵盖鸡蛋、牛奶、酸奶，蔬果产品可以涵盖番茄、卷心菜、香蕉、橘子。对比上文提到的三个原则，满足了金字塔原理中“任何一个层级的信息都应是对其下一层级信息的概括和总结”这一原则。

其次，分属同一层级的信息，比如鳕鱼、基围虾、生蚝，彼此之间是没有概括关系的，是平行的、同一逻辑层级的信息，也符合了金字塔原理中“属于同一个分组的信息必须属于同一个逻辑范畴”这一原则。

最后，这个金字塔图中每一个分组中的信息都是按照逻辑顺序进行组织的，比如番茄、卷心菜、香蕉、橘子都同属于蔬果产品，因此这一张金字塔图是成立的，它经过了三大原则的校验。

这一过程就好像是一个将信息进行打包、装箱的过程，按照逻辑把“散装”的信息分门别类地装进去，让人们可以一目了然地识别、接受。当我们准备了充足的信息之后，要尽可能地整合相似的信息，将它们归纳成组，让用户在接收的过程中更加清晰明了。

思维二：结论先行

不少职场人士在递交了汇报材料或进行工作汇报之后，经常会被上司询问“所以你的结论是什么”。大部分时候，人们并不缺乏收集整理信息的能力，却很欠缺提炼归纳的能力。但是站在听众、用户的角度而言，他们需要听到一个较为简单明晰的结论。

金字塔原理要求我们形成的另一个重要思维，就是“先总结后具体”的结论先行思维。金字塔型的文案会将重要的观点 / 结论、最想传递的信息放在开头，再逐步往下展开，以便于理解，防止用户因为接收信息的过程太长而放弃听到最重要的结论。

思维三：至少找到 3 个理由作为支撑

在金字塔结构中，我们至少应该找到 3 个支撑结论的理由，由它们来构成金字塔的基座。通常情况下，如果只有 1 ~ 2 个理由，说服力会大打折扣，但理由的数量一旦超过了 7 个，对方就很难记住。

比如，我们用金字塔图来梳理一款口红的卖点，首先我们需要归纳出最想向消费者传递的信息，比如“减龄显白神器”，然后用 3 个理由来支持这个结论。

首先是色彩上的，“饱和度适中，不鲜艳也不暗沉”“橘色调提亮肤色”；其次是质感上的，“质地细腻”“水润不滞重”；最后是持久性上的，“不易晕染”“不易褪色”。综上，每一个理由都分别有更详细的说明进行支撑，整体信息在逻辑上形成了一个较为明晰的金字塔结构（如图 4-3 所示）。

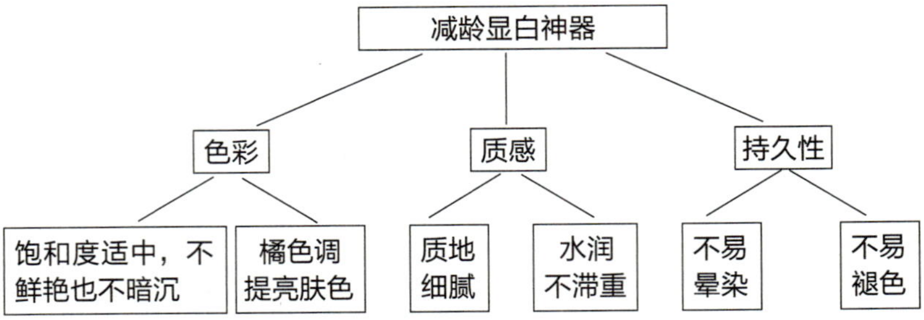

图 4-3　梳理口红卖点的金字塔图

思维四：数值、数据更让人信服

什么样的理由最具有说服力？用数字或数据作为理由是最容易让人信服的。比如“销量全国领先”，就不如“中国每卖 10 罐凉茶，就有 7 罐是加多宝”具有说服力；“超大容量”，就不如“将 1000 首歌放进你的口袋”更能打动消费者。

当然，并不是只要文案中使用了数值、数据，就能更有说服力。数值、数据的使用在不同的情况下，也有不同的技巧。比如当某个产品去年的销售额是 30 万元，今年是 90 万元时，如果写“一年内销量增加 60 万元”，显然并没有太大吸引力，但是换种表达方式，“一年内，销量增加 200%”，给用户的感受就会完全不同。

比如许舜英为 Stella Luna 女鞋撰写的两组文案，就用了同样的方法，既有趣又可信：

> 多国医疗研究指出，雄性动物看见穿着 Stella Luna 的女人平均心跳高达每分钟 130 次。

科学家发现，一双 Stella Luna 所吸引的眼球数量可绕地球 20 圈。

2. 组织信息的四大逻辑

并不是在所有的沟通中都必须用到逻辑，比如和朋友闲谈、倾诉情感，或者单纯地交换信息时，逻辑就显得没那么重要了。但是，当我们需要让信息接收者在有限的时间内尽可能精准地获取信息时，就必须保证文字具有逻辑。

《金字塔原理》一书将逻辑顺序分为四种。第一种逻辑顺序是演绎顺序，也就是“大前提—小前提—结论”，当我们使用演绎顺序撰写文章时，信息组织的顺序就是演绎顺序。第二种逻辑顺序是时间顺序，也叫步骤顺序，即“第一—第二—第三”，当我们按照因果关系组织信息时，其逻辑顺序就是时间顺序。第三种逻辑顺序是结构顺序，也叫空间顺序，如“北京—上海—广州”，当我们对某种现有的结构进行评论时，其逻辑顺序就是结构顺序。第四种逻辑顺序是程度顺序，也叫重要性顺序，即“最重要—次重要—等等”。

3. 搭建“金字塔”的两种方法

在日常的写作中，怎样才能真正把一堆信息搭建成一座逻辑清晰的“金字塔”呢？有两种基本方法：一种是由下而上法（Bottom-up），另一种是由上而下法（Top-down）。

由下而上法从金字塔的“基座”往金字塔的“塔尖”梳理信息，这是一种将信息进行总结、提炼和抽象化的过程。由下而上法一般分为三个步骤，先把一堆较为零散的信息按照各自可归类的主题进行分类，再提炼出每一个分类的主题，最后提炼出这些主题信息中能够表现出它们共同本质的信息。这种方法适合创作者在一开始并没有十分具体的想表达的观点，同时手边有大量信息素材时使用，可以帮助创作者一边整理信息一边提炼核心观点。

使用由下而上法时，需要注意避免出现“跳跃性”的情况。比如这样一句文案，“这款手机拥有超大内存，是送给女友的绝佳礼物”，就因为逻辑关系过于跳跃而让人困惑，如果再写清楚一些，可以这样写："这款手机拥有超大内存，可以装下 2 万张照片，是送给热爱自拍的女友的绝佳礼物。"将因果链条补足，才会让逻辑显得清晰。

由上而下法则是从金字塔的"塔尖"往金字塔的"基座"梳理信息，这是一个对信息进行拆解和具体化的过程，即先确定一个主要信息，再将其拆解为多个关键信息，再将这些关键信息拆解为多个次要信息。这个方法更适用于创作者一开始就有鲜明、确切且具有概括度的信息，需要将这个信息进行拆解时。

但在具体的写作中，其实很多时候由下而上法和由上而下法是同时使用的。也就是说，在完全没有想表达的观点方向时，很难通过由下而上法去推出一个关键信息。相反，在缺乏具体的信息时，也很难通过由上而下法拆解出细分的信息。在大多数情况下，在写作中我们会不停地调动由下而上法和由上而下法，只是在某些情况下，某种方法使用的频率更高罢了。

4. 一三七原则

在金字塔原理中，信息分为三类，一类是位于"塔尖"的主要信息，一类是位于主要信息之后的关键信息，其重要性次于主要信息，再往下就是次要信息。在衡量这三类信息在同一个金字塔图中出现的数量时，有三个重要的数字，一个是"一"，一个是"三"，一个是"七"。

"一"是指位于金字塔顶端的主要信息，一般而言最好只有一则，因为主要信息或者说核心论点是创作者最想要传递给他人的信息，如果主要信息太多，反而会起到模糊主旨的效果，因此主要信息一般不能超过一则，最多也不超过两则。如果金字塔顶端同时出现了三则主要信息，那就应该再考虑一下，它们三者是否作为主要信息层级之下的关键信息更加合适，看看三者之间是否还有可以提炼、抽象出的信息，把这个重新提炼、抽象出的新信息作为主要信息。

"三"是指位于金字塔中层的关键信息，最好不少于三个。少于三个的话，关键信息的说服力和支撑力就会打折扣。

"七"则是指关键信息的数量最好不超过七个，因为人大脑的短期记忆无法一次容纳七个以上的记忆项目。

5.MECE 原则

MECE 是逻辑思考中的一个基本概念，其全称是“Mutually Exclusive Collectively Exhaustive”，意思是“相互独立，完全穷尽”，这一原则也是搭建金字塔图过程中必须遵循的。MECE 原则要求创作者在归纳分类信息时做到“不重复、不遗漏”,“不重复”能让信息接收者更容易理解,而“不遗漏”则可以让信息更具有说服力。

以“人”这一概念为例，如果我们用 MECE 原则对其进行分类，那么可以分为男性和女性，也可以分为成年人和小孩。但如果我们将人分为男性和成年人的话，这两个概念之间就不是相互独立和完全穷尽的，因为成年人里包含男性成年人，这违背了“不重复”原则，同时也漏掉女性和小孩，违背了“不遗漏”原则。

4.3　如何讲好一个可信的故事

“如果你想造一艘船，先不要雇人去收集木材，而是要激起人们对大海的渴望。”如果你想激起人们对大海的渴望，最好的办法是给他们讲个关于大海的故事。

故事不仅在文艺作品创作中扮演着举足轻重的角色，在文案创作、商业演讲、广告营销中，讲故事都是一项有效的沟通策略。从一万年前的洞穴岩壁，到如今的 IMAX 电影银幕，成千上万的故事在流转、传播，刺激着人们的大脑神经，催动着人们情绪的共振。

写好一个故事的方法不少，比如故事的“八点法”，要求在创作一个故事时要构建“背景、触发、探索、意外、选择、高潮、逆转、解决”这八大要素。但在这一节中，我们将重点探讨如何写出一个具有说服力、符合逻辑的故事，这就需要掌握好 SCQOR 原则。

SCQOR 原则是在展开故事时可以使用的一个有效方法，它是展开一个故事框架的五大步骤，本质上也是解决问题的五大步骤，S、C、Q、O、R分别是以下几个单词的缩写：

S: Situation（背景）

C: Complication（冲突）

Q: Question（问题）

O: Obstacle（障碍）

R: Resolution（解决）

在这五大步骤中，S、C、Q属于故事的导入部分，O属于故事的中心部分，R属于故事的结尾部分。以“耐克鞋与华夫饼”这个商业领域的故事为例：耐克联合创始人、当时的俄勒冈大学田径教练比尔·鲍尔曼觉得自己的球鞋在学校新建的聚氨酯塑料跑道上无法获得“抓地力”，某天吃早餐时，他看到厨房里的华夫饼烤盘，忽然觉得华夫饼烤盘那样的网格状跑鞋鞋底也许会比现在的跑鞋鞋底具有更好的抓地效果。于是他仿照华夫饼烤盘制作了一个橡胶模具，将其缝合到鞋底，让试穿的学生试跑，发现他们跑得更快了，这一创新也改变了几代人的跑步体验。

在这个商业故事中，Situation是耐克联合创始人比尔·鲍尔曼当时在俄勒冈大学当田径教练，Complication是他发现自己的球鞋助跑效果并不好，在学校新建的聚氨酯塑料跑道上无法获得“抓地力”，Question则是他看到华夫饼烤盘后，提出把跑鞋底部做成华夫饼烤盘那样的网格，会让跑鞋具有更好的抓地效果，Obstacle是他仿照华夫饼烤盘制作了橡胶模具，将其缝合到鞋底，Resolution是这一鞋底让他当时的学生跑得更快，也改变了几代人的跑步体验。

可以看到，“耐克鞋与华夫饼”这个故事就是按照SCQOR结构展开的，逻辑清晰，在商业领域也得到了广泛的传播，甚至在耐克演讲人对投资人的演讲中，它也作为耐克精神的代表性故事被一次次提及。

戏剧作家罗伯特·麦基（Robert McKee）曾这样阐释他对“故事”的理解，本质上也呈现出SCQOR结构：

所谓“故事”，本质上是在描写人生的变化及其理由。故事会从人生比较稳定的状态开始。所有的一切都是安稳的，并让人觉得那份安稳会永远持续下去。可是，发生了某件事，那份稳定土崩瓦解了……

接下来的内容，会描写主角想要恢复稳定的主观期待与阻挠他实现理想的客观事实，这二者之间会形成冲突。优秀的讲故事者，会生动描述主角克服困难的过程。主角会深思熟虑，运用自己为数不多的有利条件，做出艰难的判断，明知危险却仍采取行动，最后达成目标……

每一位伟大的说故事者，都会处理主观期待与严峻的客观现实之间的冲突给主角带来的内心深沉的纠葛与挣扎。

要用 SCQOR 原则写出一个具有说服力的故事，在每一个步骤中都需要遵循一些要点。在 Situation 环节（S 环节），一般需要介绍故事的主角，可以是一个人、一家企业或者某一个主体，并且要介绍这个主角到目前为止持续的稳定状态。同时，在 S 环节还需要介绍故事所涵盖的范围，也就是提出故事的“世界观”，如果在 S 环节描写的内容能让信息接收者产生共鸣，会让故事获得一个更好的开端。

以《狮子王》这部电影为例，它讲述的是小狮子辛巴在父亲遭到杀害之后，一步步夺回大草原统治权的复仇故事。这个故事的 S 环节，介绍了辛巴的身份，它是草原王国的继承人，拥有一位德高望重的父亲——老狮王木法沙，故事的背景基调是宁静、快乐的。

在 S 环节阐述了清晰的、可引发共鸣的背景之后，接下来就到了 Complication 环节（C 环节）。C 环节存在的任务，就是颠覆 S 环节中持续稳定的状态并制造冲突，而它存在的作用，就是确认主角所面临困难的类型。在《狮子王》中，老狮王木法沙的弟弟刀疤设计杀死了木法沙，并让辛巴误以为是因为自己顽皮而害死了父亲，让它因为内疚而自我放逐，刀疤继而为王，而辛巴则在逃避中长大。

当问题暴露、冲突产生了之后，就进入到解决问题的 Question 阶段（Q

环节）。辛巴自我放逐后，草原在刀疤的统治下，由于过度捕杀导致生态系统丧失了平衡，草原变得满目疮痍，王国急需一个新的统治者来进行管理。

在故事推进的前三个环节，也就是其导入部分 S、C、Q 环节中，节奏应该较为紧凑，尽可能简洁，让信息接收者快速进入状态，而不是因为故事过于散漫而失掉耐心。在 S、C、Q 环节完成前情提要之后，就进入了核心的 Obstacle 环节（O 环节）。O 环节需要对 Q 环节进行解答。一般而言，O 环节是一个故事的核心环节，其篇幅也是 5 个环节中最长的，一般占比会超过五成。一个故事最核心的部分就是主角解决问题的过程，在《狮子王》中，O 环节也是最为精彩的环节，展示了辛巴克服心魔、探寻真相并夺回属于自己的统治权的历程。

最后来到 Resolution 环节（R 环节），作为收尾的解决过程应尽量简洁有力，《狮子王》中辛巴就在这个环节战胜了刀疤，重新成为草原之王。

4.4 如何让文案更具说服力

大部分文字存在的目的都是说服。小说作者会想尽办法说服读者相信故事的真实性，让读者产生代入感；广告文案创作者必须说服用户产品好，用户才会愿意乖乖打开钱包；商务人士需要说服客户相信自己的方案，才能顺利收获订单。

说服力不仅来自能言善辩的口才，还需要对人心的洞察和清晰的逻辑。提升文案的说服力，有以下几个技巧。

1.R–SCQOR 结构

在商业文案的创作中，一般会将上文提到的 SCQOR 原则进行一个变形，变为 R-SCQOR 结构。也就是先呈现 Resolution 的部分。先从结论开始，这样可以减轻信息接收者的负担，让他们无须动脑猜想接下来到底会讲什么。从信息接收者的心理层面来看，这样的做法可以让他们放心地听取随后而来的具体细节和步骤，即使在后面的过程中出现了由于注意力不集中而导致信息遗漏的情况，也会因为一开始知晓了结论而感到安心。信息接收者在一种较为放松的心境下获取信息，信息的说服力也能因此加强。

R-SCQOR 结构还有一个优势，它可以让信息接收者不自觉地运用自己的思考，去寻找具体信息与主要结论之间的联系，他们会依照一开始的结论去理解后续的内容，因为人总会在心理上或者视觉上自动补足一个整体中缺少的部分，因此即便后续的信息细节并不完整或是较难理解，信息接收者也可以通过自己进行补足，这也会让信息接收者在不知不觉中"说服"自己。

反过来，如果采取先陈述细节素材，再抛出结论的形式，一方面，会增加信息接收者的负担，因为这要求他们耗费自己的脑力去进行归纳和总结，另一方面，也有可能会产生信息接收者在听取过程中就形成了属于自己的结论的情况，难保他们自己形成的结论不与原本想要传递的结论相悖。

比如德国大众汽车公司甲壳虫汽车的一则经典文案，标题叫作"拥有它的好处之一是卖掉它"(One of the nice things about owning it is selling it)，这也是这则文案内容的结论，被放置在标题的位置，具体文案如下：

> VW[①]不会因为一启动钥匙就严重折旧。
> 就某一方面来说，它越旧越值钱。
> 因此，许多新车价格为 VW 两倍的车子，五年之后，反而比 VW 便宜许多。
> VW 的旧车值钱，因为许多人想买它。
> 原因之一是：只有真正的行家，才能辨别出干净的旧车和新车。
> VW 永远像 VW。
> 另一原因是：它们持久耐用。
> VW 的组合精密，几乎密不透风。(必须先打开车窗的一条缝，才能关上车门，即使旧车也是如此。) 而且，VW 无论新旧，都可以从汽车、机油、轮胎的保险和修理中，为你省下宝贵的钞票。
> 所以，你能卖到好价钱。(如果不得不卖的话。)

① VW 是德国大众汽车公司英文名称"Volkswagen"的缩写。

用户第一眼看到标题后，在阅读后面的文案时，头脑中就会带着“卖掉这辆车时有好处”这个结论，自动用“VW 永远像 VW。另一原因是：它们持久耐用”“VW 无论新旧，都可以从汽车、机油、轮胎的保险和修理中，为你省下宝贵的钞票”等文案细节中去论证结论，夯实甲壳虫汽车经久耐用、可保值的产品特性。

甲壳虫汽车高举的“Think Small”核心理念，就是其传播金字塔中的“塔尖”，它一直在向消费者灌输着这一印象，并通过不同维度的内容去巩固这一理念，比如这一段文案：

我们的小车并不标新立异
许多从学院出来的家伙并不屑屈身于它
加油站的小伙子也不会问它的油箱在哪里
没有人注意它，甚至没人看它一眼
其实，驾驶过它的人并不这样认为
因为它油耗低，不需要防冻剂
能够用一套轮胎跑完 40000 英里[①]的路
这就是为什么
你一旦用上我们的产品
就会对它爱不释手
当你挤进一个狭小的停车场时
当你更换那笔少量的保险金时
当你支付那一小笔修理账单时
当你用旧大众换到新大众时
请想想小的好处

在“Think Small”的核心理念之下，通过油耗低、不费轮胎、停车更方便等关键信息佐证，让用户感受到甲壳虫汽车体积小的好处，在当时盛

① 1 英里≈ 1609.34 米

行又大又长的轿车的风潮之下打出差异牌。

在开头就抛出结论，也便于我们利用“锚定效应”（Anchoring Effect）对信息接收者进行先入为主的印象管理。锚是将船固定住的工具，锚定效应就是指人们在进行决策时，往往会受到第一印象的影响，它会让思维像沉入海底的锚一样，将人们的想法固定在那里。当我们把 SCQOR 结构中的 R 放在首位时，它就会被信息接收者当成一个参照物，从而影响他们的最终判断。

就像在餐厅点酒时，如果服务生一开始推荐了一款 1 万元的酒，再推荐一款 5000 元的酒，人们会觉得 5000 元的酒比较便宜，但如果服务生一开始推荐的是一款 2000 元的酒，再推荐一款 5000 元的酒，那人们就会觉得 5000 元的酒比较贵。同样是一瓶 5000 元的酒，因为一开始的参照物不同，在人们心中的印象也会截然不同。

许多电商平台在商品销售时也会利用锚定效应促使消费者下单，比如在展示商品价格时，会展示“原价 199 元”和“限时特价 99 元”，让用户产生这个商品此刻很便宜应该立刻下单的心理。首先进入信息接收者脑中的观点会成为一个滤网，让他们只能读到通过了这张滤网的信息。

2. 罐头笑声原理

罐头笑声（Canned Laughter），是指情景喜剧中那些被录好的笑声或音乐，会在电视台认为“观众应该笑”的地方进行播放。因为这些笑声都是机械的、千篇一律的，就像罐头一样，吃起来味道都差不多，因此得名“罐头笑声”。尽管有不少观众都反感这种伪造的笑声，尽管有不少著名导演、编剧和演员都企图取消自己参与的电视剧中的罐头笑声，但绝大部分情景喜剧中依然保留了它。

罐头笑声得以保留的原因，就是它确实可以让观众在有笑点的地方笑得更加激烈和持久，也可以让一些拙劣的笑话变得不那么尴尬。罐头笑声得以纵横情景喜剧界的心理根源，是社会认同原理。

社会认同原理（Social Identity Theory）认为，当人们处于不确定环境下，要判断一件事正确与否时，他们会根据别人的意见行事，他们的看法取决于其他人的行为。就像罐头笑声一样，人们对一些事物的认同反应是条件反射式的，听到别人的笑声就忍不住也做出发笑的反应，即使是伪造的他人反应也能起到同样的效果。

社会认同原理运用得当，可以产生很好的效果。比如酒吧里的调酒师会在小费罐中事先放几张钞票，让客人产生“别人都在给小费”的印象，这样的小动作能让调酒师获得更多小费。有些募捐者在募捐时，也会在观众中提前安插好“托儿”，在需要的时候上场捐款，带动更多的观众捐款，这就是社会认同原理的力量。

心理学家曾做过一项实验，当一起需要他人提供紧急救助的事件发生时，如果旁边只有一名旁观者，那这名旁观者提供紧急救助的概率是 90%；但要是在这个场景中增加两名事先安排好的“旁观者”，而这两名“旁观者”未采取救助行动，那么真正的旁观者提供救助的概率仅有 16%。这个实验说明，真正的旁观者对演员旁观者的行为产生了认同，接收到了演员旁观者释放出的“这里的情况没那么糟，不需要救助”的信号，在社会认同原理的作用下，大部分旁观者都遵从了他人的行为。

社会认同原理还有可能造成可怕的负面效应。歌德的小说《少年维特之烦恼》曾在欧洲引发过一阵自杀浪潮，因为小说中的主人公维特就是以自杀的方式终结自己的性命的。这一事件后来被称作“维特效应”（Werther Effect），它可以被视为社会认同原理的暗面。

加利福尼亚大学的社会学家大卫·菲利研究了美国从 1947 年至 1968 年的自杀统计数据，他发现每当新闻头版上出现了自杀事件，那么其后两个月时间里，自杀的平均人数就会比一般月份增加 58 人，看上去似乎是自杀的新闻报道让原本有自杀念头的人产生了社会认同，觉得自己想自杀的念头变得站得住脚了。这种“自杀模仿”的现象也从一个侧面佐证了维特效应的杀伤力。

社会认同原理的威力超乎想象，回到文案创作领域，如果能在创作中合理利用社会认同原理，那么说服用户的概率就会有效提升。不少广告宣传语中都会使用诸如“已有 3000 万人购买了这一产品”甚至“每五秒就售出一杯”这样的文案，其中就利用了社会认同原理，让用户觉得其他人都在使用这样的产品，从而产生购买冲动。

3. 细节即胜利

《百年孤独》的作者马尔克斯有一个写作诀窍，他认为当你告诉别人有一群大象飞在空中时，他们不会相信你，但当你说有 425 头大象在天上飞时，他们也许就会相信。

在写作中，细节对提升文案可信度及说服力的作用是巨大的。《粘住：我们为什么记住了这些，忘掉了那些》一书曾提到，有研究表明，律师在其辩护词中增添一些生动的细节（即便这些细节根本与案情无关）时，往往能让他们有更高的概率说服陪审团。比如在一起争夺子女监护权的案件中，律师讲述了母亲每晚叮嘱儿子刷牙，并且给他购买星球大战牙刷的细节，陪审团就更倾向于将监护权判给母亲一方。

戴森智能吸尘器的产品文案就通过具体的数据来体现智能吸尘器对技术的追求：

> 为了实现智能高效清洁方式，超过 200 位戴森工程师不断努力，超过 4410000 行编码，并将持续增加，2137 公里原型机行进距离，15600 次开关次数。

通过这样具体的数据展示，让用户了解到戴森为智能吸尘器投入的研发资源，从而对其技术优势更加信服。不仅在产品文案中如此，戴森在营销中，也喜欢使用诸如此类的细节，去体现其“极客范儿”。戴森在对吹风机的营销中，就描述了产品团队在研发时投入的努力，比如为了创造科学的干发方式，戴森建造了自己的“头发实验室”，并为这个头发实验室投入 9900 万英镑资金，让 230 名工程师、毛发专家们历经 50 个月的时间，从头发构造到空气动力学等领域，对长度接近 2148 英里的真实头发进行了测试，实验室为此购买了 40000 英镑的长发，甚至在全球导致了长发供应短缺。

在描述戴森吹风机马达“小巧而精悍，帮助推进飓风级强劲气流”这一功能特点时，用了“110000转/分钟、49克约1只鸡蛋重量、27毫米直径约1元硬币大小”这样的文案，让用户能够更直观地感受到戴森吹风机的马达转速高、轻、小的特点，并且这个马达是置身于吹风机的手柄中的，这一特征也足够颠覆用户过往对吹风机的既有认知，让用户对戴森吹风机“极客范儿”、极具创新性的品牌形象更加信服。

又比如，电商平台网易严选在描述一款面巾纸时，为了证明面巾纸的柔韧性和吸水能力，用了“一纸三层”“5张纸可吸干半中杯（100ml）净水”这样的文案，没有复杂、抽象的词汇，而是用细节去说服用户。

4.5 构建批判性思维

在走向逻辑的过程中，批判性思维（Critical Thinking）也是很重要的一环，它能让我们不断地审视自己的思维，对一些常见的逻辑谬误绕道而行。

什么叫批判性思维？《批判性思维：思维、写作、沟通、应变、解决问题的根本技巧》一书中提到，和那些“让我们形成意见、做出判断、做出决定、形成结论”的思维不一样，批判性思维是一种“让前述思考过程接受理性评估……考量我们自己（或者他人）的思维是否符合逻辑、是否符合好的标准”的思维，也可以说是一种“对思维展开的思维”。

在写作中，拥有批判性思维能让我们在思考的过程中不断进行自我评估和自我修正，帮助我们在梳理逻辑的时候进行查漏补缺。

要构建批判性思维，我们需要对常见的思维习惯慎之又慎。具体来说，要小心以下四种思维“陷阱”。

1. 晕轮效应

晕轮效应（Halo Effect）是由美国心理学家爱德华·桑戴克于20世纪20年代提出的，它是一种以以偏概全为特征的影响人们知觉判断的因素，它是指人们习惯先认识一个人身上的某个特征，无论这种特征是积极的还是消极的，都会把这种特征和这个人的其他一切都联系起来，就好像月亮的光晕一样向周围扩散、弥漫。

当我们进行写作时，晕轮效应容易导致我们对信息来源、信息素材的判断产生偏差。它有几个明显的弊端：

一是它具有遮掩性，当提炼出的信息并不能概括事物的本质时，晕轮效应会使人们仍然习惯用这一个信息推及整体情况，这会导致误推出一个并不符合事实原貌的情况。比如，当我们吃了一只葡萄柚，这只葡萄柚恰好很酸，就推断出葡萄柚是一种很酸的水果，这其实是一种以偏概全的片面推论。

二是它具有表面性，它会使结论的形成过多地受一些在表层的、感性认知阶段形成的认知影响，而这样的结论往往是经不起推敲的。

三是它具有极端性，受到晕轮效应的影响，人们很容易对某个人或事全部肯定或全部否定，出现受主观偏见支配的绝对化倾向。

如果我们想让写作更具逻辑、更客观和更具说服力，那就必须在创作过程中有意识地避免晕轮效应的不良影响，对这种常见的思维习惯保持审慎的态度。

2. 信念固着

信念固着（Belief Perseverance）是指人们一旦对某个事物产生了信念，这个信念就会牢牢地附着在人们脑中，很难被打破，那些与这一信念相悖的信息往往会遭到忽略，这样一来，人们就容易成为自己信念的“囚徒”。信念固着也是文案创作者在写作时需要注意的一个思维习惯，它会让我们心存偏见，只愿意接受那些和自己当前的观点和结论一致的信息。批判性思维要求我们意识到“所有的判断都是临时性的”，不能因为坚信某件事而禁锢自己的思维，而是要以开放的心态去审视那些我们过去忽视的，甚至是与我们的信念相悖的内容。

3. 可得性启发

可得性启发（Availability Heuristic），指的是因为人对信息的加工能力是有限的，所以人们往往会根据自己最容易想起来或者手边最容易获取的信息来形成结论或做出决策。比如当某起恐怖袭击发生后，去问人们“恐怖主义和饥饿哪个对人类的威胁更大”，也许大部分人的回答都会是恐怖主义，因为这是刚刚见证了恐怖袭击的人们最容易想起的、离他们更近的信息。实际上每天有超过 6 万人死于饥饿和不安全饮用水，而只有几个人会死于恐怖袭击，但人们因为可得性启发的影响，往往会做出有偏差的判断。

4. 答非所问和以自我为中心

答非所问也是我们日常生活中经常出现的一个思维习惯，人们经常无意中用自己的问题去替代别人问的问题，这个思维习惯会让我们无法专注于一个问题。而以自我为中心也是我们在讨论和写作中常常遇见的思维习惯，比如在电视剧《生活大爆炸》中谢尔顿与佩妮的这样一段对话：

谢尔顿：我需要你帮忙解决一个符号学上的问题。

佩妮：你说什么？

谢尔顿：符号学，就是研究符号和象征的学问，它是和语言学有关的一个哲学分支。

佩妮：好了，亲爱的，我知道，你以为你在解释自己的话，但其实你等于什么也没说。

答非所问和以自我为中心都会导致我们无法聚焦需要解决的核心问题，导致信息的交流和传播过程变得低效，这也是我们在日常写作中需要注意避免的。

4.6 确保沟通有效

语言与逻辑是密不可分的。人类的认知主要由三部分构成：客观存在的事物、事物在大脑中的反映和人类为它们创造的语言。以猫为例，首先世界上有了猫这个生物，人们才会有猫这个概念，然后才有“猫”这个大家都知道什么意思的词。语言和观念的匹配度越高，沟通就会越清晰和有效。想要让文案更有说服力，就需要与信息接收者进行清晰顺畅的沟通。要确保有效沟通，以下几点需要注意：

1. 避免将主观看法作为客观事实

“珠穆朗玛峰是世界上海拔最高的山峰”，这句话描述的是一个客观事实，而“珠穆朗玛峰太美了”，这句话就兼具了客观和主观的因素。基于客观事实的描述是没有争议的，但糅合了主观因素的描述就会产生争议。以“珠穆朗玛峰太美了”为例，美是一种很主观的感受，有人觉得温婉秀丽是美，有人觉得巍峨雄壮是美。觉得温婉秀丽是美的人，也许就不会觉得珠穆朗玛峰美，争议也会由此产生。因此在进行有效沟通时，需要区分清楚主观看法和客观事实，以减少争议的发生。

2. 避免使用双重否定

双重否定在修辞上可以表示肯定，并在一定程度上可以起到加强语气的作用。但为了让沟通更清晰有效，需要尽量避免使用双重否定句式。比如“我知道她不是不喜欢我”，改为“我知道她喜欢我”就会让信息接收者更容易理解，也能降低歧义产生的概率。

3. 根据不同的沟通对象选择合适的语言

“液体氦的 λ 现象和波色—爱因斯坦凝聚”和“100 秒看完 100 年物理发展史”两条信息所面向的人群就是完全不同的。如果对普通公众讲“液体氦的 λ 现象和波色—爱因斯坦凝聚”，那么收获的只会是大家的一头雾水，它更适合出现在与有物理学知识背景的人的交流中。而“100 秒看完 100 年物理发展史”这类科普属性的内容就是大众喜闻乐见的，不需要太多的知识积淀和理解成本。根据不同的沟通对象，需要选择不同的语言模式与风格，才能获得最好的沟通效果。

4. 避免语义模糊

语义模糊是高效沟通的大敌，但这样的情形却经常发生在日常生活和写作中。比如“大家不喜欢吃那样的食物”就是一个语义模糊的句子，大家是谁？那样的食物是怎样的食物？这样的句子会让人感觉摸不着头脑。但如果改成“北方人不喜欢吃加了太多花椒的食物”就会清晰很多。

通常而言，一个词语被用得越普遍，它的含义就会越模糊。比如椅子这个名称，下面就能细分出按摩椅、折叠椅、躺椅、摇椅等各种各样的类型，如果想让信息接收者更高效地理解，最好就不要使用笼统的词汇，而是在前面加上定语的限制。

第 5 章　炼字：向陈词滥调宣战

5.1　文心与雕龙

如果说逻辑是一篇文章的骨骼，素材的多寡优劣决定了文章的肌肉是否丰满，那么文字就如同文章的皮肤，它展露在人们眼前，决定着人们对文章的第一印象。就像爱美的女士会每天细心地在肌肤上涂抹爽肤水、润肤露、睡眠霜、面膜那样，一名优秀的文案创作者也需要为自己的好“皮肤”付出惊人的努力。

在这一章中，我将重点探讨文字的撰写技巧。文字的撰写技巧从来不是细枝末节，不是雕虫小技，它是写作的基本功，是作者用以“载道”的工具。策略的思考和观点的琢磨固然重要，但文字才是让这些策略和观点得以广泛传播并深入人心的武器。没有精湛的文字撰写技巧，再正确的策略和再精妙的观点都只能像在空气中挥舞拳头一样白费力气。

中国南朝文学理论家刘勰曾经写过一本“文案创作宝典”——《文心雕龙》，他在书名中就探讨了文字工作的道与术问题。对于标题，刘勰是这样解释的：

> 夫“文心”者，言为文之用心也。昔涓子《琴心》、王孙《巧心》，

> 心哉美矣，故用之焉。古来文章，以雕缛成体，岂取驺奭之群言雕龙也？

这里的“文心”是指“为文之用心”，刘勰认为，创作者需要“心哉美矣”，也就是需要具备较高的道德修养和境界，这是对形而上的“道”的要求。而“雕龙”则是指对待文字要如同雕刻龙身上的纹路一般精细，文章贵雕饰，这属于形而下的“技”与“器”的问题。对创作者而言，“文心”与“雕龙”是密不可分、缺一不可的。

对文人墨客而言，炼字自古以来都是一桩难事，也是一桩雅事。“为人性僻耽佳句，语不惊人死不休”“吟安一个字，拈断数茎须”“两句三年得，一吟双泪流”生动地描绘出古代文人对待文字的野心与狂热，以及写出一个好句子或是推敲出一个好字时，那如获至宝的激动和泪流满面的神情。不仅中国的文人如此，国外的优秀作家对待文字也同样一丝不苟。福楼拜就有著名的“一字说”，他是这么教导自己的学生莫泊桑的：

> 你所要表达的，只有一个词是最恰当的，一个动词或一个形容词，因此你得寻找，务必找到它，绝不要来个差不多的，别用戏法来蒙混，逃避困难只会更困难，你一定要找到这个词。

据说莫泊桑每写完一篇作品就给福楼拜审阅，让老师逐字逐句评论，十年如一日，莫泊桑的稿件堆积如人高，但福楼拜严格要求，只允许他发表极少数几篇作品，直到《羊脂球》被写出，福楼拜对它大加赞赏，果然其一经发表就震惊了法国文坛。

创作者能写出一手好文案，和木匠能做出一手漂亮的木工活儿一样，都需要技能的练习与积累。一流的创作者对待文字从来都偏执、强硬，像数学一样要求精密，他们总是逼迫着自己在不断的自我推翻中练就上乘的手艺与直觉。清醒的创作者们都明白，灵感的闪现听上去浪漫，但将它恰如其分地表达出来则需要浩大的工程。对商业文案而言，扎实的文字功力更是和灵感、洞察同样重要的，这一章的内容将从金句的诞生、标题的锤炼等维度展示文案撰写过程中的实用技巧。

5.2 金句：为文案加上滤镜

金句，就是指那些如金子般闪闪发光的句子。它们通常能通过简洁的文字，辅以巧妙的文字技巧，去传递能引起人们共鸣的道理。金句不仅在近些年来特别流行，而且自古就有，那些能传播很久的文字，通常具有金句的特征。比如在《论语》中，孔子所说的许多话就是金句，“己所不欲，勿施于人”“君子周而不比，小人比而不周”“岁寒，然后知松柏之后凋也”，这些句子就是典型的金句，只不过它们都是以文言文的形式呈现的，这些金句“化石”也使用了一些文字技巧，让句子的流传变得更加容易

与昙花一现的流行语不同，金句的保质期往往更长，无论在短文案还是长文章中，金句都能起到制造记忆点、提升文案传播度的作用。掌握金句的写作技巧，对提升文案的内容深度和传播广度都很有帮助。想要写出金句，首先需要剖析金句。什么样的句子能算得上是一个金句？

> 卑鄙是卑鄙者的通行证，高尚是高尚者的墓志铭。——北岛

> 死亡是活过的生命，生活是路上的死亡。——博尔赫斯

> 你可以欺骗一些人一辈子，也可以欺骗所有人一阵子，但你不可能欺骗所有人一辈子。——亚伯拉罕·林肯

> 能看见多远的过去，就能看见多远的未来。——温斯顿·丘吉尔

与恶龙缠斗过久，自身亦成为恶龙；凝视深渊过久，深渊将回以凝视。——尼采

好人们都睡得安稳，而坏人们都在享受他们醒着的时光。——伍迪·艾伦

童年的朋友就像童年的衣服，长大就穿不上了。——查尔斯·兰姆

上面一组都是广为流传也颇具深度的金句。仔细观察，会发现它们有三个共同点。

首先，这些金句都道出了某个普世的道理。比如北岛在《回答》中的这一句诗“卑鄙是卑鄙者的通行证，高尚是高尚者的墓志铭”，就揭示了许多品格卑劣的人因为不受道德约束，能肆无忌惮地横行于世，卑鄙成了他们畅通无阻的“通行证”，而不少道德高尚的人却只能在死后的墓碑上得到一句彰显其高尚品格的墓志铭。伍迪·艾伦那句“好人们都睡得安稳，而坏人们都在享受他们醒着的时光”，传递的道理也有异曲同工之妙。温斯顿·丘吉尔的“能看见多远的过去，就能看见多远的未来”，表达的就是研究历史、从历史中吸取经验教训的重要性。

其次，这些金句写出某个道理所用的表达方式都是十分形象和生动的，经常会使用比喻等修辞手法。比如，北岛就把品格卑劣的人的肆无忌惮暗喻为持有“通行证”，“童年的朋友就像童年的衣服，长大就穿不上了”，就把儿时的朋友比喻成小时候穿的衣服，来说明随着成长环境的变化，人们身边的朋友也会不断发生变化这一道理。

最后，这些句子在文字的组合上都存在某种有迹可循的固定模板，或者说是套路。比如博尔赫斯这句“死亡是活过的生命，生活是路上的死亡”，其结构就是“A 是 B 的……B 是 A 的……”，一组词在句子中颠倒出现，呈现出一种互为倒影的句式，通过这样的技巧能起到加强情绪和语气的作用，

同时也能通过重复起到加深读者记忆的效果。又比如尼采的“与恶龙缠斗过久，自身亦成为恶龙；凝视深渊过久，深渊将回以凝视”，句子中也存在回环的结构。“能看见多远的过去，就能看见多远的未来”，同样的句式，句末的词过去和未来正好是一对反义词，也能在文字的反差中彰显想要表达的道理，这句话的本质含义和“研究历史能帮助人们更好地谋划未来”没有区别，但文字呈现的技巧却天差地别。

在了解了金句的特征之后，我们来看看哪些方法可以帮助我们提升表达技巧，让我们写出的句子更加夺目。

1. 押尾韵法

押韵，是一种常见的修辞手法，在诗歌的创作中尤其常用，它可以让文字拥有整齐美和音律美。押韵修辞，通常是把韵母相同或相近的文字放在诗文中固定的位置，通常放在字尾，叫作押尾韵。比如《诗经》里的金句“关关雎鸠，在河之洲”，叔本华的金句“要么孤独，要么庸俗”，原文或译文中都使用了押尾韵的修辞方法。

也有押头韵的，这种修辞手法在英文中更为常见，比如英国小说家简·奥斯汀的作品 *Pride and Prejudice*（《傲慢与偏见》）、*Sense and Sensibility*（《理智与情感》），就是分别把开头几个字母发音相同的两个单词组合在一起，使其读起来朗朗上口，令人记忆深刻。在广告语中也有押头韵的例子，比如健身软件 Keep 的广告语“自律给我自由”。

押尾韵的方法在金句创作中较为常见。比如跑鞋品牌 New Balance 的文案“人生没有白走的路，每一步都算数”，“路”和“数”就韵母相同。陌陌的文案“世间所有的内向，都是聊错了对象”，今日头条的文案“米其林餐厅的味道真贵，妈妈的味道珍贵”，下厨房 App 的文案“南来或北往，愿为一人下厨房”都属于此类。

当然，还有结尾的文字完全相同的金句类型，比如日本朝日啤酒的文案“没有酒鬼，只有胆小鬼”，台湾全联超市的文案“懂得怎么花，就能活出一朵花”“我们家的财神，就是每个人都有省钱精神”“想省钱就一起租房，想更省钱就一起进厨房”，陌陌的文案“对付玻璃心，就得铁了心”。

使用了押尾韵技巧的文案，在阅读或念出来时会让人觉得音律和谐，有铿锵之感，可以起到加强语气和情绪的作用，可以使用户的印象更加深刻。

2. 对比反差法

在寥寥数笔的文字中，体现出对比与张力，这样具有反差感的文案往往能让人在思维的碰撞中感到趣味：

> 三毫米的旅程，一颗好葡萄要走十年。（长城葡萄酒）

> 你有一颗比十万八千里还远的心，却坐在不足一平米的椅子上。（别克昂科拉）

三毫米，是酒瓶壁从外到里的距离，也就是酒瓶的厚度，而真正能装进瓶中的葡萄酒，却要经历栽培、采摘、酿制、窖藏等，过程长达十年的时间，“三毫米的旅程，一颗好葡萄要走十年”，长城葡萄酒的这句文案利用“三毫米”和“十年”这一组数字的对比，在反差中体现出品牌对葡萄酒品质要求的严苛。“你有一颗比十万八千里还远的心，却坐在不足一平米的椅子上”，也利用了“十万八千里”和“不足一平米”所产生的对比，来激起用户“年轻！就去 SUV”的欲望。

京东电器为一款冰箱写的文案“如果屋子很空，冰箱一定要满”，也采用了对比的手法，来体现冰箱对年轻人心灵的“治愈”作用。天猫超级品牌日联合 OPPO 推出的一则海报文案“买得到通话 2 小时的手机，却难找到聊天超过 5 分钟的人”，在 2 小时与 5 分钟的对比中，既体现了 OPPO 手机续航能力强的特点，又传达出提醒用户“记得把超级品牌日那天“空出来”的主题。

许多作家在写作中，也喜欢使用对比反差法创造金句，这种技巧可以有效地增加戏剧性和冲突性。比如张爱玲的金句“生命是一袭华美的袍，爬满了虱子”，就通过将“华美的袍”这一富丽优雅的意象和“虱子”这一象征肮脏破败的意象放在一起，制造强烈的冲突，且文字极富画面感，也展现出张爱玲对生命喧嚣与苍凉并存的参悟。葡萄牙诗人费尔南多·佩索阿的诗句“我的心略大于整个宇宙”，也使心和宇宙形成对比，并且还是心“略大于”宇宙，在反差中让人感受到一种震撼。“已识乾坤大，犹怜草木青”这句诗也通过乾坤和草木一大一小两个意象的对比，来烘托出识尽人世沧桑依然保持看到草木发新芽也会感到喜悦的人生境界。

对作家而言，“对话应该像是在互扔冒烟的手榴弹，而不是观看象棋比赛”，这样才能让人物对话充满激情，吸引读者欲罢不能地读下来，在反差型金句的撰写中也是如此，让具有高对比度的词语像互扔的冒烟手榴弹那样碰撞在一起，发出的轰鸣就足以在用户的记忆中形成长久的回响了。

3. 比喻法

> 它是我与幻想扭斗、企图将它显像过程中的一抹痕迹。
> 它是我将思绪表达在纸张、胶卷、音符等媒体上的一个烙印。
> 它是一种颠倒众生、真情流露的做作。
> 它是我的青冥剑，是我心里的玉娇龙，
> 是我心底深处那个自作多情的小魔鬼。
> 它是我企图自圆其说所留下的一笔口供。
> 它是我想要了解这个世界的一点努力。

上面这段话，是导演李安在《十年一觉电影梦》中自述他对电影的看法的一段文字，使用了一连串比喻，写出了自己与电影之间、与世界之间复杂而充满张力的关系，为电影于他“到底意味着什么”这个抽象的问题，交出了一份漂亮的答卷。

在文案金句的创作过程中，比喻也是一件利器。使用恰当的比喻，可以将抽象的道理进行具象化表达，降低用户的理解成本。恐怖小说作家史蒂芬·金曾这样描述比喻的功能：比喻用到点子上带给我们的喜悦，好比在一群陌生人中遇到一位老朋友一般。将两件看似毫不相关的事物放在一起比较，有时可以令我们换一种全新的生动眼光来看待寻常旧事。

许多令人记忆深刻的广告文案，都把比喻的修辞手法运用得炉火纯青。比如台湾奇美液晶电视机的文案“世界上有一种专门拆散亲子关系的怪物，叫作长大”，把长大比喻成“专门拆散亲子关系的怪物”，令人耳目一新。印度文案大师 Freddy Birdy 的“有时，孤独跟关节炎一样痛”，就用关节炎的疼痛来比喻老人的孤独，关节炎本身也是老人易患的病，这个比喻细嚼起来也具有逻辑性。

不过，使用比喻修辞也有三个需要绕开的雷区。

一是比喻不恰当，比如“他木然坐在尸体旁边等待验尸官到来，耐心得仿佛在等一个火鸡三明治”，会让人感到一头雾水，弄不清楚创作者到底想要传递怎样的情绪。

二是比喻陈旧，比如“他像疯马一样狂奔”“莉莉像鲜花一样娇艳”，会让作者看上去要么懒惰要么无知，而比喻失败的根源多半是阅读量不够，这就要求文案创作者要有意识地提升自己的阅读量，因为许多作家都堪称优秀的“比喻制造机”，擅长创造新奇又形象的比喻。日本作家三岛由纪夫的作品中，就时常可见令人惊艳的比喻，比如：

> 阿透和百子手拉手站在草坪中央。两人的身影同样以幻象式长度远远往东面延展开去，宛如两条细长的鲨鱼咬着两人的脚腕。

> 好奇心正如腮内含一颗李子般陡然膨胀起来。

> 睁眼醒来的第一个向他报告自己还活着的，不外乎喉头这海参般的痰球。

> 过山车刚用纤细的钢筋编完，活像漏洞百出的空笼子悬在十一月下旬早来的暮空中。

把人的影子比喻成咬着人脚腕的细长鲨鱼，这样的比喻险怪却又十分形象，让人脑海中能浮现出夕阳西下时人的身影被拉得很长的画面。把忽然出现的好奇心比作腮内含着的李子那样忽然膨胀起来，把好奇心的出现这件极其抽象的事利用比喻进行了形象化的表达，不落俗套。

三是比喻缺乏美感，比如“她的头发在雨中闪烁，就像打喷嚏之后的鼻毛”“她如此依赖他，仿佛她是大肠杆菌菌群，而他是一块室温下的加拿大牛肉一般”“他深坠爱河，当她说话时，他仿佛听到了悦耳的铃声，仿佛她是一辆正在倒车的垃圾车”，这样的“金句”缺乏美感，在创作中也需要尽量避免。

宝马 MINI 就曾发布过一组充满诗意的文案，文案以 MINI 车身颜色为主题，在描述不同车身颜色时，运用了许多比喻，让车身颜色更有场景感和诗意：

> 做个板栗，面对生活的煎熬，实在绷不住了，就咧开嘴笑笑。（板栗棕）

> 鲸跃出海面，巨浪还没掀起，龙卷风远在千里之外，荒岛成为一片蓝色，还差蝴蝶扇动几下翅膀。（海岛蓝）

> 被人戴在手上的石头，开心得晶莹剔透，剩下没被发现的，藏在地下灰心难过。（碧玉灰）

> 像妈妈刚晾好的衬衫，像找不到头绪的试卷，像第一次见到你自带的光。（亮白色）

> 我说，像时间，我说，像岁月，我说，像山后的溪，你不懂。我说，像每个月的薪水，你，就懂了。（流光银）

把人比作板栗，承受不了生活之重压时就咧开嘴笑，用板栗被煎熬时裂开的形态，来比喻人生乐观的态度，戏谑中带点豁达，也传递出宝马 MINI 年轻化、崇尚个性的品牌主张。海岛蓝这句文案则用了一组暗喻来比喻这种特别的蓝色，跃出海面的鲸、即将掀起的浪、蓝色的荒岛，这些意象都给人“海岛”的意境美。亮白色则用刚刚洗净晾好的衬衫、试卷和喜欢的人发出的光来比喻宝马 MINI 车身的颜色，文案洋溢着青春的味道。碧玉灰和流光银的文案中也都使用了比喻修辞，这些金句的共同特点是用人们熟悉的物品、意象来使颜色形象化。

4. 重复法

重复法也是在金句的创作中非常实用的一种方法，也比较容易出效果。重复法可以细分为不同类型，主要取决于重复的是句子中的哪个部分。

“AB，BA”这类结构的重复也叫作回环，比如肯尼迪总统就职演讲中的金句“不要问国家能为你做些什么，而要问你能为国家做些什么”就是典型的回环结构，把句子中同样的部分以不同的顺序进行了重复。New Balance 的文案“不要为了天亮去跑，跑下去天自己会亮”，也使用了同样的技巧。

还有一种文案，重复的是句子中的动词。这样的文案往往读起来十分铿锵有力，富有动态感。比如红星二锅头的金句文案“用子弹放倒敌人，用二锅头放倒兄弟”，重复的部分是句子中的动词，即“用……放倒……，用……放倒……”，读起来十分热血，符合红星二锅头作为一款烈酒的品牌气质。又比如天猫品牌日的文案“戴手表不看时间，只看今天穿什么”，重复了两个不同含义的“看”，道出了讲究搭配的用户们的小心思。Keep 健身 App 的文案“我怕丢掉了安全感，我更怕困在安全区”，通过“怕”字的重复，加上“安全感”和“安全区”这对一字之差意思相反的词汇的重复，更强烈地体现出健身中所蕴含的跳出舒适圈的突破精神。

5. 拆解法

拆解法是指把一个短语或一个词语进行拆分，或在其中加入新的成分，让其产生全新的含义，从而增加语言的丰富度。

比如台湾全联超市的文案，“来全联不会让你变时尚，省下来的钱能让你把自己变时尚”，就通过把“让你变时尚”拆解为“让你把自己变得时尚”，把超市这样一个原本和时尚扯不上什么关系的地方，变得富有时尚意味。

宝马 MINI 轿车的文案“越是强手，越是喜欢强有力的对手”，通过把“强手”这一词汇拆解成“强有力的对手”，来体现宝马 MINI 轿车桀骜不驯的品牌气质。

天猫的文案“穿着舒服就好，是指你穿着舒服，别人看着也舒服”，通过把“舒服”的含义拆解拓展为“你穿着舒服，别人看着也舒服”，来说明挑选正确服饰的重要性，“买补水产品，是为了给你的年龄掺点水分”，把“补水”拆解为“给年龄掺点水分”，在文案含义的拓展中体现出补水产品的功能。“年轻人需要指点，但不需要指指点点”“有些人喜欢说自己是外貌协会的，结果自己的外貌却进不了协会”……这些文案也是采用了相同的手法。

6. 颠倒法

扮成潮人，就是要不消失在人潮。

把好的物品带回家，是为了把更好的状态带出门。

到服装店培养气质，到书店展示服装。

上面这组文案，在撰写时都使用了颠倒法。比如“潮人”和“人潮”，是一个词中两个字顺序的颠倒，这句文案通过这一技巧写出了购物打扮的重要性。在“带回家”和“带出门”中，通过“回家”和“出门”颠倒，写出好的物品给人带来的治愈。“到服装店培养气质，到书店展示服装”则把两组关联的概念进行了颠倒，正常的逻辑应该是在服装店展示服装，在书店培养气质，所谓内外兼修，但这句文案却把这种逻辑“打散重装”了，从颠倒中衍生出个性化的态度来。作家林语堂的金句“人生在世，还不是有时笑笑人家，有时给人家笑笑”，也是通过“笑笑人家”和“给人家笑笑”这组短语的颠倒，展现出看淡浮沉的豁达态度。

7. 反常识法

那些能够打破常规而又能自圆其说的句子，往往更具冲击力，也更有成为金句的潜质。比如伍迪·艾伦的“如果你放弃所有让你想活到一百岁的东西，你就可以活到一百岁”，这句话中就打破了一个常识，人们会追求长寿，要长寿就必须放弃能给人带来即时享受的东西，如酒精、烟草、高热量食品等，可放弃享受，长寿又变得索然无味。这句话中暗含了对自律的中产生活的调侃。

看似不按常理出牌，却又能自圆其说，这样的反常识类金句往往能让人在惊奇中产生兴致。比如咖啡品牌 UCC 的广告文案是“这世界上的傻子不一定真的脑袋不好，但一定自以为聪明”，在人们的常识中，傻子就是脑子不好的人，但这句文案却打破了这种常识，告诉大家傻子不一定真的脑子不好，但一定自作聪明。

又比如奥斯卡·王尔德的金句，“世上只有一件事比被人议论还要糟糕，那就是不被人议论”，在人们的常识里，被人议论是一件负面的事，但王尔德却说世界上只有一件事比它还糟糕，那就是“不被人议论”，寂寂无闻才是最糟糕的，这句话在注意力成为一种稀缺资源的时代，更闪耀出智慧的光芒。

5.3 如何写好一则标题

新媒体时代，是一个“信息微缩”的时代。大量的信息以喷涌之势呈现在大众眼前，浩如烟海的文档、图片、视频、音频让人应接不暇，如果内容不够引人注目，就会被淹没在芸芸信息之中。在这样的情况下，一则好的文案标题就显得格外重要。

标题，可以是帮助文章传播的助推器，也可以是阻碍文章传播的拦路虎，这取决于我们如何去撰写它。新媒体时代，标题质量的优劣，决定着一篇文章的点击率和转发率，一则优秀的标题可以在极短的时间内抓住用户的注意力，并让用户产生点击的冲动。

不过，并不是点击率和转发率高的标题，就能称得上是一则好标题。为了赚取流量，许多自媒体平台上都出现了“标题党”泛滥的情况，这些标题往往以猎奇、低俗、夸大其词、以偏概全的方式吸引眼球，然而标题之下的文章却文不对题、毫无营养，读者点击之后，会产生一种受骗感。这样的标题虽然点击率很高，但并不是起标题的正道。还有些标题利用极具煽动性的言辞，甚至是耸人听闻的谣言，去获得用户的转发，其实根本没有可靠的信源，许多内容甚至来自杜撰。这些起标题的旁门左道，也是文案创作者在写作时需要回避的。

在新媒体时代，到底要满足哪些特征，才能称得上是一则好标题呢？对于不同类型的内容而言，好标题标准有所不同，不过它们都有一个共同的底线，就是标题内容与内文主题需要一致。接下来，我们就分情感、娱乐 / 时尚、生活 / 美食、科技 / 资讯、知识这五大垂直领域，探讨写出好标题的各种技巧。

1. 情感类标题

情感类文章的一大功能，就是为用户提供“情绪按摩”：用户通过阅读这类文章，获得情绪的共鸣、放松或宣泄。但事实上，情感类文章的“母题”不外乎亲情、爱情、友情这几种类型，因此想要脱颖而出，标题就必须有较为新奇的角度，或者鲜明的观点，又或者具有“人生导师”的作用，才能让用户觉得这篇文章值得一看，而并非一碗熬到已经失去滋味的“鸡汤”。

技巧一：“用户本位”思维

情感类文章有一个类型的标题，十分有特色：

老板你看，这都是我帮你背过的锅（新世相）

每天看群里的奇葩发言能把我气死（GQ 实验室）

男友瞒着我，回老家找了工作（槽值）

28 岁，我妈给我标了一个跳楼价（槽值）

这些标题最大的共同点，就是它们都站在用户的视角，以第一人称口吻去陈述内容，语言非常口语化，简单平实。比如公众号新世相一篇文章的标题“老板你看，这都是我帮你背过的锅”，这句话堪称许多职场人士的心声，这样的标题也容易引发目标受众的共鸣，让人想要点击进去看看“自己的故事”。公众号 GQ 实验室的标题“每天看群里的奇葩发言能把我气死”，相信也是许多普通人经常经历的“小型愤怒”，这样的标题也会让人产生一种窥探欲，想看看到底是什么样的奇葩发言，到底会不会比自己看到的更奇葩呢？点击欲在这样的心理之下产生了。

这样的标题，里面都蕴藏着“用户本位”的思维模式，即标题的撰写是以用户的视角为主的，标题的内容就像一句随时可能从用户嘴里蹦出来的日常话语一般，亲切且能引发共情。“男友瞒着我，回老家找了工作”“28 岁，我妈给我标了一个跳楼价”，公众号槽值的这类标题，就像是用户在和自己的亲密朋友聊天时说的话，或者是用户的内心独白，可以戳中当代人心中的某一个痛点，加上第一人称的标题表述方式也增加了内容的纪实性，更容易让用户产生代入感，从而产生点击的冲动。

技巧二：悬念 + 利益点

偷师了一份《单身男女的 38 条铁律》，看看吗？（我要

WhatYouNeed）

如何测出朋友圈的隐形富豪含量？（GQ 实验室）

不整容不开刀，五官不立体的女生怎么悄悄变美？（黎贝卡的异想世界）

在标题中埋入悬念，也是吸引用户点击的一个好办法。不过仅有悬念是不够的，还需要加上一个明确的利益点，让用户明白看完后能收获什么样的信息。比如公众号我要 WhatYouNeed 的标题“偷师了一份《单身男女的 38 条铁律》,看看吗？”其中的“偷师”“看看吗”这样的词汇都充满悬念感，但同时这则标题里的利益点也是足够清楚的，那就是“单身男女的 38 条铁律”，告诉单身人群哪些事情是必须遵守的铁律，哪些事情是万万不能做的。又比如 GQ 实验室的推文《如何测出朋友圈的隐形富豪含量？》，则用亦庄亦谐的口吻，教用户通过朋友圈发布的内容鉴别身边隐形富豪的方法，比如晒宠物照时露出的 Tiffany 骨瓷猫粮碗、朋友圈“定位”功能暴露的高等住宅区等，都暗示了发布者资产颇丰，标题本身富有悬念，也能让用户知道读完文章后自己能收获什么“技能”，这样的标题是非常容易勾起用户点击欲的。再比如公众号黎贝卡的异想世界的推文标题“不整容不开刀，五官不立体的女生怎么悄悄变美？”不仅是要教女生变美，而且还将利益点细化到了是教“五官不立体”的女生变美，并且在标题中还说明了“不整容不开刀”这一前提,这样的标题比起“女生怎么悄悄变美”这般空泛的标题，更能引发用户的点击欲。

如果新媒体推文的标题中缺乏足够明晰的利益点，而只是单纯地去制造悬念的话，会容易沦为空泛，让用户觉得这篇文章与自己无关，从而影响文章的点击率。

技巧三："人生导师"型

> 对方总说再等等，恋爱到什么程度才可以结婚？| 结婚的 100 种先决条件（KnowYourself）

> 老公半夜偷看我手机，我装不知道 | 婚后七年暴露的爱情真相（新世相）

还有一种特别受欢迎的情感类的文章标题，就是"人生导师"型标题。这类标题往往以过来人的口吻，向大众传递情感方面的技巧。比如公众号KnowYourself 的文章标题"对方总说再等等，恋爱到什么程度才可以结婚？| 结婚的 100 种先决条件"，就是面对人们"不知道什么情况下可以结婚"这一问题，给出"结婚的 100 种先决条件"这一解决方案，这样的标题会让用户觉得看完文章后能收获具体的经验和方法。公众号新世相的标题也异曲同工，"老公半夜偷看我手机，我装不知道 | 婚后七年暴露的爱情真相"，这一标题更有"过来人"的感觉，向用户展示进入婚姻多年后发生的真相。

2. 娱乐 / 时尚类标题

娱乐 / 时尚类内容，本质是为用户在平淡生活之余提供新鲜感的内容，让用户可以舒缓压力或储备谈资。平淡的对立面是什么？故事。故事有起伏的情节，有悬念，能满足人的好奇和猎奇心理，而具有这些元素的标题，就很容易吸引用户的点击。娱乐 / 时尚类内容的标题，也有几类具体的写作技巧。

技巧一：人称代词 + 戏剧冲突

这类标题中多会出现人称代词"他 / 她 / 这位"，但并不透露文章的主人公是谁，并会在标题中体现出较为强烈的戏剧冲突，此类标题往往非常容易引发用户的点击，比如：

把身体麻醉,任凭观众戏弄,她的一生充满传奇与争议(豆瓣电影)

10 年不工作，却狂撒 145 亿买豪宅！这位韩国顶级男神说……(InsDaily)

气死所有同行,出道一年半就爆红,一堆品牌追着模仿 (gogoboi)

公众号豆瓣电影的标题“把身体麻醉，任凭观众戏弄，她的一生充满传奇与争议”,就是典型的人称代词型标题,不说具体人物是谁,只罗列了“把身体麻醉”“任凭观众戏弄”这样充满戏剧性的细节，让人忍不住点击，文章其实写的是一位名叫玛丽娜·阿布拉莫维奇的行为艺术家，她曾在 1974 年的作品《节奏 0》中，对自己头部以下的身体进行了麻醉，并且在一张桌子前摆满了香水、口红、水、手枪、斧子等 72 种物品，观众可以使用任意一样物品对她做任何事情。文章标题虽然吸引眼球，但用户读完全文之后会发现标题并没有危言耸听，并不是“标题党”，只是提炼出了文章最吸引人的部分加以展示。公众号 InsDaily 的标题“10 年不工作，却狂撒 145 亿买豪宅！这位韩国顶级男神说……”也并没有透露文章主人公到底是谁，只是放出了“10 年不工作”“145 亿买豪宅”这样极具反差感的线索，让人忍不住猜测这到底是谁。其实文章写的是 10 年没拍戏的韩国明星元彬。公众号 gogoboi 的标题“气死所有同行，出道一年半就爆红，一堆品牌追着模仿”其实省略了代词“它”，文章的内容是时尚品牌 Bottega Veneta 的品牌故事及它对时尚圈的影响。

技巧二：悬念 + 信息阶梯

娱乐 / 时尚类的内容，本来一大特色就是引发观众的八卦探秘之心，因此在标题中展示悬念作为“钩子”，再创造让用户觉得自己读完后会掌握比别人多的八卦的信息阶梯，就能起到较好的吸引点击的效果，比如：

商家绝对不会告诉你的事实：我们用 3 个月测评了 15 款扫地机器人后发现……（清单）

除了“来都来了”，还有一句魔咒，会令你狂买一堆垃圾（反裤衩阵地）

什么样的包，真正经得起时间考验（黎贝卡的异想世界）

这类标题通过悬念成功制造出信息阶梯，即创作者掌握着阅读者不知道的秘密，转发这条信息的人掌握着只读了标题的人不知道的真相，用这样的信息差去刺激人们的好奇心，从而提升标题的点击率和转发率。比如公众号清单的标题“商家绝对不会告诉你的事实：我们用 3 个月测评了 15 款扫地机器人后发现……”就用“商家绝对不会告诉你”来增加标题的悬念感，并且用“3 个月测评了 15 款扫地机器人”来证明内容是货真价实的干货，用户看完后会掌握挑选扫地机器人的正确方法。公众号黎贝卡的异想世界的推文标题“什么样的包，真正经得起时间考验”，则暗示了读者看完这篇文章，就能掌握正确的技巧，去挑选一只不过时的包。

3. 生活 / 美食类标题

生活 / 美食类的内容，一大作用就是激发用户对生活的热爱，从而产生购买欲。而生活 / 美食类标题的首要职责就是用文字营造出感官上的吸引力，让人们可以打起精神，产生把生活打理得更好的欲望。生活 / 美食类标题撰写的具体技巧有四个。

技巧一：满足多模式感知

人类向来具有将视觉意象与语言信息联系起来的文化倾向，也就是“多模式感知”的天性。心理学研究表明，用语言表达的概念，只有能在人们头脑中产生清晰的视觉意象时，才最容易被人记住。生活 / 美食类标题，不能只是一个个扁平的文字，还要能让人联想到丰富的感官体验：

> 峨眉山高山云雾茶竹叶青，40000 多颗芽头方能制成一斤（美食台）

> 怎样一口吃掉 9 朵玫瑰和 15 朵茉莉（美食台）

> 冬夜的命，都是靠滋滋作响的砂锅续的（艾格吃饱了）

上面一组标题，都是在谈食物的风味，却很少使用抽象的形容去描述味道，而是用一些具象的词汇、数据、比喻、拟声词来营造感官体验，让人脑中立刻浮现出美食的形象。比如美食类账号美食台的推文标题“峨眉山高山云雾茶竹叶青，40000 多颗芽头方能制成一斤”，在标题中就展现出竹叶青春茶采摘的精细和严苛——只采茶树最细嫩的芽头部分，40000 多颗芽头才能制成一斤茶叶。如何形容鲜花饼的香甜滋味？“怎样一口吃掉 9 朵玫瑰和 15 朵茉莉”这一标题用“9 朵玫瑰”和“15 朵茉莉”这样具体的数据让用户能形象地感知到鲜花饼的浓郁香味。滋滋作响的砂锅则使用了通感的修辞，带来视觉、嗅觉、听觉等多模式的感知。

技巧二：寻找背书

在经营和打理自己的生活时，人们是需要一些参照物的，毕竟模仿是人类的本能。当某种生活方式、生活用品、美食等获得名人背书时，就更容易获得用户的关注。

> 英国王妃同款洁面膏，卸妆像“磨皮”一样干净（一条）

大半个娱乐圈都在戴的神仙帽，戴上立减 5℃，隔离 99% 的紫外线（撕蛋）

我们找来了国内最有名的侍酒师，给你选了一瓶波特酒（企鹅吃喝指南）

公众号一条的推文标题“英国王妃同款洁面膏，卸妆像‘磨皮’一样干净”，就通过英国王妃凯特、前王妃梅根的背书来说明洁面膏的品质。公众号撕蛋的推文标题“大半个娱乐圈都在戴的神仙帽，戴上立减 5℃，隔离 99% 的紫外线”，就通过娱乐圈明星的背书，来体现一款遮阳帽的防晒降暑功能。公众号企鹅吃喝指南的推文标题“我们找来了国内最有名的侍酒师，给你选了一瓶波特酒”，则用了专业人士的背书，让用户感知到波特酒的好质量。

技巧三：形而上的提炼

对很多人而言，吃什么、用什么的关键不仅在于食物和器物本身，还在于它们所营造出的生活氛围，俗称“×× 代表着 ×× 的生活态度”。比如：

不开心的时候，就找泉州的老板炖只鸭子快递给我（艾格吃饱了）

日子太苦了，今天可以预约一点甜吗（企鹅吃喝指南）

一杯龙井，嗅到了整个杭州的春天（艾格吃饱了）

现代人有太多病症需要治愈：失眠、焦虑、抑郁、“丧”、社交恐惧、“尴尬癌”……现代人有太多心理需要被满足：文艺心、玻璃心、逃离心、少女心、公主心、女王心……在生活 / 美食类标题中进行这样形而上的提炼，戳中用户心理，也更容易获得点击。比如公众号艾格吃饱了的标题“不开心的时候，就找泉州的老板炖只鸭子快递给我”，吃泉州鸭子这件事已经不再是满足口腹之欲了，而是升级为一种治愈行为，能治愈不开心。企鹅吃喝指南的推文标题“日子太苦了，今天可以预约一点甜吗”，就通过食物的甜，来治愈日子的苦，红豆牛奶冰、红糖锅盔、芝麻糍、桂花蜜藕，这些甜甜的食物可以让心情苦涩的人也开心起来。“一杯龙井，嗅到了整个杭州的春天”这一标题则把春天和龙井进行了联系，将龙井茶的鲜香与杭州的春天带给人的清新、放松的感受进行了类比。

技巧四：比较法

比起天花乱坠的描述，比较法是一种既省字又管用的标题撰写技巧。

> 吃过这枚凤梨酥，其他的都是将就（艾格吃饱了）

> 它甜过世界上 99% 的水果，慕斯般口感好迷人（下厨房）

> 巧克力中的“爱马仕”，让自己站在今年情人节票圈的顶端（成都美食）

怎么让用户感觉到一款凤梨酥的美味？公众号艾格吃饱了的标题“吃过这枚凤梨酥，其他的都是将就”，就用曾经沧海难为水的写法，通过把这款凤梨酥和“其他的”凤梨酥的比较，来体现这款凤梨酥的美味。公众号下厨房的标题“它甜过世界上 99% 的水果，慕斯般口感好迷人”，则用“甜过 99% 的水果”和“慕斯般的口感”来体现释迦果这一水果的口感。“××中的爱马仕”，已经快成为形容一件物品优质的固定句式了，比如“巧克力中的爱马仕”“牙刷中的爱马仕”，其实这一短语的本质也是通过对比法来证明一件物品质量上乘。

4. 科技 / 资讯类标题

科技 / 资讯类的内容和上文提到的类型在功能上有较大差异，它的主要功能是为用户提供新的信息，提供最新鲜、及时的动态和行业分析。因此在科技 / 资讯类标题中，也需要展现出这一特点，在标题中体现出信息。

技巧：列数字

这类标题中往往含有一组或多组数字，让用户感到专业和可信，比如：

> 追踪了 783 家创业公司 5 个月，分析了 64.7 万条数据，我们发现了 10 个有趣的现象（虎嗅网）

> 新闻业务衰落以后，这 11 张图告诉你三个老门户如今都靠什么谋生（好奇心日报）

> “补偿性消费”太汹涌，2 万品牌在天猫逆势增长 100%（界面新闻）

科技媒体虎嗅网的标题“追踪了 783 家创业公司 5 个月，分析了 64.7 万条数据，我们发现了 10 个有趣的现象”，一则标题中含有“783 家”“5 个月”“64.7 万条”“10 个”这 4 个数据，让人觉得通过这些追踪和分析而得出的现象结论是相对可信和具有含金量的。好奇心日报的标题“新闻业务衰落以后，这 11 张图告诉你三个老门户如今都靠什么谋生”，则用“11 张图”总结了文章的内容。界面新闻的标题“‘补偿性消费’太汹涌，2 万品牌在天猫逆势增长 100%”，展示了品牌数量和增长率，信息量充足。

5. 知识类标题

知识类标题更强调信息增量，但同时又不能让用户觉得这些内容的理解成本很高，而是需要去降低用户的心理负担。

技巧：化繁为简

用户增长全攻略：8 大模型，1 个必学公式，从 0 搭建千万级流量的增长引擎（馒头商学院）

3000 元实现 100 万 +，搭乘营销“经济舱”的三大诀窍（乌玛小曼）

搞定你的即兴发言，用这一招就够了（LinkedIn）

上面这组标题有一个共同点，就是将文章里蕴含的知识点进行了提炼，在证明自己信息含量的同时，也不会吓跑用户，而是可以减轻用户的心理负担。公众号馒头商学院的标题“用户增长全攻略：8 大模型，1 个必学公式，从 0 搭建千万级流量的增长引擎”，在标题中就把从 0 到千万的用户增长秘诀提炼归纳为 8 个模型和 1 个必学公式，这样的标题化繁为简，可以有效地降低用户阅读文章的心理负担，让用户更有信心点开这篇文章进行学习，从而提升标题的点击率。公众号乌玛小曼的推文标题“3000 元实现 100 万 +，搭乘营销‘经济舱’的三大诀窍”，就把低成本营销的技巧归纳为 3 个要点，这样的标题会让用户产生“看上去似乎并不难”的心理。公众号 LinkedIn 的标题“搞定你的即兴发言，用这一招就够了”，就把做好一场即兴发言的要素归纳成一个妙招，这样的标题很容易戳中用户偷懒的小心理，标题的点击率也会因此更容易得到提升。

撰写标题考验着文案创作者对传播规律和用户心理的理解，也考验着文案创作者对内容的提炼能力，在新媒体时代，撰写标题是一项不可或缺的能力，它就像一个放大器，能让优质的内容尽可能不从用户眼边溜走。

第6章　从“文采”到“情采”

《文心雕龙》的第三十一篇，主题叫“情采”，主要论述的是文字的内容与形式之间的关系。“情”就是情理，指文章蕴含的情感与思想，“采”就是文采，指文章的表现形式。在这一篇中，刘勰提出了“为情而造文，而非为文而造情”的观点，即作者写文章应是因感情、思想而发的，而不是为了写文章去捏造情绪。文章如果只有繁丽的文采，而缺乏真挚的情感或深刻的思想，是“味之必厌”的，也就是读起来会令人生厌。

前面两个小节重点探讨撰写金句和标题的方法，介绍了一系列用文字技巧来为文案增色的方法，在这一章中，我们将回归文字的“情采”，让文案创作可以满足“为情而造文”这一准则。只有真正拥有了情绪的洞察和观点的提炼，文字技巧才能起到锦上添花的作用，内容才能真正引发用户的共情，从而提升文案的自传播力。

毕竟对于文案创作者而言，仅有文采是不够的，还需要有情采。文采的作用是修饰语言，而内容中的情感和思想观点才能真正体现文章的巧思。这就要求我们去学会用内容体现真挚的情感，表达细微而深刻的洞察，提炼不平庸的观点，甚至，这也需要文案创作者去拓宽生活的体验，才能真正捕捉到那些隐藏在表相之下的情绪涌动，去引发用户的共鸣。

哪些对情绪的捕捉和洞察，能够帮助我们提升内容的情采呢？接下来将从 3 个角度进行剖析。

6.1 戳中“泪点”

泪点，是指让人流泪的一个阈值。那些能够戳人泪点的内容，往往都是自发真情的内容，只有精准地洞察到了用户心中的某个情绪点，引发了强烈的共鸣，才能达到催泪的效果。当文案拥有洞察情绪、戳人泪点的能力时，其情采也随之诞生。

在 2019 年 1 月，一支名为《啥是佩奇》的商业短片一夜之间刷屏，并在上线 2 天的时间内获得 15 亿次点击。这支短片是当时的春节档电影《小猪佩奇过大年》的预热宣传片，短片时长不到 6 分钟，讲述了一个居住在乡下的老人为春节过年回家的孙子筹备礼物的故事。当孙子在电话里提出想要“佩奇”时，这位老人并不知道“佩奇”到底是什么，他问遍了村里的人，最后用一只鼓风机制作了一个钢铁版的小猪佩奇。

一部商业短片能取得这样的播放成绩，在内容上必然有可圈可点之处。《啥是佩奇》最大的特点，就是在春节这样一个特殊的时间节点，用一位老人质朴的亲情打动了用户，戳中了无数人的“泪点”。小猪佩奇是风靡世界的卡通形象，深受孩子们的欢迎，但居住在乡下的老人却并不知道它的存在，因此在接到孙子的“需求”时，他有些无所适从，短片内容在这里就产生了矛盾和反差。老人问了村里许多人，执着地寻找着答案，有人告诉他佩奇是“猪，红的”，他差点没把村里养的活猪刷红了，最终才在别人的指导下用一只“长得像佩奇”的鼓风机做出了一个钢铁佩奇。

可以看出，《啥是佩奇》这部短片在渲染亲情的手法上使用的并不是传统路数，而是利用山里老人和城里孙子之间的“认知差异”，制造出一种具有反差感的黑色幽默效果，但同时自始至终都抓牢了“亲情”这一根主线，让用户看完后被爷爷真挚又略显笨拙的感情所感动，达到一种笑中有泪的效果。整部短片中，没有出现一句表达爱意的台词，没有华丽的镜头和昂贵的道具，却自始至终都洋溢着朴素又深厚的情感，那个用鼓风机制作而成的佩奇成了爷孙两代人之间情感的“纽带”，也激活了无数观众关于亲情的记忆和情绪。《啥是佩奇》这样的内容，就是典型的“因感而发”的内容，这样的内容往往更容易戳中用户的泪点，从而引发较广的传播。

在文案创作领域，也不乏戳人泪点的作品。文案大师戴维·阿伯特（David Abbott）曾为芝华士写过一段父亲节长文案：

因为我已经认识了你一生
因为一辆红色的 RUDGE 自行车曾经使我成为整条街上最幸福的男孩
因为你允许我在草坪上玩蟋蟀
因为你有一回腰上围着抹布，在厨房里跳舞
因为你总是为我掏出支票本
因为我们的房子里总是充满书和笑声
因为你付出无数个星期六的早晨来看一个小男孩玩橄榄球
因为你坐在桌前工作而我躺在床上睡觉的无数个夜晚
因为你谈论性启蒙话题从不使我难堪
因为我知道你的皮夹中有一张褪了色的关于我获得奖学金的剪报
因为你总是让我把鞋跟擦得和鞋尖一样亮
因为你已经 38 次记住了我的生日，甚至比 38 次更多
因为我们见面时你依然拥抱我
因为你依然为妈妈买花
因为你有比同龄人更多的白发，而我知道是谁让它们生长出来的
因为你是一位了不起的爷爷
因为你让我的妻子感到她是这个家庭的一员
因为我上一次请你吃饭，你说麦当劳就很好
因为在我需要时，你总会在我的身边
因为你允许我犯自己的错误，而从没有一次说“让我告诉你怎么做”
因为你依然假装只在阅读时才需要眼镜

因为我没有像我应该的那样经常说谢谢你
因为今天是父亲节
因为假如你不值得送芝华士这样的礼物
还有谁值得

这段文案以一个儿子的口吻，描述了 22 个给父亲送芝华士作为礼物的理由，比如童年时期父亲赠予的红色自行车，比如父亲观看儿子玩橄榄球、放任儿子玩蟋蟀，比如父亲把儿子褪色的奖学金剪报放在皮夹中、依然为妈妈买花、假装只在阅读的时候才需要戴眼镜……这组文案就像一粒熠熠生辉的钻石蕴含了无数个切面，每一面都反射出父爱的光芒，在文案中塑造出一个疼爱家人、懂得教育子女、努力工作、不肯承认自己衰老的父亲形象，同时也写出了儿子“没有像我应该的那样经常说谢谢你”，淡淡的愧疚感弥漫在文字中，更能戳中人心，毕竟，这是许多子女与父母相处的现实：父母的付出，总是比子女多得多。这样的文案是“因情而发”的，加上文案使用了许多细节、许多维度去塑造父亲的爱，情采与文采兼具，这样的文案格外能引发读者的共鸣，达到催泪的效果。

6.2 纾解压力

压力，堪称当代人的“时代病”。工作群里 24 小时不停歇弹出的消息、互联网上铺天盖地的负面新闻、每个月各种还款期限……大部分人每天都处在各式各样的“小型崩溃”中，这些问题不要命，但会让人很烦心。因此，除了催泪的内容，那些能够戳中用户疲惫心灵痛点的情绪，也很容易引发人们的共鸣，并在一定程度上起到治愈和纾解压力的效果。

日本的川柳大赛中，就涌现出了许多戳中成年人内心的句子。川柳是日本的一种诙谐讽刺短诗，比俳句更自由，让创作者可以用较短的文字较为自由地表达自己的心声。在川柳大赛中，就有许多描写成年人生活中的辛酸的句子。工作、家庭、婚姻、恋爱、健康，处处都充满压力，处处都不能放松，这些短诗以一种幽默轻松的口吻将生活中的压力娓娓道来，让读者在体味到辛酸的同时，也产生一种“原来不是只有我一个人是这样啊”的心情，从而产生共鸣与治愈感。

比如以下三首描写上班族压力的短诗：

你今天来得好早啊
不
我昨天来的

给新人派活儿
他还给你
两倍的工作量

又开会了
今天的会议主题是
如何减少无意义的会议

通宵加班让同事误以为自己上班到得早、新人解决不了问题反而让工作量变得更大、冗长低效没完没了的会议，这些是工作忙碌的职场人士或多或少都经历过的“扎心”时刻，这些川柳诗用朴实无华的小短句勾勒出职场人士的焦虑，同时又加入了幽默与自嘲的成分，比如通宵加班后“收获”了同事的误会，比如开会的主题是“如何减少无意义的会议”，这些细节都充满情采，读来让人啼笑皆非，也让这些短诗更值得细嚼。

又比如那些描述都市女性的心声与焦虑的句子：

每过一年
化妆的时间

就多五分钟

人生第一次壁咚
竟然是在满员电车里
被不认识的大叔

化妆的时间随着年龄的增加变得越来越长，通勤拥挤的交通打破了人与人之间的舒适距离，都市女性的压力指数也在与日俱增。从年龄和私人空间的痛点切入，这样真情实感的感悟会容易获得女性的共鸣。

还有中年人关于婚姻、家庭、房子的“吐槽”套餐：

所谓夫妻
就是在各自的波长内
相互放养

吵架的时候
我才体会到
妻子的记忆力

申请房贷时
悄悄看了一眼
我的生命线

夫妻之间的相互“放养”、与妻子的日常争吵（通常以吵架失败告终）、有生之年都不一定能还清的房贷……这些“镜头”直指中年人生活的压力，经历过的人都会触发共情。但这些小短句又用文字技巧，把沉甸甸的压力消解在自嘲的黑色幽默里，辛酸中带点有趣，读来有种治愈的效果。

又比如以下这组老年人创作的川柳金句：

让大家都舒心的秘诀
就是
不要讲话

“啊——张嘴”
以前是恋爱
现在是护工来喂饭

需要反复确认的
原来是爱情
现在是睡着时的呼吸

少说话才能让大家都开心、生活已经不能自理需要护工来喂饭、睡着时还需要反复确认呼吸，老年人的生活中，辛酸与智慧并存。这些句子妙就妙在，用一种充满智慧和幽默的口吻，举重若轻地讲出那些看似“不足为外人道”的生活细节，读来又真实又震撼，同时也会被创作者的乐观精神所打动。这样的内容，都是有感而发的，蕴含着满满的情绪和生活感悟，再用适当的文字技巧加以修饰，动人的效果就十分显著了。

下面这一组老人短诗，甚至颇有“童真”的趣味：

曾孙子问我
有没有见过
恐龙

理想型是比我大的女性
现在
已经没有了

翻动 iPad 时
总要习惯性舔下手指
孙子怒了

年纪已经大到让曾孙子误认为自己曾见过恐龙、比自己年纪大的理想型在这个世界已经不存在了、翻 iPad 时总要像过去翻书那样舔手指惹得孙子生气……年龄的增长，带来越来越多的生活冲突，让人啼笑皆非。

这样的内容，无不展现出当代人生活中方方面面的压力与挫折，它们之所以感人，就因为它们都是“因情而发”的内容，展现着各种年龄、各种身份的人所面临的真实问题，这样的情感和情绪很容易引发用户的共情。同时，这些句子也适当地使用了文字上的技巧，运用比喻、对比等修辞手法，或者为内容注入幽默和自嘲的情绪，让这些真情实感的抒发变得举重若轻，回味悠长，不仅展示了真实的焦虑和压力，也让这些原本负面的情绪蒙上了一层人情味和幽默的智慧，产生一种别样的悠长回味效果。

6.3　糖分制造机

生活有点苦，需要来点甜。那些能够挖掘出生活的“糖分”的文案，往往很容易击中用户的内心，带去治愈与希望。

王小波的书信集《爱你就像爱生命》中，就有许多又甜又有趣的句子，让许多年轻人赞叹不已：

男孩子们都喜欢女孩子，可是谁也没有我喜欢你这么厉害。我现在就很高兴，因为你又好又喜欢我，希望我高兴，有什么事情也喜欢说给我听。我和你就好像两个小孩子，围着一个神秘的果酱罐，一点一点地尝它，看看里面有多少甜。你干过偷果酱这样的事儿吗？我就干过，我猜你一定从来没干过，因为你乖。静下来想你，觉得一切都美好得不可思议。以前我不知道爱情这么美好，爱到深处这么美好。真不想让任何人来管我们。谁也管不着，和谁都无关。告诉你，一想到你，我这张丑脸上就泛起微笑。

银河，你好！做梦也想不到我把信写到五线谱上吧？五线谱是偶然来的，你也是偶然来的。不过我给你的信值得写在五线谱里呢。但愿我和你，是一支唱不完的歌。

我把我整个的灵魂都给你，连同它的怪癖，耍小脾气，忽明忽暗，一千八百种坏毛病，它真讨厌。只有一点好，爱你。

把爱情比作两个小孩子围着神秘果酱罐一点点尝它的甜，一想到对方自己的丑脸上就泛起微笑、把情诗写在五线谱上祝福两个人是一支唱不完的歌、灵魂有一千八百种坏毛病只有一个优点就是“爱你”……在王小波的笔下，爱情又真诚又甜，是两团思想的碰撞和融合，在流行微信传情的当下，让读者感受到恋爱的另一种方式，热恋中的人群想必也能从中获得共鸣。

许多作家都是优秀的“糖分制造机”，比如沈从文在给张兆和的信中写道：

我就这样一面看水一面想你。我快乐，我想应同你一起快乐；我闷，就想你在我必可以不闷；我同船老板吃饭，我盼望你也在一角吃饭。

快乐时想和对方分享，烦闷时觉得如果对方在身边就不会这么闷，和其他人吃饭时希望对方也在场……沈从文的文字很简单，描绘的场景很普通，没有风花雪月的场景，没有情意浓浓的告白，只是简单的“一面看水一面想你”，却格外真挚动人，可以说是“情到深处自然甜”了。

在商业文案领域，也有不少品牌利用“甜”这一情绪，去撬动用户的好感度。网易严选就曾为旗下产品撰写过一组“情诗”：

> 咳嗽和爱情都无法掩饰，月亮和你都想要摘掉。（皇室御用超柔浴巾）

> 不爱是一时的解脱，爱是一世的折磨。（牛皮十字纹皮带）

> 凤梨是黄的，覆盆子是红的，糖是甜的，你也是。摘不下星河，只能将生命的长河献给你。（双人床星空香氛喷雾）

每一句文案，都融入了网易严选一款产品的特征。“咳嗽和爱情都无法掩饰，月亮和你都想要摘掉”，就用“月亮”这一意象让“浴巾”这个产品清新了很多；“不爱是一时的解脱，爱是一世的折磨”，用“解脱”点出皮带的特性；“摘不下星河”，但能用网易严选的星空香氛喷雾给恋人一条芬芳的长河。这一组文案寓情于物，可以说颇具情采了。

一家甜品淘宝店为店里的朗姆酒巧克力味马卡龙写的文案是这样的：

> 在被朗姆酒浇灌过的巧克力面前，
> 没有冷若冰霜的女人。
> 黑色是浓郁。朗姆是给“沉默的深沉”最热烈的一击。
> 巧克力负责陈述情愫本身。朗姆，海盗之酒，负责给爱一个咏叹调。
> 欢迎来到黑巧克力五颜六色的味觉视界。

巧克力，原本就是一种与恋爱情愫紧密相连的食物，朗姆酒则象征着海盗与自由，“在被朗姆酒浇灌过的巧克力面前，没有冷若冰霜的女人”“朗姆，海盗之酒，负责给爱一个咏叹调”，文案巧妙地将食物、美酒与女性、爱情连接起来，甜蜜又撩人，让人忍不住一尝这款朗姆酒巧克力味甜点的滋味。

另一款苦水玫瑰味的甜点，文案是这样的：

人们用玫瑰指代爱情。

因为娇艳的花骨朵，是兴奋，激荡，惊喜，感动，还有心花怒放。

爱情的指代，应当是玫瑰背后的荆棘。

伤心，痛苦，失望，落寞，

心灰意冷后依旧护着花朵浇灌如初。

受伤了的陪伴才是爱情。

玫瑰最柔软之处，是那荆棘。

玫瑰是双面的，有花瓣的娇艳和怒放，也有荆棘的痛苦和落寞，就像爱情那样。一款苦水玫瑰味的甜点，文案中甜蜜与苦涩夹杂，描写出了甜点的味道，既美味又能戳中人心。

文因情而生姿，因情而动人。那些“走心”的文字，往往也是具有情采的文字。想要写出有情采的文字，创作者需要在日常生活中做一名有心人，细心地观察和收集那些可以引起人们共鸣的事物，将它们进行提炼和表达，这才是写出情采盎然文字所需要的基本功。

第 7 章　灵感养成指南

知名作家史蒂芬·金认为，写作是一件孤独而艰难的工作，就好像是乘坐浴缸穿越大西洋——即便他的小说在全球卖出超过 3.5 亿册。

写作，是一项把思想从脑海带至笔端的工作，将看不见摸不着的内容变成一行行的铅字，这一过程会耗费不少脑力和体力。写作从来都不是一件轻松的差事，在进行文案创作时，创作者总会遇到这样或那样的困难，让创作过程变得低效而痛苦。因此，文案创作者不仅需要掌握一系列技巧去管理文字，也需要掌握一些技巧来管理自己，唯有如此，才能把写作变成一项职业化的工作，不让自己陷入面对屏幕却敲不出字的尴尬时刻。

在本书的前几章中，介绍了帮助文案创作者去管理文字的技巧，在这一章中，我想要谈谈那些可以帮助文案创作者管理自己的技巧。这些技巧相当重要，它决定了我们在写作这条路上能走多远、能到达怎样的目的地。

7.1　文案创作的三道难关和七个技巧

几乎所有以写作为职业的人，都会遭遇以下三个阶段性困境：一开始是不知道如何下笔的“迷惘期”，接着是写太多反而“没感觉了”的“倦怠期”，再往后是能力配不上野心的“瓶颈期”，最后才能抵达“柳暗花明，海阔天空，写什么都很顺利”的境界。

如果把文案创作比作一场打怪升级的游戏，那么上述三个困境就是我们必须穿越的三个“关卡”。每个“关卡”的雷区截然不同，文案创作者想要成功通关，就需要一份写满实用技巧的“攻略”。以下七个技巧，欢迎身处不同阶段的文案创作者对号入座进行取用。

1. 迷惘期：主动感染“信息焦虑症”

文案创作者进入迷惘期的一大特征就是：脑袋空空，笔头空空，不知道写什么，也不知道怎么写。很多时候，我们会认为自己是因为缺乏文案创作技巧才陷入这样的僵局，却忽略了一个更致命的原因：我们根本就没有建立一个健康的信息“输入—输出”循环系统。

对文案创作者而言，保持庞大的信息摄入量是必需的。幻想一下，每个人的脑中都有一座信息“蓄水池”，如果只会一味地放水而从不蓄水，那它势必难逃空空如也的命运。用一句古诗来说就是，“问渠那得清如许，为有源头活水来”。

不带任何美化或矮化意味地讲，文案的一大任务就是输出信息，并按照消费者容易且乐于理解的形式去“翻译”、传达信息。一个患有“信息焦虑症”、每天能够保证大量信息摄入的文案创作者，一定具有更强的从庞杂信息中抓取真正有增量、有价值信息的能力，也拥有更强的屏蔽噪声的能力，他们对文字的敏感度和理解力也会更高。

在文案创作的初期，“信息焦虑症”能帮助我们有效地拓宽视野，积累创作素材，具体技巧有二。

技巧一：建立系统、高效的信息获取体系

互联网时代，海量的信息就这样乱糟糟、闹哄哄地摊开在我们眼前，埋藏在各种网页中的超链接让我们可以在信息之间轻易地跳跃，如果我们的脑中没有一张清晰的地图，就很容易迷失在芜杂信息的岔路中。

“信息焦虑症”并不意味着毫无章法地摄入信息，而是需要建立系统、高效的信息获取体系，帮助我们以更低的时间和精力成本获得真正有价值的信息。

对于如何给信息分类，杜威十进图书分类法（Dewey Decimal Classification，DDC）提供了一种略显简单粗暴但被广泛采用的方法，目前美国 95% 的公立学校图书馆和全球 20 万个图书馆都使用着杜威十进图书分类法系统。

麦尔威·杜威是一名美国图书馆专家，他发明的分类法将图书分为 10 个大类，包括哲学、宗教、社会科学、科技和应用科学、艺术和创造等。10 个大类之下又细分为 100 个中类及 1000 个小类。

对于文案创作者而言，杜威十进图书分类法给我们提供了一种构建信息体系的思路。由于在我们的职业生涯中会服务于不同的行业和产品，因此必须学会高效、快速地了解某个行业、产品的相关信息。比如，当我们要为一款英文学习 App 撰写文案时，我们可能需要补充一些语言学类别的知识，当我们要为一款空气净化器撰写文案时，则需要学习应用科学类别的相关知识。

总之，建立了清晰的信息体系之后，我们就知道该去哪个大类中寻找需要的信息了，无论是在线下的图书馆还是线上的图书购物网站、行业资讯网站，都能快速找到准确的信息。

技巧二：积累小众冷门的知识增量

平庸文案的一大特征，就是总是在说“正确的废话”，传递的是陈旧、乏味的信息。想要让文案变得更有意思，不妨试试在其中加入一些小众但有趣的知识增量，比如：

所有哺乳动物一生的心跳次数基本相近，都在 15 亿次左右；

西蓝花、血管网络、河流、海岸线和山脉都在按照“分形”原则“生长”；

鲸死去后，其尸体会在海里滋养出一个生态系统并持续运转 100 年之久；

年轻人平均每天查看手机的次数达 85 次……

这种信息的优势在于能让用户产生一种获得新知识的成就感。

2. 倦怠期：提升文字的“代谢率”

当你面对文字就像面对结婚七年的配偶那样“无感”时，说明你已经进入了文案创作的“倦怠期”。这是一个危险的信号，因为“无感”是一种比迷茫、焦虑、痛苦更可怕的状态，它让人失去驱动力，让文案创作水平停止进步。

处于倦怠期的文案创作者，最重要的事情是振奋写作的精神。也就是说，我们必须想办法给自己打鸡血，给写作这一行为添点趣味，这里有两个技巧和大家分享。

技巧三：建立写作的“仪式感”

在写作之路上苦苦挣扎的，永远不止你一个人，即使是那些高产且拥有高质量作品的著名作家们也不例外。为了让自己能长期保持高昂的写作劲头，他们发明出了千奇百怪的写作“仪式”——

海明威喜欢站着写作，因为这样可以迫使他尽可能简短地表达他的思想。此外，他总是在写得最尽兴的时刻停笔，这样做是为了避免第二天遭遇“灵感便秘”。

每天勤奋写作 13 小时的巴尔扎克是位咖啡狂魔，他每天饮下 50 杯咖啡，而且专喝浓烈的、不加奶和糖的土耳其咖啡。

《蒂凡尼的早餐》的作者杜鲁门·卡波特从不在星期五开篇或完稿，烟灰缸里的烟头不能多于 3 个，并且他是个“完全的横向作者”，也就是必须横躺在床上或沙发上才能顺利写作。

作家们用各种“仪式”刺激写作的欲望，文案创作者们也可以借鉴，不需要那么极端，给自己创建一个“写作必听灵感泉涌歌单”、给自己准备一个“灵感手抄本”、购入一只能发出复古打字机声响的机械键盘、找一个最舒适的写作角落，或许都能让创作文案这件事变得更有趣、更酷一些。

技巧四：跳出文字的边界

当文案创作进入倦怠期，不妨彻底跳出日常的文字边界，用“跨界”的方法去寻找灵感。除了文史哲类的书籍，一些自然科学类的书籍、纪录片乃至电影，都能给我们提供许多清新解腻的词汇与句子，带给我们新的灵感。

比如 BBC 出品的纪录片《地球脉动》，就这样介绍了一种叫作“巢鼠”的小生物：

> 草类有着惊人的生长力，从冒新叶到开花只需几天时间。草成了微小的果树，对于居住在草丛中的生物而言，这片草地广袤和高耸如同雨林一般。爬草，可比爬树困难多了，尤其因为草茎来回摆动。巢鼠的尾巴就像是第五肢，能抓住物体，令它爬草犹如猴子爬树一般敏捷，同时，它能像看地图那样，读懂头顶草茎的纹理，从而找到回家的路。

解说文案充满画面感和青草气味，即使不看画面，观众也能在脑中勾画出一只肥软灵活的巢鼠在草丛中忙碌跳跃穿梭的模样。

又比如在讲述中国烧烤文化的纪录片《人生一串》中，可以看到许多散发着烟火气息的野性文字：

> 啃羊蹄儿的时候，你最好放弃矜持，变成一个被饥饿冲昏头脑的纯粹的人。皮的滋味，筋的弹性，烤的焦香，卤的回甜，会让你忘记整个世界。眼里只有一条连骨的大筋，旋转、跳跃，逼着你一口撕扯下来，狠狠咀嚼，再灌下整杯冰啤，“嗝——舒服”，剩下一条光溜溜的骨头，才能最终心静如水。

处于倦怠期的文案创作者，只有跳出日常工作所接触的领域和词汇，才能拓展文字的边界，不断获得新的刺激与启发。

3. 瓶颈期：警惕“文字障”的陷阱

佛教有种说法叫“文字障”，意思是说学佛者在阅读佛经时过于执着于文字，让文字从一种载体变成了一种障碍，导致不能透过文字去参悟真正的佛理。

对于文案创作者，尤其是那些已经掌握了不少创作技巧、处于瓶颈期的创作者而言，“文字障”同样是一个危险的陷阱。随着各种文案创作技巧的普及，许多文案创作者也从一个极端走向另一个极端：从“毫无章法”变成“用力过猛”。

但就像日本著名家居品牌无印良品（MUJI）的理念不是“这很好”而是“刚刚好”一样，真正优秀的文案创作者懂得拿捏文案的尺度，不强求极端，而是懂得适度与留白，因为只有尺度拿捏妥当的文案，才会让用户感到舒适，并且把注意力真正放到产品和品牌上，而非陷入文字创造的迷雾与陷阱中。

比如某啤酒广告的文案为：

记得当时血气方刚，
年少轻狂，
不问明日归处，
只谈杯中酒香，
兄弟在旁。

看得出文案创作者文字功底不差，也试图让文案抓人眼球，但作为一款啤酒的广告文案，就显得有些矫饰过多，用力过猛，不比红星二锅头“将所有一言难尽一饮而尽”，寥寥几笔道尽热血兄弟情。

具体应该怎么做，才能让你的文案突破瓶颈期，让能力配得上自己的野心呢？

技巧五：将形容词、副词剔除干净

现在请你幻想自己是一名严格的外科医生，带上塑料白手套，拿起手术刀，像将一条多刺的鱼中的鱼刺剔除干净那样，将你文字中那些啰唆、不知所云的形容词和副词都干掉吧。

京东曾推出过一组主题为“带电新人类”的产品宣传海报，文案就不含多余的形容词、副词，而是以简单直白的文案将产品功能、人群洞察串联在一起。

比如水下无人机的文案为“看看这个世界水多深”，阐明了产品潜入水中进行拍摄的功能，而且整个文案的口吻也与水下无人机的目标人群（喜爱“黑科技”产品的“带电新人类”）探索世界的不羁精神相契合。

无线挂耳式骨传导耳机的文案为“听什么都要过脑子”,体现了耳机“骨传导”的产品特点，同时也映射出“带电新人类”较真、有追求的理念。这样的文案清爽干净,剔除了形容词和副词也能将产品信息完整地传达给用户。

技巧六：慎重模仿歌词、段子

现在似乎有一种流行的说法是“如果你写不出文案，那就学一下 ×× 写的歌词 /×× 写的段子吧”，可是歌词毕竟是用来唱的，段子是用来博人一笑的,这两种体裁的创作初衷和原理都和广告文案有很大区别。不可否认，这三者之间有一些基础的、共通的写作技巧，但有着本质的区别。广告文案创作者的功课应该是老老实实地琢磨产品、思考沟通策略、打磨文字，而不是拾人牙慧。

技巧七：好文案就是好“翻译”

在商业广告中，文案在很大程度上扮演着“翻译”的角色，即将品牌主想要传递的信息翻译成用户喜闻乐见的信息。比如当你要向用户推荐一款粉扑专用清洁液时，你想传递的主要信息是“粉扑用久了会很脏，需要定期清洗”，而用文案“翻译”后就是“粉扑 5 天不洗，就比马桶圈还脏”。

又比如要想向用户推销一款售价 15 元的线上课程，想要传递的核心信息是“学习充电可以提升自己，且课程便宜”，用文案“翻译”之后可能会是“用一杯奶茶的价格买下这节课，让你的思想长肉，而不是腰上长肉”。翻译的基本原则是“信、达、雅”，即准确、通顺、优雅，在文案的创作中，这也是值得参考的一个准则。

7.2 像呼吸一样阅读

写作能力的根本，在于阅读能力。对于文案创作者而言，阅读应该像呼吸那样自然而持续，并且这种阅读不应该是随性的消遣娱乐，而应是一项长期坚持的任务。文案创作者需要掌握一些必要的阅读技巧，才能从阅读中最大限度地汲取写作所需的养分。掌握了正确的阅读方法，就像为文案创作装上了一颗动力强劲的马达，可以让我们以更快的速度成长。

1. 文本细读

文本细读（Close Reading）是文学批评领域的一种研究方法，是指对一本书反反复复地仔细研读，去弄明白每一个文字的用意，这个方法笨拙却有效，它可以帮助我们梳理出书籍的脉络框架，在一次次的深入中品读出作者谋篇布局和遣词造句的妙处。当然，值得进行文本细读的书籍必然是那些经得起时间考验的优秀作品。

比如作家刘心武就提倡用文本细读的方式来研读《红楼梦》这一鸿篇巨制。他曾提到书中林黛玉的丫鬟雪雁这一个小配角，她出场不多，台词也不多，当初随主人林黛玉从扬州来到贾府时，贾母对她的评价是“一团孩子气”，觉得她年岁尚小、单纯幼稚，照顾不好林黛玉，所以贾母才把自己身边的一个二等丫头紫鹃赐给了林黛玉。但是行文到了第五十七回时，在宝黛恋爱故事中穿插了雪雁的戏份，她和紫鹃说起在上房办事时赵姨娘向她借丧服的事，说道：“丧服人人都有，他们去参加丧事怕弄脏了管我借，我就心想，他们能有什么好处到咱们眼前。”通过这样一段话，展现出雪雁已经从单纯幼稚变得深谙人际利害关系，不仅如此，她还编了一段话来回绝赵姨娘：“我的丧服是紫鹃姐姐帮我收着，我跟紫鹃姐姐说，她就要和林姑娘说，林姑娘现在正病着，我就怕误了你们的事，还是找别人去借吧。”这样的细节，如果不通过文本细读，很容易被读者遗漏掉，而这些细节恰恰可以体现作者曹雪芹“人情练达即文章”的深厚笔力，短短 60 字不到，就把一个小女孩在贾府中几年磨炼和改变写得一清二楚。

对此，《洛丽塔》一书的作者纳博科夫也有相似的见解，他认为，一个优秀的读者，一个成熟的读者，一个思路灵活、追求新意的读者只能是一个“反复读者”。

我们第一次读一本书的时候，两只眼左右移动，一行接一行，一页接一页推进，又复杂又费劲，还要跟着小说情节，出入于不同的时间与空间——这一切使我们同艺术欣赏不无隔阂。但是，等我们看书看到两遍、三遍、四遍时情况就跟看画差不多了。一本书，无论什么书，虚构作品也罢，科学作品也罢（这两类书的界限也并不如人们一般认为得那么清楚），无一不追求打动读者的心。所以，心灵、脑筋、敏感的脊椎骨，这些才是看书的时候真正用得着的东西。

2. 目的性阅读

文本细读这样的精读方式，往往只适用于那些经得起品读的经典作品，由于时间的限制，在大部分时候，文案创作者的阅读方式更应该是带有清晰目的性的阅读。在进行目的性阅读之前，我们一般需要问自己这样四个问题：

> 1. 整体来说，这本书到底在谈些什么？你一定要想办法找出这本书的主题，了解作者如何发展这个主题，如何逐步从核心主题中分解出从属的关键议题来。
> 2. 作者细部说了什么，怎么说的？你一定要想办法找出主要的想法、声明与论点。这些组合成作者想要传达的特殊信息。
> 3. 这本书说得有道理吗？是全部有道理，还是部分有道理？除非你能回答前两个问题，否则你没法回答这个问题。在判断这本书是否有道理之前，你必须先了解整本书在说些什么才行。然而，等你通过认真阅读了解了一本书之后，你会觉得有责任为这本书做个自己的判断，光是知道作者的想法是不够的。
> 4. 这本书跟你有什么关系？如果这本书给了你一些资讯，你一定要问问这些资讯有什么意义，为什么这位作者会认为知道这

件事很重要？你真的有必要去了解吗？如果这本书不只提供了资讯，还启发了你，就更有必要找出其他相关的、更深的含义或建议，以获得更多的启示。——《如何阅读一本书》

想清楚自己的目的，理清自己的需求，做一个对自己有要求的读者，在读完一本书之后反过来看看自己最开始的问题有没有得到解答，这本书才算没有白读。

读完一本完整的书需要大量的时间沉浸其中，这在当代碎片化的生活方式下是一件非常奢侈的事，如果阅读的目的足够清晰，我们可以找到一些技巧帮助我们缩短获得有效知识的时间，有系统的略读（Skim）就是一种好方法。在进行略读时，我们的首要目标是判断这本书到底值不值得花费更多时间去阅读。《如何阅读一本书》中提到："用这种快速浏览的方式来阅读一本书，就像是一个打谷的过程，能帮助你从糙糠中过滤出真正有营养的谷核"。

有效的阅读通常可以通过以下几个步骤完成：

首先，看书名和序言。书名包括主书名和副书名，比如《文案基本功：9大爆款文案创作技巧》一书，主书名透露出这本书的主要目的是帮助文案创作者提升写作基本功，副书名展示了书中包含创作出爆款文案的9个技巧。在一本书的序言中，也能获悉作者创作这本书的背景、宗旨和角度。读完书的书名和序言后，我们大致能判断出这本书是什么类型的读物，是不是这个类型的读物中我们需要的那本。

其次，研究书的目录。目录会对这本书的基本架构做出概括性的展示，如果把阅读一本书比作一次旅行的话，目录就好比是一张地图，可以帮助读者看清路径。以《文案基本功：9大爆款文案创作技巧》一书的前三章目录为例：

通常从一本书的目录中，可以看出全书的逻辑框架和知识点，这可以帮助我们判断这本书到底能不能帮助我们获得新的知识。

最后，在阅读一本书之前，我们还可以把书打开随便翻一翻，读上几段，感受一下作者的笔力、风格，看他是清晰务实还是高谈阔论。

完成这几个步骤之后，我们基本上就能有效地判断是否值得投入时间去读完这本书了。很多时候，我们在阅读一本书的过程中会犯困，会很难坚持读完，这并不是因为我们真的不想阅读，而是因为我们没有找到管理自己阅读行为的方法。如果一开始就设立了清晰的目标，并且选对了符合自己需求的书，我们往往更容易将一本书读完读透，并学以致用。

3. 如何正确地做笔记

“买书如山倒，读书如抽丝”是许多人阅读时的一个感受。但付钱购买了一本书并不代表我们真正拥有了这本书，只有当我们读完这本书并从中汲取了有效的信息或知识时，这本书才真正成了我们的一部分。想做一个主动的读者，就需要采取一些主动的行动来帮助我们完成这一目标，其中，做读书笔记就是一种值得坚持的好方法。

在读到的有价值的句子上做标记，可以帮助我们在需要取用素材时快速找到它们；在阅读过程中写下自己的评论和心得感想，哪怕非常短甚至只有一两个关键词，也能帮我们记录下阅读过程中自己产生的灵感。得益于当前各种线上读书软件的发达，做标记、写评论变得更加简单和易于整理了，比如微信读书 App 就有“马克笔”“波浪线”“直线”“写想法”等功能，让读者在阅读过程中可以便捷地进行标注并记录想法，并且可以在相关目录中直接查找到被标记的句子和段落。

总体来说，笔记有三种形式，结构笔记、概念笔记和辩证笔记。

结构笔记（Structural Note-making）重点在于记录一本书的架构，而不是细节。结构笔记能帮我们从一本厚厚的书中抽出它的“骨架”，帮助我们审视作者写书的脉络、表达主题的方式及重要观点。这个方法适合在阅读鸿篇巨制的作品时使用，能帮我们更清晰地感知全书的逻辑，不至于读了后面忘掉了前面。

概念笔记（Conceptual Note-making）和结构笔记不同，它适用于我们在同时阅读几本书时，做统一的主题记录。比如当我们想要提升写作能力时，我们可能会同时阅读《麦肯锡教我的写作武器》《金字塔原理：思考、表达和解决问题的逻辑》《批判性思维：思维、写作、沟通、应变、解决问题的根本技巧》等几本书，概念笔记需要我们提炼出这些书中与我们想要学习的主题相关的观点，这将有助于我们进行提炼，延伸出属于自己的想法和观点。

辩证笔记（Dialectical Note-making）是一个更高层次的笔记方法，它是一种针对一场讨论的笔记，这种讨论是一场由阅读者组织的虚拟讨论，会有数本书的作者“参与”，阅读者围绕一个主题将相关的陈述和疑问列出来进行思考和记录。

在《如何阅读一本书》中，作者提出过一个有趣的概念——“透视一本书”：

> 每一本书的封面之下都有一套自己的骨架。作为一个分析阅读的读者，你的责任就是要找出这个骨架。一本书出现在你面前时，肌肉包着骨头，衣服裹着肌肉，可说是盛装而来。你用不着揭开它的外衣，或是撕去它的肌肉，才能得到在柔软表皮下的那套骨架。但是你一定要用一双 X 光般的透视眼来看这本书，因为那是你了解一本书，掌握其骨架的基础。

任何一本值得阅读的书，都会有一套整体、清晰的“骨架”，如果我们能用一两句话将一本书的整体内容准确地叙述出来，就说明我们已经“看透”了这本书。这种“看透”不能只停留在自己的感觉上，我们可以通过向周围的朋友介绍这本书，来逼迫自己总结和提炼一本书的大意。

4. 阅读要以写作为目的

以写作为目的的阅读是目的性阅读在创作领域的升级，它是指我们可以在阅读的过程中有意识地积累写作素材，以备创作之需。村上春树曾在《我的职业是小说家》一书中提及，他的脑袋里就有一座专门储备写作素材的“大型档案柜”，柜子里有大大小小的抽屉，抽屉里塞满了形形色色的作为信息的记忆，每当他写作时，就会根据需要拉开相应的抽屉取出所需的素材，这些放在大脑抽屉中的素材是他在写作时宝贵的资产，村上春树也表示：“大脑进入这种畅通无阻的状态，是一件非常心旷神怡的事。”

以写作为目的的阅读，可以帮助我们在脑袋里建设村上式的“大型档案柜”，那么在这样的阅读过程中，我们应该从哪几个方面入手储存资料、建立属于自己的写作素材库呢？

第一，要储备表达方式

表达方式决定着作者和读者之间交流的方式和风格。表达方式包括词汇、修辞手法和句型等。如果以写作为目的去阅读，就需要去判断、归类不同作者的风格和特色，有意识地去学习各家所长，并化为己用。

比如我们都知道动词在写作中的重要性，它是一个句子的脊梁，它比铺天盖地的形容词、副词和名词更有表现力、更铿锵。如果我们抱着学习写作的目的去阅读，当我们在阅读时就需要去辨别哪些作者在使用动词上表现优异，并主动地去进行储备。

> 中午的阳光慢慢**挤**进峡谷，阴气**浮**开，地气**熏**上来，石板有些**颤**。似乎有了噪音，细听却什么也不响。忍不住干咳一两声，总是自讨没趣。一世界都静着，不要谁来多舌。

上面这段文字取自阿城的小说《峡谷》，其中动词的使用十分独到。阳光“挤”进峡谷，用“挤”这个拟人化动词侧面体现出峡谷的陡峭嶙峋，阳光不易照射进来。“浮”“熏”和“颤”渲染出一种缓慢的动感，似有声又似无声，衬托出峡谷中的寂静，加之“一世界都静着，不要谁来多舌”就让这种寂静更加刺骨了。

在《棋王》中，精妙动词的使用也随处可见：

> 说着就在床上**坐**下，**弯**过手臂，去**挠**后背，肋骨一根根**动**着。我**拿**出烟来请他抽。他很老练地**敲**出一支，**舔**了一头儿，**倒**过来**叼**着。我先给他**点**了，自己也**点**上。他支起肩深**吸**进去，慢慢地**吐**出来，浑身**荡**一下，**笑**了，**说**：“真不错。”

仅仅104个文字，里面出现了15个动词，“肋骨一根根动着”“敲出一支”“浑身荡一下”这几处动词的使用尤其精彩。一个“动”字，描摹出棋王王一生使劲用手臂挠后背时，皮肤绷紧而肋骨耸动的画面；“敲出一支”的“敲”字也把老烟枪取烟的熟练描写得活灵活现，“深吸”“慢慢地吐”“舔”和“荡”等动作，则体现出王一生对烟的喜爱和珍视，通过一段简短的描写，通过对动词出神入化的运用，阿城就将一个老烟枪抽烟的样子描绘得栩栩如生、丝丝入扣。

在写作中，“节奏感”是一个常被提及的概念，许多创作者写的文章读上去平淡无奇，并不吸引人，除了选题立意的问题，大部分时候，文章缺乏节奏感也是导致文章不易读的原因之一。习得节奏感最重要的方法，就是尽可能多地去阅读那些节奏感优秀的作品，长期学习和体悟，培养自己的语感。

比如阿城的文章就节奏感极强，紧凑、有力、铿锵：

> 有风，火便小吼，暗一暗，再亮一亮，又暗一暗。柴又一塌，醒悟了，缓缓压上几枝，有青烟钻出来，却又叭的一声，不知哪里在爆。

《雪山》中的这段文字，以短句为主，每个短句字数又有不同，两字、三字、四字，间错其间，读起来充满节奏感，让人感觉确实有一撮火苗在眼前忽明忽暗地晃动。对此，阿城曾在一个访谈中解释道：“标点符号在我的文字里是（起）节奏的作用，而不是语法的作用，当我把‘他站起来走过去说’改成‘他站起来，走过去，说’，节奏就出现了。”

在阿城的作品中，动词都十分简单却传神，如果抱着以写作为目的的心态去阅读他的作品，就要着重观察他对动词的运用、对节奏的精准把握，品尝其中的妙处并加以学习化用，如果我们不抱着写作的目的去阅读，很可能就会止步于“他写得真传神啊”这一层，而不能深究到底传神在哪里，作者是如何做到这一点的。以写作为目的去阅读，也会让我们的阅读更有深度，所谓“外行看热闹，内行看门道”，以内行的眼光去审视，必然会发现作品更深层次的美好。

第二，要储备观点

以写作为目的的阅读，还有一个作用是可以积累我们写作所需的观点。言之无物的文章，即便文辞再优雅，也难让人印象深刻并得到传播。然而，观点并非无中生有的，观点需要积累，在此基础上升华提炼出新的观点。

社交媒体的发达，让每一个人都有机会在网络上发表自己的观点，互联网就像一个闹哄哄的充斥着各种观点的“广场”，各种声音从四面八方汇聚而来，交织成一片信息的海洋。这样的情形，一方面为创作者搜集观点提供了取之不尽的素材，另一方面也对我们甄别、筛选、归纳和提炼的能力提出了极高的要求，如果我们缺乏系统的框架，就很容易迷失在观点的海洋中。所以，在储备观点这件事上，我们需要拥有清晰的思路，去粗取精地选择那些优秀的观点进行储备，有效地屏蔽掉那些对写作无意义的噪声观点。此外，还要保持敏锐的触角，不断地吸取那些新的观点。

台湾全联超市就曾提出过“经济美学”这一观点，诠释其超市物美价廉的特点。围绕经济美学，全联超市推出过许多经典的文案，比如“长得漂亮是本钱，把钱花得漂亮是本事”“来全联不会让你变时尚，但省下来的钱能让你把自己变时尚”“养成好习惯很重要，我习惯去糖去冰去全联”“花很多钱我不会，但我真的很会花钱”“懂得怎么花，就能活出一朵花”“预算是有限的，对美的想象永远无限”“为了下一代，我们决定拿起这一袋”，这些文案就是一个个懂得生活的普通用户关于省钱和花钱的独特观点，这样的观点往往更能引发大众的共鸣。

7.3 像深潜一样思考

《浅薄：你是互联网的奴隶还是主宰者》一书的作者尼古拉斯·卡尔认为，纸媒时代我们获取信息就好像戴着潜水呼吸器，在文字的海洋中缓缓前进，而在互联网时代，我们就像一个个摩托快艇手，贴着水面呼啸而过。

在信息爆炸的新媒体时代，我们的注意力更是被各种眼花缭乱的信息撕扯为碎片，思维模式也变得日趋“浅薄”。我们习惯于消费标题夺目的短文章，手指不停划过背景音乐和创意都模式化的短视频，这让人感到轻松，几乎不需要动用什么脑力。在分工日益精细化的商业社会，“我负责拧紧这枚螺丝”“你负责安装弹簧”的流水线工作模式，在利用结构化提升效率的同时，也降低了人们深度思考的必要和能力。深度思考已经成为一项稀缺的能力。对文案创作者而言，让自己的思考从“浮潜”变为“深潜”，也是我们在提升写作能力过程中的一项必修课。大脑思考得越深，在写作之路上就会走得越稳。

1. 流水线式思考 VS 深度思考

流水线式思考和深度思考是完全不同的过程。在日常的思考过程中，人们大部分时候会依据自己的经验、直觉去做判断。比如当我们面前忽然出现一只未知的生物时，我们会把它和心中已经知道的概念做匹配，思考的过程就是我们通过自己的经验去判断这是什么生物，“这是一只猫、狗，还是狐狸”。而“深度思考”则是在头脑中反复思考“这是什么”，在脑中形成一个新的概念。对于一个擅长深度思考的人而言，即使面对已知的事物，也会去挖掘发现它新的一面。

浅度的思考模式往往是一种流水线式思考，它的过程是“面对问题—用常规的方法去审视问题—用既有的经验、直觉或方法去解决问题”，流水线式思考是相对便利和快捷的，它带着“用这个就能解决”的盲目自信，但这样的便利和快捷会剥夺进入深度思考的可能，它会让我们很难去全方位地剖析问题，在面临一些陌生的情况时，便会束手无策。深度思考要求我们强化思考这一过程本身，对“只需一个方法就能解决所有问题”的习惯说不，跳出陈规去审视问题并不断寻求全新的解决方法，在深度思考的过程中，我们会不断地进行自我挑战，大胆地怀疑自己，坚定地肯定自己，越来越走近问题的本质。

《福尔摩斯探案集》的作者柯南·道尔曾这样描述他对思考的认知：“人的脑子本像一间空空的楼阁，应该有选择地搬一些家具进去，只有傻瓜才会把他碰到的各种各样的破烂杂碎一股脑装进去。”在信息爆炸的时代，深度思考的能力就像一道可以过滤低质量、碎片化信息的阀门，帮助我们减少无效信息的干扰，去吸取那些真正有增量、有价值的信息，在此基础上去进行独立自主的思考和创新。

2. 训练“观察力肌肉”

进行深度思考的前提是我们观察到了足够的信息、素材，只有这样才能对其进行整理和判断。这需要我们拥有“观察”的能力。“观察”和“看”是两个完全不同的概念，“看”是被动地接收信息，而“观察”是主动的、有目的性的。

即使是面对同一个事物，不同的人的观察结果也会大不相同。有的人可以快速、深入且正确地抓住事物的主要特征，产生较深刻的认识，有的人反复观察后也只能抓住零碎、表层的特征。如何让观察力的“触角”由钝变锐？锻炼“观察力肌肉”可以帮助我们。

和通过肌肉锻炼获得雕塑般的人鱼线一样，“观察力肌肉”也是可以通过大量练习增强的。对大部分人而言，每天接触的世界其实只是一张粗糙的“草图”，它的大部分细节是模糊的。比如当我们提起肯德基，大部分人的脑海中会浮现出一个白胡子老头的卡通形象，但很少有人能记得肯德基上校是不是戴了眼镜、有没有打领结。锻炼“观察力肌肉”，就是让我们通过长期有意识的训练，快速、下意识地搜集到各种细微的信息，为深度思考提供最全面的素材。

在《福尔摩斯探案集》中，夏洛克·福尔摩斯与华生医生初次见面，只是握了一下手，就判断出华生曾到过阿富汗，华生对此感到十分惊讶，后来福尔摩斯解释道，他看到华生具有医务工作者的风度，同时充满了军人气概，他脸色黝黑，但手腕的皮肤黑白分明，说明他天生的肤色并不黑，是刚从炎热的地方回来不久，同时华生面容憔悴，说明他久病初愈，左臂僵硬还受过伤，一个英国军医在热带地区历尽艰难还负过伤，在当时只有一种可能，就是他在阿富汗地区服役过了。

福尔摩斯从观察到得出结论，只用了不到 1 秒钟的时间，就是因为通过长期的练习，观察已经成为一种“肌肉”反应。对此，书中的福尔摩斯解释道：“由于长期形成的习惯，一系列的思索也立刻掠过我的脑际，因此在我得出结论时，竟未觉察得出结论所经过的步骤。”

在日常生活中，我们可以通过让大脑“练习素描”的方式来锻炼“观察力肌肉”。试着观察周围的一切，然后闭上眼睛，在脑海中把刚才看到的一切快速描摹下来。比如当我们走进一个公园，扫视周围，然后闭上眼睛，试着在脑海中还原刚才看到的一切：公园里栽种的是槐树还是榆树？湖边的座椅是木质还是铁质？椅子上的漆是什么颜色？刚刚擦肩而过的男孩牵的小狗是秋田还是柯基？今天是周末，公园里是否比往常更喧嚣一些？如果你发现自己并不能在大脑中还原一幅清晰的图景，那么说明在下一次的观察时，还需要更加留意。

唯有通过长期的“观察力肌肉”训练，才能让我们不至于被当代社会滚滚的信息洪流拍打得手足无措，唯有拥有了一副发达的观察力肌肉，我们才能将更多有价值的信息筛选、拌匀，置于大脑中，为深度思考提供源源不断的养料。

3. 直击问题的本质

锻炼“观察力肌肉”，目的是让我们能够高效地获取更多的信息，它是一个基础型的能力。而直击问题的本质，则是深度思考的一个核心能力。

在辩论综艺《奇葩说》中，有一期的辩题很有意思，叫作“高等生物的蛋该毁灭吗”，辩题的内容是，有一天地球上忽然降临了一颗高等生物的蛋，这种高等生物的文明程度是人类无法企及的，它可能孵化出帮助人类发展的友好生物，也可能孵化出人类无法与之抗衡的邪恶对手，关于到底该细心呵护这枚蛋还是该毁灭这枚蛋，辩手们发表了许多观点，比如“人类接受新事物才有了现代生活，因此该呵护蛋”“高等生物对待人类也正如人类对待其他生物，不可能有真正的平等，因此该毁灭蛋”。但黄执中的观点是，这样的脑洞题就类似数学里的应用题，只是举了个例子，但真正要问的是某个问题的核心，而例子只是帮助人们理解问题而已，“高等生物的蛋该毁灭吗”这个问题的本质，其实是“当好奇心和安全感产生冲突时，该如何做选择”，“毁灭蛋”象征安全感，毁灭它就避免了一切未知的风险，而“呵护蛋”则象征好奇心，最后他从“好奇心是所有探索和尝试的动力，而安全感是它的敌人”这一角度出发展开辩论。

深度思考的过程，就是在掌握足够多的有效信息的前提下，一步步抽丝剥茧地接近问题本质的过程。在《麻省理工深度思考法：从模型及动力机制来思考现象》一书中，作者举过一个案例来说明流水线式思考与深度思考的差别：

> A 公司和 B 公司是两家势均力敌的检测仪制造商。A 公司的产品包装独特、设计新颖，B 公司的产品样式简单粗糙，能看见配管、传感器等内部构造，两家公司的产品性能及价格等几乎没有差别。教授当时提出了这样的问题：5 年后，哪家公司会得到更大的市场份额？

许多人在看到这个问题时，会认为包装独特、设计新颖的 A 公司会在未来吸引更多用户，获得更大的市场份额，但正确答案却是 B 公司，因为该公司的产品“能看见配管、传感器等内部构造”，这能让用户根据自身的需求对产品进行加工，而 B 公司也通过吸收用户公司的加工创意，推出相应的新产品，让用户不断获得更好的体验，从而提升用户满意度，扩大公司的市场份额。

回答这个问题的关键，就是正确理解“机械制造商与用户公司之间的动力机制”及用户的购买动机问题。用户并不会为一款外观设计好看的机械制造产品而买单，如果不能从问题的本质出发，就会导出错误的结论，而本质才是引起问题发生的、隐藏在表象背后的真实原因。

在信息过载时代，大量的现象从我们眼前掠过，让事物的本质变得更加扑朔迷离、难以捉摸。深度思考就要求我们不囿于表象，而是从深处、从根处去剖析事物的本质。

7.4 绕开那些思维定式

想要实现深度思考，首先需要绕开那些阻碍深度思考的常见思维定式。

1. 思维定式一：因果倒置

因果倒置是一种常见的思维定式，它是指人们经常用一个现象结果作为原因去进行思考。比如一款手机的销量不佳，这原本是一个结果，如果因果倒置去把这个结果作为原因去考虑，那么必然会让思维陷入“怎么让这款手机卖出去更多”的问题中，也许会做出降价促销这样的策略。但其实正确的思维流程应该是把“手机的销量不佳”作为结果去思考它的原因，即“是什么导致了这款手机销量不佳”，如果是更具革命性的新型产品已经出现了，那么正确的做法就是将这款销量不佳的手机停产，把经费用于研发新产品。因果倒置会导致我们无法洞悉隐藏在现象背后的原因，无法找到问题的正确答案。

2. 思维定式二：满足于普通解

满足于普通解是指当我们遇到问题时，往往会使用过去曾用过的、普通的解决方案。满足于普通解会让我们思考的脚步停滞不前，无法寻求更新和更优解。

以“如何让用户成功瘦身”为例，普通解就是为用户推荐各式各样的课程，比如燃脂训练教程、减脂食谱、撸铁计划等，但 Keep 这款健身软件却认为用户无法成功瘦身的真正原因并不是“不锻炼”，而是“不能坚持锻炼”，三天打鱼两天晒网式的健身经历相信大部分人都有，但“坚持”才是最难解决的问题。

从这一洞察出发，Keep 设计了健身打卡功能，激励用户每天完成课程练习后进行签到打卡，并且可以生成今日运动成绩发布到社交媒体，向身边的亲人朋友展示自己的健身进展，利用社交激励促使用户坚持运动，达到瘦身目的，也因此获得了亿级的用户。Keep 的产品名也来自“坚持”这一核心洞察，这是经过深度思考的结果，这也是 Keep 能从无数健身软件中脱颖而出的关键，如果只是沉浸在普通解中，我们解决问题的方式就很难脱颖而出。

当我们在进行思考时，满足于普通解是一种轻松甚至是偷懒的做法，它看上去似乎足以解决问题或者说能解决一时的问题，但它通常是较为肤浅的解题方式，而非深度思考后得出的结论。在日常的工作和生活中，往往需要我们因地制宜、因时制宜地寻找解决方案，才能应对错综复杂且不断变幻的局面，而这一切都需要我们有意识地绕过思维定式，时刻提醒自己不要陷入满足于普通解的陷阱中。

3. 思维定式三：依赖框架

为了更高效地思考，我们发明了许多框架和模型来辅助思考，比如 SWOT 模型、PEST 模型、BCG 波士顿矩阵等。这些思维框架的好处是显而易见的，它们可以帮助我们沿着比较清晰的路径去梳理某一份任务，但如果过于依赖这些框架，反而会阻止我们进行进一步的深度思考。

以 SWOT 模型为例，它通过四个维度分析企业的优势（strengths）、劣势（weaknesses）、机会（opportunities）和威胁（threats），这一模型的本意是让我们在一个较清晰的范围内去思考企业发展过程中需要面临的核心问题，我们可以从上述四个维度去收集信息，但很多时候收集、整理信息所带来的成就感会取代深度思考的成就感，这也是依赖框架这一思维定式的最大危险。

4. 思维定式四：范围适应

范围适应也是一种十分常见的思维定式，它是指人们习惯于把问题局限到某一事物的分类里去。比如：

——这个人的报复心理也太强了吧！

——因为他是天蝎座啊。

这就是从事物的分类里寻找原因，而并非去深度剖析问题。范围适应是一种非常偷懒的思维定式，这种思维定式在职场上也很常见，“为什么 A 公司总是招不到优秀的人才？因为 A 是中小企业啊”“为什么这次宣传推广并没有起到明显效果？因为钱少事多时间紧啊”。范围适应的思维定式最大的问题，在于找到了一个看似理所当然的答案，而没有将问题真正过脑思考，但这些看似理所当然的答案很多时候并不是问题的根源。

5. 思维定式五：执着于初步假设

在着手解决许多问题之前，我们都会在大脑中预设一个猜想或假设，经过深度思考之后，我们或是可以印证它、更新它、丰富它，也可能是干脆推翻了它。但要是过分执着于初步假设，影响到后续的思考与判断，就会导致我们无法得出正确的答案。执着于初步假设也是我们思考过程中经常陷入的一个思维定式。对一个问题的假设，正常情况下是需要随着信息摄入的增加和思考的深入而不断变化的，执着于初步假设会阻断这一过程，导致思考停留在冰山一角，而无法发现答案的全貌。

以上五种思维定式，是大部分人在思考中会经常不自觉陷入的陷阱，我们唯有意识到自己的思维存在这些定式，才能在下一次的思考中避免这些错误，真正踏入思考的深水区。

7.5　为写作注入兴奋剂

与刷社交媒体、看肥皂剧、吃零食这类的消耗型行为不同，写作是一种创造型行为，它需要作者去输出，而不是摄入，这也意味着它会消耗更多的精力，过程中的痛苦往往多于快乐。如果我们认定了一件事是痛苦的，那么将这件事坚持下去就会变得很难，成功率也会很低。聚焦到写作这件事而言，如果我们想要写得快一些、多一些、更好一些，那么第一步要做的事，不是去研究怎么坚持，而是应该想方设法地把它变成一件相对快乐的事。为写作注入兴奋剂，才能让我们的写作之路走得更远、更轻快。

1. 感受“心流”

如果你还没有在写作过程中获得过“心流体验”，那就说明你还未体验到写作所能带来的一大快乐。

心流（Mental Flow）是心理学家米哈里·契克森米哈赖提出的一个概念，它是指在创作或其他需要高度专注的行为中所能体验到的一种奇妙感受，当事人会感觉事情进展得十分顺利，几乎毫不费力，就像自动发生的一样，但意识却是高度集中的。许多艺术家、运动员、棋手、科学家都曾经有过这样的体验。

心流体验通常是如何产生的呢？《创造力：心流与创新心理学》一书指出，产生心流体验需要具备以下几个因素。

第一，拥有明确的目标

唯有具有明确的目标，心流体验才有可能发生，比如优秀的创作者对每一天的写作计划都了然于胸，棋手知道自己接下来的棋子该如何布局，音乐家知道下一个音符该如何演奏……在心流体验中，我们始终需要知道自己下一步应该做什么，才不会打乱高度沉浸式的愉悦感受。

第二，获得即时的反馈

作家能看到稿纸上或文档中字数的增加，音乐家能听到自己演奏出的悦耳旋律，棋手能看到棋盘上格局的变化，运动员能看到自己超越了身边的对手，这样即时的正面反馈能刺激人们继续维持这一状态，从而获得更持久的心流体验。

第三，挑战与技能平衡

想要产生心流体验，所做的事必须有一定挑战性，但又不能挑战难度太大，它必须是当事人的技能所能应对的。如果一件事太过简单，它就会让人感觉枯燥无味，但如果一件事太过艰难，又会让人产生挫败感和放弃的念头。最让人欲罢不能的，是一件事既有挑战性又让人能不断地战胜这些挑战，心流体验也最容易在这样的情况下发生。

第四，行动和意识相互融合

在做一件事时，大脑就全神贯注在这一件事上，往往容易产生心流。很多时候，人们是心猿意马的，注意力是分散的，比如我们在步行时，脑袋里可能还想着工作的事。而运动员在跑步时，意识专注在跑步这一件事情上，就容易产生心流。心流是注意力高度集中于当下的结果，它在一定程度上帮助人们摆脱了日常生活中对抑郁和焦虑的恐惧。

第五，自我意识消失

精神高度集中的结果，就是自我意识的退让。当人们对一件事非常投入时，就会忘记自我，这是一种走出自我边界的体验。在日常生活中，我们往往受困于自我意识，时刻提防做出有损自我形象的行为，而心流则会让我们忘记这一切，甚至忘记了时间，好像在一个不一样的时空宇宙中独自待了一会儿。

从这五个产生心流的要素来看，我们若想在写作时进入心流状态，可以尽量为自己设计一些“游戏规则”。比如，文案创作者可以为自己制订一周 / 一月 / 一季度的写作计划，或者更具体一点，为自己制订文案模仿练习计划，我们可以拿出一张 A4 白纸，标注好从 1 到 30 的数字，让自己每天往上填写一句文案，这句文案可以是对著名作家、文案大师金句的模仿习作，也可以是自己当天的所思所想，一个月后必须填满这张白纸。这一举动既为我们的文案创作练习设定了清晰的目标，也能让我们每天都看到即时的反馈（白纸正在一点点地被填满）。

许多知名的作家会为自己规定每天需要完成的写作量，比如杰克・伦敦每天会写 1000 词，达到目标就停笔；《福尔摩斯探案集》的作者柯南・道尔要求自己每天写 3000 词；史蒂芬・金每天坚持写 2000 词，写作的时候会听自己挑好的音乐，把稿子都整理在固定位置；海明威每天只写 500 词，他曾透露自己会在灵感尚在时停笔，绝不会写到灵感枯竭才停住，因为这样往往会让下一次提起笔时无以为继。

除了设定清晰的目标，我们还不能给自己设定太高的标准，同时也不能对自己太纵容。不能写出《红楼梦》，至少能挑战自己写一句点开率高于平均水准的文章标题。

在创作时，尽量给自己一段沉浸的时光，马塞尔·普鲁斯特在创作《追忆似水年华》时，就把自己隔绝在一个没有窗户、四壁装有软木层的房间里。然而我们千万不要把创作想象成一个关小黑屋里的过程，而是可以想象自己钻进了一个安静、躲开纷繁信息打扰的解压舱，可以享受一段难得的真正属于自己的时光。

2. 打造属于自己的灵感制造机

没有灵感这四个字，就仿佛悬挂在创作者头顶的一柄利剑，随时都可能掉落下来，斩断创作的信心。然而许多时候，文案创作者的真实处境是“时间紧任务急”，根本没有时间等待灵感的蝴蝶落入自己的网中。灵感真的那么虚无缥缈、不可捉摸吗？在日常写作中，我们可以通过一些技巧和方法，来帮助自己训练一颗更有创造力的大脑，让灵感的迸发更频繁和容易一些。

方法一：概念合成

概念合成（Conceptual Blending）是产生创意和灵感的一个妙招。它是指大脑将来自不同认知领域的框架、结构和元素进行重组、混合和扩展的思维活动，通过对既有概念的“合成”，产生出创新的结果。许多新产品诞生的灵感都是“概念混合”的产物，比如古腾堡的印刷机灵感来自葡萄螺旋榨汁机，耐克运动鞋的方格形鞋底灵感来自烤华夫饼用的铁格盘，而尼龙扣的发明，则是瑞士发明家乔治·德·梅斯特劳看到宠物狗身上挂满的带刺苍耳后产生的灵感。

揽胜的一组地产文案，就使用了概念合成的技巧。

玛丽莲·梦露原先有 11 个脚趾头

北京市区有一片森林比 19 个天安门还大

难以置信 却是真的

"牛拉碾子轧牛料"是中文里最难快速朗读的话
北京市区有一片森林比 19 个天安门还大
难以置信 却是真的

70% 的人不可以放大缩小自己的鼻孔
北京市区有一片森林比 19 个天安门还大
难以置信 却是真的

让用户记住这一地产"坐拥一片和首都机场面积差不多的森林公园"，利用了"你永远不可能用舌头舔到自己的胳膊""玛丽莲·梦露原先有 11 个脚指头""牛拉碾子轧牛料是中文里最难快速朗读的话""70% 的人不可以放大缩小自己的鼻孔"与"北京市区有一片森林和首都机场的面积差不多"做联系，传递这些事情都"难以置信 却是真的"的事实。

方法二：局外人思维

创新往往发生在学科的边缘。局外人思维能让当局者突破思维的藩篱，从全新的角度用全新的方法找到灵感。19 世纪比利时数学家阿道夫·凯特勒曾发现了一条关于创造力的"倒 U 形曲线"，他统计了剧作家们在不同人生阶段创作出的成功剧本数量，以此描绘了一张曲线图，发现剧作家的创造力并不会随着经验的增加而增加，在创作上的表现也不总是越做越好，曲线图显示当剧作家在经历了一个快速上升阶段后，总会出现一个持久且缓慢的下降阶段，整条曲线呈现倒 U 形。

心理学家认为，年轻人由于不受条条框框的限制，经常爆发出惊人的创造力与灵感，这与他们的局外人心态密不可分，当一位创造者开始复制自己的经验时，就越来越难超越自己了，因为他已经成了局内人。对文案创作者而言也是一样，当我们放下专业知识，去投身于另一个陌生领域的学习时，往往能扩大知识输入的范围，获得意料之外的新视角和灵感。

方法三：卡片记录法

《洛丽塔》的作者纳博科夫在他 39 年的创作生涯中，持续使用了一种写作方法：卡片记录法。这种信息记载的方式同样被他运用于蝴蝶分类研究上。作为一名鳞翅目昆虫学家，纳博科夫曾经建立了蝴蝶卡片数据库，方便做研究时的检索。

> 我现在发现索引卡片真的是进行写作的绝佳纸张，我并不从开头写起，一章接一章地写到结尾，我只是对画面上的空白进行填充，完成我脑海中相当清晰的拼图玩具，这儿取出一块，那儿取出一块，拼出一角天空，再拼出山水景物，再拼出——我不知道，也许是喝得醉醺醺的水手。

纳博科夫通过卡片记录法快捷地储存和读取信息，也可以通过卡片的排列组合，获得意想不到的联想能力与灵感，提升创意的密度。

对文案创作者而言，这也是一种值得借鉴的方法。与其打开空白的文档发呆，不如在日常生活中将稍纵即逝的灵感和阅读到的好内容记录下来，当写作任务来临时，这些卡片就能刺激灵感的蝴蝶振翅飞舞。

方法四：勤奋是灵感的温床

史蒂芬·金热爱写作，他曾把对故事情节的构思写在航班的餐巾纸上；托尔斯泰写 800 页的手稿，最终发表时只有 5 页；福楼拜在每张能写 10 行字的稿纸上，都只写 1 行字，将另外 9 行空出来留着修改用。优秀的作家在对待自己的作品和惰性，是同样无情的。

如何对待“写不下去，想偷懒”的念头呢？村上春树认为：“如果每天都在写，便会习惯这件事，打开电脑便能够轻而易举地写下去，但是一旦停下之后，想要再开始写，就要费好大一番力气了，甚至在不写的那些天，内心充满了自责和愧疚，而这样的心理对创作者本身就是一种负能量。”这就好像跑马拉松一样，在跑步的过程中身体一旦停下来，就会感觉异常冰冷，只有继续跑步，身体才能变得暖和，写作也是如此。

当我们没有灵感、写不出稿时怎么办？史蒂芬·金的建议是：你需要一个房间，房间只需要一张书桌和一扇可以把你闭锁在里面的门就可以了。

实战篇

了解了新媒体时代的传播规律和创作理论之后，接下来就要进入实战环节了。新媒体时代对创作者的要求是成为“多面手”，要写得了公关稿，憋得出文案金句，磨得出爆款标题……如何搭建一篇文章的框架？如何写好一篇产品软文？如何写出一则高点击率的标题？如何写出能抓住当代用户眼球的推文？在实战篇中，将围绕不同的写作场景，介绍新媒体写作的实战技巧。

第 8 章　如何写好一篇公关稿

所谓公关稿，简单来说，就是企业向公众传递信息的一种文章载体，通常以媒体为介质进行传播。公关稿不难写，但难写好，不少人在撰写公关稿时，会遇到以下问题：

- 领导总说稿子写得干巴巴的，但公关稿能生动到哪里去？
- 稿子太“软”了，即使想付费发布到优质媒体上，也经常被拒稿。
- 公关稿写出来也没人看，写稿就是在浪费时间啊！

在信息爆炸、注意力稀缺的时代，各路创作者都在绞尽脑汁吸引用户，以枯燥和自说自话为“原罪”的企业公关稿，好像早就被挤到犄角旮旯里去了。

然而，公关稿在企业对外发声过程中，始终扮演着重要角色。一篇优秀的公关稿，可以让人清晰地读懂企业想要传递给大众的信息，它是媒体或公众了解一个企业动态的最简单的途径。公关稿写作也是一个文案创作者职业生涯中绕不开的必备技能。

即使公关稿不是能让用户津津乐道的那类内容，它也同样有着好坏之分，值得我们为它锻炼写作技能。毕竟，我们需要解决的是“量”的问题（比如让一篇 60 分的公关稿变成 90 分），而不是去纠结“质”的问题（必须承认我们无法把一篇公关稿变得像娱乐八卦那样吸引眼球）。

8.1　校准需求：企业 VS 媒体 VS 受众

为了避免在公关稿写作中遇到问题，我们在提笔写稿之前，最好先问自己三个问题：

- 企业想说什么内容？
- 媒体愿意发布什么内容？
- 受众愿意读什么内容？

这个步骤叫作“校准三方需求”。一篇优秀的公关稿，往往能最大限度地平衡这三个问题，满足企业、媒体、受众三方的需求，这也意味着整个信息传达的过程能减少摩擦，实现传播效果的最优化：企业说了自己想说的，媒体不会因为稿件太“软”而拒稿，用户的接受度也较高。

想要实现这个目标，就需要厘清三方的关键需求（如图 8-1 所示）。

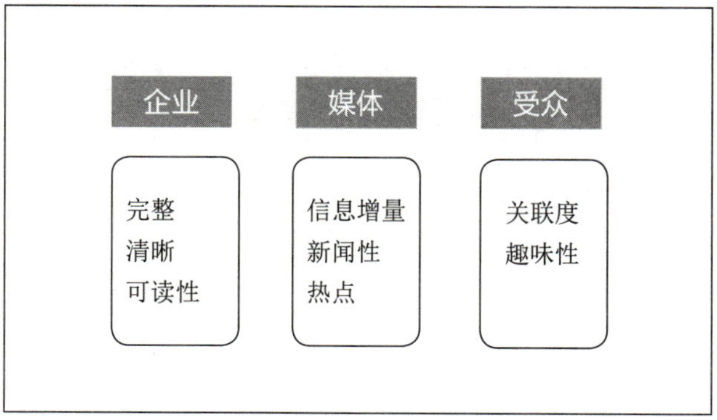

图 8-1　企业、媒体、受众三方需求

对于企业而言，关键诉求是完整、清晰地传递自己想要传递的信息，并且尽量做到可读性强。要做到这一点，就要对写作技能进行专业的训练，相关技巧在 8.2 节会详细介绍。

媒体则更看重信息增量，也就是这篇稿件里新增了哪些之前没有公布过的信息，与新闻、热点相关的内容也是媒体喜闻乐见的。在进行公关稿写作时，可以尽量将新信息前置，即放在首段或体现在文章标题中，如果能借势近期的新闻与热点进行发声，也是一种不错的选择。

对于受众而言，他们对与自己生活关联度高的信息较为关注，内容的趣味性也决定着能否吸引他们的注意力。我在《文案基本功：9 大爆款文案创作技巧》一书中写过，人们对那些与自身关联度高的信息往往更敏感，不愿意错过。这也是为什么一些文案可以迅速引起广泛的注意和传播，比如"现在盛行一种新毒药，它可能就在你家冰箱里""这些东西放在床头，会引发起床气"等，它们都与受众的生活离得很近。

除了与生活的关联度，趣味性也是文案吸引用户注意力的一个因素。比如水果摊上"甜过初恋"这样的文案，就很容易因为有趣而为人们津津乐道。

8.2 一篇优秀公关稿的三大要素

内容乏味、逻辑含混、行文啰唆，是公关稿经常出现的问题，翻译成一句更简单的话就是"简直让人读不下去"。为了避免这样的窘境，我们需要动用一些写作技巧，帮助公关稿摆脱它常有的负面标签。总体来说，一篇优秀的公关稿都具有这三个要素：诉求鲜明、逻辑缜密、行文简练。下面我们来分析一下，要成功拥有这三个要素，可以使用到哪些写作技巧。

1. 诉求鲜明：PAST 原则

诉求鲜明，是指我们在撰写公关稿时，必须清楚想要传递给媒体、用户的最主要的信息是什么，在这个基础上，使用写作技巧裁剪冗余，让整篇文章骨骼清晰，立意鲜明。为了使文章诉求鲜明，美国作家纳维德·萨利赫在《新闻写作的艺术》一书中提到一个技巧，叫作"PAST"原则：

所有文章都有一些共同的基本特征，动笔之前应认真考虑这些特征。换句话说，每一篇文章都有自己的 PAST：宗旨（Purpose）、受众（Audience）、范围（Scope）和主题（Topic）。

首先是宗旨，假如要写一篇关于整容手术的文章，对象是高中生，那么文章的宗旨也许就是提醒高中生整容手术的危险性。其次，每一篇文章都有自己的受众，写作时必须仔细斟酌。整容手术这篇文章的受众是高中生，最好避免不加解释地使用一些医学术语。再次，每一篇文章都有一定的范围，文章的内容应该集中关注这一范围。比如，还是整容手术这篇文章，它的范围应该集中在整容手术上，没有理由讨论神经外科，除非整容手术和神经外科之间有清晰的关联，与文章主题相关。最后，每一篇文章都有主题。很显然，整容手术是医学话题。

PAST 原则可以作为公关稿写作时的一把“标尺”，帮助我们校准写作路径。首先，我们需要明确宗旨，一般来说，无论是宣布企业的最新动态（融资、大会 / 发布会、公告等），还是推广新品，“传递对企业利好的信息”都是一篇公关稿最天然的宗旨。不同的稿件类型，会针对不同的受众，圈定不同的范围，传递不同的主题。比如融资新闻的受众主要是创投圈人士，产品稿件的受众主要是垂直媒体和 C 端用户，明确了 PAST 中的四个要素，对于我们写出诉求鲜明的公关稿是很有帮助的。

2. 逻辑缜密：信息地图 + 三段式结构

很多时候，公关稿让人“读不下去”的主要原因，就在于逻辑混乱，不能将核心信息清晰地呈现在受众面前。我们在写稿的时候，必须牢记一句话：一个句子的主要任务，是引导出下一个句子。如果你发现稿件中的某个句子不具备这样的功能，那就说明它的存在是一种冗余，它必须被删去。句子之间必须有连贯性，像咬合紧密的齿轮那样，环环相扣。

一篇逻辑清晰的公关稿，优势在于可以降低受众的阅读成本，让他们能更快地获取核心信息。在这里向大家介绍两个让稿件更有逻辑的方法：一个是写稿前的思路梳理方法，叫作信息地图；另一个是撰稿时的内容呈现技巧，叫作三段式结构。

方法一：绘制你的信息地图

信息地图是一种有效的逻辑梳理方法。它是指将一篇稿件所要包含的信息要素都摊开到一张白纸上，再将它们分门别类地“组装”起来，确保稿件言简意赅、条理清晰。通常来说，信息地图的模板如图 8-2 所示：

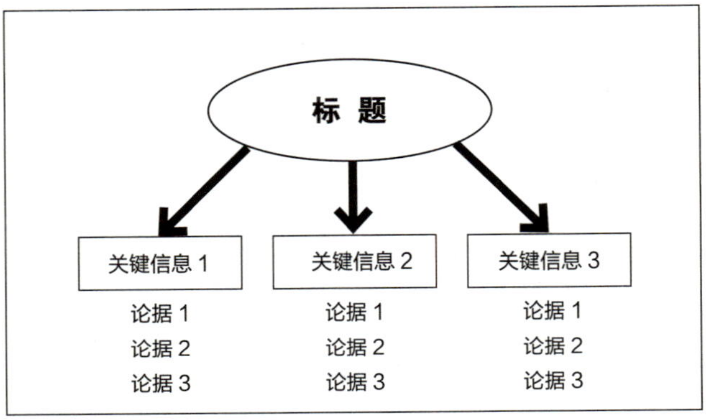

图 8-2　信息地图的一般模板

在绘制信息地图时，我们需要先拟好标题，因为标题往往包含了一篇文章最核心、最重要的信息，它需要被“前置”，用最大的字号和单独的一行文字进行呈现。

初拟好标题后，再将文章需要承载的关键信息抽丝剥茧梳理出来。一般来说，关键信息最少 3 点，最多 7 点，关键信息过少会让文章显得信息量不足，过多又会导致信息过载，将关键信息控制在 3 ~ 7 点之间，稿件的可读性最强。

有了关键信息，我们还需要找到匹配度高的论据，帮助受众更好地理解这些关键信息，一则关键信息辅以 1 ~ 3 个论据便足够了。

在正式动笔写稿前，有了这张信息地图，文章的逻辑便已经清晰起来，信息主次分明、分工明确，便可以共同为传递核心信息服务了。

方法二：三段式结构，告别“一镜到底”

有的公关稿，就算受众好不容易鼓起勇气读完，也会产生一种疲累的感觉。这种文章一般是“一镜到底”式文章：除了文章标题，内文里找不到一个小标题，全是大段的文字。这样的文章要让受众自己去提炼核心信息，谁有这个闲工夫呢?

通过上文信息地图这一步骤的逻辑梳理，我们已经可以提炼出文章的几个关键信息了，接下来要做的，就是把这几个关键信息转化为文章的小标题，将整篇文章划分为几个相对独立而又逻辑相连的部分，使文章的结构更立体，要点更突出。

一般而言，超过 800 字的稿件就建议使用三段式结构，也就是一篇文章提炼 3 个关键信息，使用 3 个小标题。当然，到底是“几段式”取决于稿件信息量的多寡，可以进行灵活调整。三段式文章的最大好处是，当受众没有那么多时间和耐心读完整篇文章时（大部分情况下都是如此），他们至少可以通过几个小标题快速获取文章的核心信息。

除几个小标题之外，一段优秀的导语对稿件来说也很关键。导语，也就是稿件的开篇，必须足够引人入胜，才能引起受众注意。纳维德·赫利萨认为：“好的导语应该简单明了，与文章相关，引人入胜，焦点集中。好的导语应该设置悬念，使文章有趣、有新闻价值。”不同类型的公关稿，适合使用不同类型的导语。最常见的是新闻稿的概括式导语，要包含五个“W”和一个“H”，即 When（何时）、Where（何地）、Who（何人）、What（何事）、Why（何故）和 How（如何）。

此外，还有特写式导语、叙述式导语、悬念式导语、趣事式导语、悖论式导语等各式各样的导语类型，可以根据稿件的受众群体及内容风格进行选用。

3. 行文简练：50% 原则

在公关稿乃至任何类型的稿件写作中，杜绝废话都是一项铁的纪律。我们必须保证文章中的每一个句子都有它存在的必要，如果它可要可不要，那就删掉它。

一般来说，创作者对自己写出来的文字总有些怜爱之情，删稿就像割肉般难受。但其实大部分公关稿都可以用其原有字数的一半，去承载相同的信息量。在写作的过程中，可以先做加法再做减法，将核心信息和相关的重要论据、素材都写上，然后审视哪些重要、哪些更重要，进行合理的裁剪。在裁剪时可以使用“50% 原则”，也就是在保证信息量不变的情况下，尽量裁减掉一半不必要的内容，让整篇稿件更加清晰简练。

8.3 功夫在诗外：写一篇公关稿之前该做什么

写好一篇公关稿，需要创作者做到“内外兼修”。“内”是指要与公司内部相关部门进行充分的沟通，确保通过公关稿输出的信息是内部统一认可的；“外”是指要与外部相关的新闻、热点、行业趋势等尽可能地建立联系，以提升稿件的传播力。

比起枯坐在电脑前搜肠刮肚，多阅读相关行业资讯、专业报告，或者多与专业人士进行交流采访是更有价值的“热身运动”。只有这样，才能获得尽可能多的信息增量，让你创作的公关稿变得更有价值。

8.4 公关稿的常见类型及写法

公关稿的常见类型，包括新闻通稿、活动稿、产品稿、演讲稿等，在写作这几类稿件的过程中都可以用到本章上面提到的思维梳理技巧与写作技巧。此外，不同类型的公关稿，也有它们各自需要侧重的特点。

1. 新闻通稿

新闻通稿是公关稿最常见的类型之一，新闻通稿通常配合企业最新动态进行发布，它往往也是企业官方发布的、信息最全面的“主稿”，因此，它通常能为感兴趣的媒体提供尽可能多的信息，方便不同媒体选取自己感兴趣的部分进行延伸报道。

一篇合格的新闻通稿需要满足两个条件：首先是信息要全面，能为媒体提供足够的可解读空间；其次是“定调”，也就是从官方的角度阐述企业此次行动的宗旨。

接下来我们通过亚马逊中国官方网站的一篇新闻通稿，看看它是如何满足上述两个条件，以及使用前文提到的各项写作技巧的。

亚马逊中国发布“2019 全民阅读报告”解读中国读者阅读行为趋势

在“世界读书日”来临之际，亚马逊中国连续第六年发布“亚马逊中国 2019 全民阅读报告”，并开启了一系列以 # 读书的人面上有光 # 为主题的阅读活动。基于亚马逊中国和新华网联合发起的“2019 全民阅读大调查”收到的近 14 000 份有效问卷，“亚马逊中国 2019 全民阅读报告”解读了大众阅读行为和偏好。报告显示，从整体看大众的阅读氛围浓厚，近四成访问者以深度阅读为主；个人内在需求是促进大众阅读及购书的核心驱动力；以阅读电子书为主的受访者比例呈持续增长趋势。此外，经典名著一如既往地受大众偏爱，而不同年龄段的读者呈现不同阅读偏好。

大众阅读氛围浓厚，近四成受访者青睐深度阅读

调查显示过去一年大众阅读氛围浓厚，近五成受访者过去一年阅读总量超过 10 本。在移动互联网时代，97% 的受访者表示深度阅读（主要是读书）和碎片化阅读（刷微信、微博等）均会涉及，但以深度阅读为主的受访者占比达到 38%，高于以碎片化阅读为主的 33%。

调查还显示，读书在大众生活中占据非常重要的地位。九成受访者认为读书非常重要，其中有 21% 的受访者认为读书已经成为他们日常生活的重要组成部分，69% 的受访者表示将读书列入了 2019 年非常重要的年度计划。

个人内在需求是阅读的核心驱动力，读书正成为大众远离游戏等打扰的有效方式

调查显示，个人内在需求成为大众阅读和购书的核心驱动力。“了解别人以及探索外面的世界”“学习新东西新技能”和“试图解决自身遇到的关于人生、情感等的问题”三大不同层次的个人内在需求分别位居阅读目的前三位。超过三成受访者希望通过阅读“远离手机、游戏、电视等的打扰，给自己带来片刻的宁静”。调查同时显示，读书不仅可以缓解压力，还能增强幸福感，让人变得更有活力和趣味。

近九成受访者主要基于个人内在需求购书，媒体或他人推荐、社会热点等也是促使受访者购书的因素。针对“他人推荐”的细化调查显示，朋友、同事、作家或名人的推荐力远大于微博或微信 KOL 等，从而影响受访者的购书选择。

以电子书为主的阅读方式呈持续增长趋势

随着数字阅读的持续普及，以阅读电子书为主的受众越来越多。23% 的受访者表示过去一年主要阅读电子书，比 2018 年占比增加了 4%。调查还显示电子阅读对阅读总量起到了很好的拉动作用，有 71% 的受访者表示在开始阅读电子书后其阅读总量有所增加。

大众都爱经典，不同年龄段呈现不同阅读偏好

从阅读内容看，经典名著以及国内外文学作品依旧是大众在阅读内容选择上的主流。从年龄段来看，不同年龄段因为生活重点的不同，阅读内容呈现出不同的偏好。其中 50 后、60 后相对偏爱社科人文类，而选择阅读经济管理类书籍的 70 后、80 后相对较多，科幻和网络文学则较受 90 后和 00 后的喜欢。

此外，调查数据还显示有孩子的受访者对亲子阅读非常重视，其中有近八成受访者表示会陪伴孩子阅读，过去一年该受访群体中孩子阅读课外书多于 10 本的占比高达 56%。

为激发大众的阅读热情，亚马逊一直致力于通过创新的产品和服务，给读者打造最佳的数字阅读体验。日前，全球同步上市的全新亚马逊 Kindle 电子书阅读器正式发货，全新 Kindle 青春版新增内置阅读灯可随意调节亮度，无论白天或夜晚均可舒适阅读，焕然一新的轻薄机身设计，令长时间握持更加舒适。在 2019 年世界读书日期间，Kindle 中国还启动了 # 读书的人面上有光 # 阅读推广活动。其中，中央电视台联合 Kindle 中国共同发起公益阅读活动，在央视各频道播出读书主题公益广告，且联动央视微视手机客户端发起创意互动，带动更多人去享受阅读的乐趣，以阅读建造精神家园，向更高处探寻求知。同时，Kindle 中国发起了《阅读追光者》系列节目，记录漫画家许先哲、新生代实力演员张子枫、草原王子阿云嘎、说唱诗人小老虎、全能舞王韩宇等不同领域活跃的年轻人生活和读书的故事与感悟，展现年轻一代的青春力量，以此将阅读的精神气质传递给更多人。

通读这篇新闻通稿，我们可以知道，亚马逊中国与新华网通过 14 000 份有效问卷，分析出了 2019 年中国读者的阅读行为趋势。

稿件的第一段是导语，概括了“2019 全民阅读报告”发布的背景、主题与内容提要。接下来，是“四段式”文章结构，通过四个小标题，从阅读氛围、阅读的核心驱动力、电子书使用情况、不同年龄阅读偏好四个维度，提炼出全民阅读报告的四个关键信息，再分别用具体的数据与内容展开描述。在这个部分，文章满足了新闻通稿“逻辑缜密”这个要素。

在文章的最后一段，则做到了为企业行为“定调”。“为激发大众的阅读热情，亚马逊一直致力于通过创新的产品和服务，给读者打造最佳的数字阅读体验”，无论是“2019 全民阅读报告”，还是文中提到的全新亚马逊 Kindle 电子书阅读器发布、# 读书的人面上有光 # 阅读推广、《阅读追光者》系列节目等，都是亚马逊中国为激发大众阅读热情、提升读者数字阅读体验所做的努力。以上内容可以说是一篇信息完整、逻辑清晰的新闻通稿了。

2. 活动稿

活动稿也是公关稿中较为常见的一种类型。无论是行业大会、产品发布会、线下推广活动还是线上活动，都需要活动稿配合宣传推广。一般来说，活动稿需要包含五个“W”，即 When（何时）、Where（何地）、Who（何人）、What（何事）、Why（何故），向读者交代活动在什么时间和地点举行、活动的主办方是谁、活动的具体流程或亮点是什么、举办活动的目的是什么等信息。

就拿天猫精灵这篇发布会的稿件举例，除了在开篇用简短的文字介绍了活动的五个“W”，还通过新品发布、系统升级、生态这三大亮点的总结，让用户能以较快的速度获取活动的核心信息，三个小标题的存在，能有效地较低用户的阅读成本 。稿件原文如下：

一文回顾天猫精灵 2020 春季发布会：发四新品及妙物品牌

5 月 20 日，天猫精灵通过直播发布了 4 款新智能音箱新品和“妙物”子品牌，同时还宣布投资 100 亿元扩大生态圈。

新品发布：精灵键、自学习动态 EQ 算法是亮点

四款新品分别是：1 英寸家庭智慧大屏 CC10、主打高音质的智能音箱 X5、高性价比产品方糖 2、针对女性用户推出的丝绒蓝版智能美妆镜。

这其中比较有看点的是：

方糖 2 专门设计了一颗自定义按键“精灵键”，可以将高频使用功能设置成为快捷键，如：音乐播放、时间播报、家居控制等常用高频功能。同时，天猫精灵拥有超过 5200 多种技能，也可供用户有更多的选择和体验。

X5 在 X1 的基础上进行设计，体积、高度、重量分别增加 170%、73%、100%。为强化 X5 的音效特质，天猫精灵金耳朵声学团队首次推出了“自学习动态 EQ”算法。过去传统音箱通过手工设定音效风格，而通过基于 AI 自学习算法，可以让不同风格的音乐拥有最佳的音效风格。

系统升级：推出 Genie ID 功能，引入 3 亿资源

四款产品均基于阿里巴巴自研的 AI 语音及视觉交互技术。本次发布会的重磅技术升级就是 AliGenie 4.3 系统。

AliGenie 4.3 系统首次推出 Genie ID 功能，未来有能力结合人脸识别、声纹识别、对话和行为分析，为每个家庭成员提供专属服务。

推出更加个性化的 AI 表达能力，引入了哆啦 A 梦、皮卡丘等顶级动漫语音包，影视明星和艺人的语音包，四川、河南方言语音包，以及个性人设语音包。

同时，天猫精灵加大了对于头部音频平台、头部视频平台、音乐平台及唱片公司的优质资源引入，在今年还加入了教育和消费板块。目前，AliGenie 4.3 的总资源量已经超过 3 亿。

今年是“直播年”，2020 年天猫精灵将全面构建直播能力，首家推出天猫精灵线上音乐会，打造高品质音乐直播体验。并独家联合人教数字推出权威教材教育直播，引入薇娅、李佳琦、朱丹等一线当红主播带领大家买买买，此外还联合咪咕视讯推出一百多家电视直播，天猫精灵现在已成为市场上直播能力最强的 AI 家庭助手。

基于 AliGenie 4.3 在视觉、语音和触屏交互上的能力，天猫精灵六大助手方向也应运而生，分别是：健康助手、娱乐助手、智能家居助手、教育助手、生活服务助手、信息助手。围绕这六大助手，天猫精灵将引入更多的生态、资源、技术，不断构建更贴心的服务。

具体行动表现在，在教育领域，引入国民教育品牌人教社和校外培训教育头部品牌学而思，拥有更丰富的课内外教育资源。除 CC10 外，天猫精灵方糖系列近期还推出的“学而思文创出版中心定制版”。在智能家居领域，拓展到了 2.72 亿可连接设备。语音购物功能也更加丰富。天猫精灵打造了今日好货、家庭货架，通过语音搜索，实现简单、有趣、高效的家庭购物体验。比如对天猫精灵说“我要买牛奶”“我要买气泡水”“我要买悦赏洗衣液”，天猫精灵会推荐经过精挑细选、超低价格的三元小方白纯牛奶、亲亲元气气泡水、悦赏香氛抑菌洗衣液。

糖粉计划发布以来，天猫精灵已经合作了 50 多个品牌，3 个知名动漫 IP 和两位明星。今天，糖粉计划升级 3.0，支持更轻量化、个性化的“糖衣定制”计划。

生态：投入 100 亿元布局内容服务生态，推出“妙物”子品牌，
打造百款千万级妙物智能设备

阿里巴巴集团副总裁、天猫精灵事业部总经理库伟介绍说，自 2017 年天猫精灵首发上市以来，天猫精灵销量排名始终保持中国第一、全球第三。

天猫精灵不仅拥有 3 亿多项互联网内容和服务资源，5200 项 AI 实用技能，今年 7 月，还将与支付宝生态打通，超过 170 万小程序应用可以进入到天猫精灵带屏设备。

接下来，阿里巴巴将有两大重要举措：

首先，再投入 100 亿元，扩大天猫精灵内容和服务生态圈，围绕天猫精灵全面布局 AIoT 及内容生态领域。这是继今年 1 月天猫精灵升级为独立事业部后，阿里巴巴加码 AIoT 赛道的又一大动作。

其次，推出天猫精灵“妙物”子品牌，计划打造百款千万级妙物智能设备，升级 AIoT 生态圈。天猫精灵与阿里云 IoT 事业部联合举办的首届 AIoT 开发者大赛也于当天启动。

正如发布会的一张 PPT 所描绘的：天猫精灵将持续投入多模态人机交互、边缘计算引擎、云端一体化 OS 等云网边端方面的核心技术，通过 AI 技术将丰富的互联网服务个性化的提供给用户，成为用户的教育助手、健康助手、娱乐助手，智能家居助手，其中，通过百亿元投入不断扩大内容和服务生态圈、AIoT 生态圈，打造懂你的家庭助手。（稿件来源：凤凰网科技）

包括天猫精灵发布会这样的活动，一般的活动公关稿都会分会前预热稿和会后总结稿两大部分。上文引用的天猫精灵发布会就属于会后总结稿，这类活动稿承担着总结活动亮点的任务，这篇稿件就清晰地为读者复盘了天猫精灵发布会的三个亮点。而会前预热稿则需要承担吸引目标群体参会或关注活动的任务，适当地释放活动议程亮点、即将参会的重磅嘉宾、重磅演讲主题,或是活动现场的相关福利/礼品等,都能有效提升活动的吸引力。

对于谷歌开发者大会这样的大型活动，一般的活动稿会分会前预热稿和会后总结稿两大部分。上文引用的这篇就属于会后总结稿，这类活动稿承担着总结活动亮点的任务，这篇稿件就清晰地为读者复盘了谷歌开发者大会上八个重要的产品新动态。而会前预热稿则需要承担吸引目标群体参会或关注活动的任务，适当地释放活动议程亮点、即将参会的重磅嘉宾、重磅演讲主题，或是活动现场的相关福利 / 礼品等，都能有效提升活动的吸引力。

3. 产品稿

产品稿从某种角度看，其实更考验撰稿人的“翻译”功力。这句话怎么理解呢？大部分情况下，对外发布的产品稿，要将公司内部产品部门提供的产品基础文档 / 素材，“翻译”为“用户语言”，并且要能提炼出最能吸引用户的卖点。比起“产品是什么”，产品稿更重要的工作在于解释“产品能为用户带来什么”的问题，也就是在“翻译”的过程中实现产品思维向用户思维的转变，用通俗易懂且有趣的方式，把产品介绍给用户，并引发他们的兴趣。

以化妆品品牌兰蔻（Lancôme）的一篇产品稿为例，在下文的稿件中，兰蔻介绍了它于 2018 年 7 月首次发布的“全新持妆系列”，包括兰蔻持妆粉底棒和兰蔻持妆粉底液。在稿件的开篇段落，提炼了这两款产品的最大亮点，就是“磨皮般高度遮瑕”和“超轻薄丝滑质地”。

全新 Lancôme 兰蔻持妆粉底棒粉底液 7 月震撼上市

全新 Lancôme 兰蔻持妆底妆系列，正在席卷亚洲，从此颠覆对底妆的传统认知。全新 Lancôme 兰蔻持妆底妆系列包含：全新 Lancôme 兰蔻持妆粉底棒和全新 Lancôme 兰蔻持妆粉底液，磨皮般高度遮瑕，一扫肌肤瑕疵；超轻薄丝滑质地，一抹即化，轻推成妆，只需 20 秒，即可塑造自然哑光底妆，更能持妆长达一整天。完美妆容所带来的无比自信，让女性更加出众，格外迷人，赋予女性表达个性与自我的力量。

造型精巧轻便 20 秒快速上妆

全新 Lancôme 兰蔻持妆粉底棒，完美地秉承了打造持久无瑕裸肌的理念：设计独具匠心，造型精美，小巧玲珑，便于日常妆容打底，以及携带快速补妆。塑造面部轮廓从未如此得心应手，举重若轻。只需轻轻一抹，即可快速上妆，20 秒打造高遮瑕、超持久的完美底妆。

磨皮般遮瑕 一整天持妆控油全新

Lancôme 兰蔻持妆粉底棒是一款可以持妆 24 小时的控油底妆产品，它的高遮瑕度能够一扫肌肤瑕疵，有效均匀肤色，呈现臻于完美的如天鹅绒般的哑光妆感，瞬间打造磨皮妆效。这款粉底棒结合独家的长效持妆配方，可以全天拥有无瑕靓丽的雾面裸肌。经测试表明，97% 的使用者感到如丝般光滑亲肤，92%

的使用者惊叹于如磨皮般遮瑕的高级柔焦妆效和隐形毛孔的能力，91% 的使用者观察到，一整天持妆后，妆容依旧完好如初，如丝缎般柔滑润泽。

质地轻盈丝滑 清透呼吸不闷痘

Lancôme 兰蔻持妆粉底棒不仅对肌肤瑕疵有无可比拟的修饰效果，呈现零瑕疵的平滑美肌，同时质地轻盈不厚重，完美贴合肌肤，让肌肤宛若新生，妆效毫无负担感，打造前所未有的薄透持久底妆。经皮肤学专家测试，Lancôme 兰蔻持妆粉底棒质地丝滑清爽不闷痘，即使是敏感肌也可放心使用。

8 款色号可选 打底修容多功效

Lancôme 兰蔻考虑到女性肤色的差异，推出 8 色可供挑选。较浅色号可用作打底，散发动人神采，较深色号则可用作修容，修饰塑造面部轮廓，使妆容更加立体。Lancôme 兰蔻针对亚洲女性，推出全新 Lancôme 兰蔻持妆粉底液。改良后的配方结合完美的遮盖度、长效持妆和自然通透的光泽妆感于一体，成为追求莹润无瑕粉底液的女性的福音。只需轻轻一触，粉底液即刻与肌肤完美融合，瞬间隐形红血丝、毛孔和痘印等肌肤瑕疵，呈现无瑕透亮零毛孔的肌肤，打造磨皮般的光泽完美妆效。

全新 Lancôme 兰蔻持妆粉底液，可像海绵一样吸附住油分，使肌肤如丝缎般长效润泽，保湿透亮。它轻盈如丝，并且流动性极佳，不仅持妆长达一整天，持久滋润不厚重，同时轻盈水润不卡粉。

经测试，98.4% 的女性认可它的自然妆效，而 93.7% 的女性则赞美它遮盖瑕疵和隐形毛孔的卓越表现。更有 95.2% 的使用者对其使用感赞不绝口，指出全新 Lancôme 兰蔻持妆粉底液仿若轻盈的薄纱滑过脸庞，似有若无，光滑贴合轻薄，宛如第二层肌肤。

泰勒·希尔（Taylor Hill）倾情演绎 绽放底妆魅力

Lancôme 兰蔻全球代言人泰勒·希尔散发出自由、自信而热情洋溢的女性之美。此次，她以全新 Lancôme 兰蔻持妆底妆系列打造精致妆容，呈现了完美无瑕的肤质，绽放迷人魅力。

全新 Lancôme 兰蔻持妆底妆系列，磨皮般遮瑕，超轻薄更持久，打造无瑕裸肌。尽享美妙体验，献给独一无二的你。

可以看到，兰蔻这篇产品稿也是用了 5 个小标题，使得文章的结构更清晰、重点更突出，5 个小标题分别介绍了 4 个产品特色和明星代言情况。

细看本篇产品稿的前 4 个小标题，就能发现它们都是“产品功能 + 用户利益”的结构。比如“造型精巧轻便 20 秒快速上妆”，前半句在讲产品的造型轻便，后半句在讲它能让消费者在 20 秒的时间内就完成上妆的步骤。“质地轻盈丝滑 清透呼吸不闷痘”也是一样，前半句写产品的材质，是轻盈不厚重的，后半句则写这样的材质能为用户带来的利益，不仅能看上去更自然，而且还能做到“不闷痘”，大部分消费者在使用粉底液这类产品时，最大的痛点就是粉底液堵塞毛孔而引发的痘痘问题，这个小标题则较为直接地回应了用户的担忧。

“磨皮般遮瑕”这一产品描述比较有意思，它其实使用了一个类比，引入了当前修图软件的“磨皮”功能，来描述粉底的遮瑕功能。通读整篇稿件，还能发现它使用了大量的数据来佐证文章的关键信息，比如“91% 的使用者观察到，一整天持妆后，妆容依旧完好如初，如丝缎般柔滑润泽”等，通过消费者调查的数据来佐证产品的功能。

当然，一篇合格的产品稿，除文字之外，配上具有吸引力的产品图片也是必不可少的，产品的近景图、产品放置于各种场景的场景图，都能加深用户对产品的感性认知，通过视觉刺激有效提升他们对产品的兴趣。

4. 演讲稿

演讲稿，是文案创作者工作中经常会遇到的一种体裁，它在传递演讲者观点、说服用户、宣讲企业故事、包装企业领导者形象等方面都扮演着重要的作用。中国自古就有“三寸之舌，强于百万之师”的说法，无论是在推动历史巨轮前进的过程中，还是在光速发展的当代商业社会里，一场优秀的演讲的意义都是十分重大的。而一篇优秀的演讲稿，则是决定演讲成败的基础。

优秀的演讲稿，可以让演讲者的思想化身砍向人们内心冰封大海的斧头，它可以让文字通过演讲者的声音和演讲技艺，展示真诚，传递观点，说服大众。如何才能写出一篇合格的演讲稿？这里有四个技巧可以与你分享。

技巧一：18 分钟原则

《像 TED 一样演讲》一书提出，一场演讲可以达到最优效果的黄金时长是 18 分钟。TED（TED 是 Technology、Entertainment、Design 在英语中的缩写，即技术、娱乐、设计）对黄金演讲时长的限定可以被视作对观众和对演讲者都最友好的准则，即在 18 分钟这个时间范围内，观众可以最大限度地吸收演讲者所讲的内容，演讲者也足以讲清楚一个较为复杂的主题。

TED 策划人克里斯·安德森认为，18 分钟短到足以维持人们的注意力，但也长到可以讲清楚一个复杂的想法。马丁·路德·金那个举世闻名的演讲《我有一个梦想》，时长就是 17.5 分钟。美国前总统肯尼迪那场关于航天事业的著名演讲《我们选择登月》（*We Choose to Go to the Moon*），时长仅为 13 分 42 秒。

技巧二：三种修辞原则

亚里士多德在《修辞学》中提出过三种基本的说服方式：人品诉求（ethos）、理性诉求（logos）和情感诉求（pathos）。在亚里士多德看来，演讲的本质就是对听众的说服，让听众形成某种判断，去认同、赞成和采纳演讲者的观点甚至采取某种行动。亚里士多德认为，要想在文明社会获得成功，既需要智慧又需要口才。他认为，口才实质上是一个系统，一种触碰心灵和改变思想的方法。亚里士多德发明的技巧构成了当今公开演讲的基石。每一次鼓舞人心的演讲、幻灯片演示或讲话，究其核心，都与亚里士多德 2000 多年前提出的策略如出一辙。

在三种基本的说服方式当中，他认为人品诉求是最有效的说服手段，一个被认为拥有较高道德品质和人格威信的人会更容易获得听众的信任，也更容易通过演讲说服他人。

理性诉求则需要语言具有逻辑和论据，以理服人。肯尼迪总统的演讲《我们选择登月》，就把“登月”这一在当时看起来宏大遥远的目标，用清晰可量化的标准进了理性的阐述，让这一目标在听众心里变得似乎近在咫尺：

> 在过去的 19 个月里至少有 45 颗卫星进入地球轨道，其中大约 40 颗标着“美利坚合众国制造”的标记，它们比苏联的卫星更加精密，能为世界人民提供更多的知识。
> 正在飞向金星的水手号飞船是空间科学史上最复杂的装置。其精确程度比得上在卡纳维拉尔角发射的一枚导弹直接击中这个体育场的 40 码线之间。
> 海事卫星将使海上的船只航行更加安全。
> 气象卫星可以提前带给我们飓风与风暴预警，它同样也可以用于森林火灾与冰山预警。

45 颗进入地球轨道的卫星中有 40 颗标着“美利坚合众国制造”的标记、水手号飞船的精确程度比得上在卡纳维拉尔角发射的一枚导弹直接击中这个体育场的 40 码线之间……肯尼迪在演讲中使用了诸如此类的精确数字和形象化的描述，向听众描述美国航天事业在当时已经取得的成绩。不仅如此，他还宣布了接下来 5 年将在航天事业上投入的预算：

> 接下来 5 年，国家航空航天局希望这里的科学家和工程师数量翻倍，希望将工资和开支提高到每年 6000 万美元，希望在工厂和实验设施上得到 2 亿美元的投资，希望指导或与这个城市的航天中心签订超过 10 亿美元的合同。
> 显而易见，这些会花掉我们一大笔钱。
> 今年的航天预算是 1961 年元月的三倍，比过去八年的总和还要多。

> 预算现在保持在每年 54 亿美元——一个令人震惊的数目，尽管还稍小于我们在香烟和雪茄上所消耗的年消费额。

每年 54 亿美元的预算，“还稍小于我们在香烟和雪茄上所消耗的年消费额”，通过香烟、雪茄这类大众常见的消费品，让人们对航天预算产生较为感性的认知，听上去会花一大笔钱，其实没有每年大家抽掉的香烟和雪茄费用那么高。

理性诉求是“晓之以理”，而情感诉求则是“动之以情”。演讲者需要与听众建立情感联系，利用语言技巧向听众传递某种信仰和情感，激发他们的感情甚至促使他们产生行动。为了增强语言的力量，需要使用一些适合演讲的修辞手法，比如排比修辞。在用于阅读的文本中见到排比句式难免给人矫揉造作之感，但在演讲稿中，如果演讲者的演讲技能足以驾驭排比的使用，就会增强演讲的感染力。

1940 年敦刻尔克撤退成功后，温斯顿·丘吉尔发表了他在第二次世界大战中最鼓舞人心的一段演讲《我们将战斗在海滩》(*We Shall Fight on The Beaches*)，提醒众人“战争不是靠撤退赢得的”，在演讲中他就使用了一系列排比句来展示“我们将战斗到底”的决心，感染力十足：

> 这次战役尽管我们失利，但我们决不投降，决不屈服。
> 我们将战斗到底。
> 我们将在法国作战，
> 我们将在海上和大洋中作战，
> 我们在空战中将具有愈来愈大的信心和愈来愈强的力量。
> 我们将不惜任何代价防卫本土，
> 我们将在海滩上作战，
> 我们将在敌人登陆的地点作战，
> 我们将在田野和街头作战，
> 我们将在山区作战。

而在肯尼迪的《我们选择登月》的演讲中，除了一连串精密的理性话语，在演讲的最后，言辞也变得柔软起来，他引用了英国探险家乔治·马拉里的故事，用感性的方式阐述了为什么要执着地走向太空，走向月球：

> 很多年前，伟大的英国探险家乔治·马拉里在攀登珠穆朗玛峰时遇难。曾经有人问他为什么要攀登珠峰，他回答说："因为它就在那儿。"
>
> 好的，太空就在那儿，而我们将投入探索。月球和其他星球就在那儿，获得知识与和平的新希望就在那儿。
>
> 因此，在我们启程之时，我们祈求上帝能够保佑这个人类有史以来所从事的最具风险、危险与最伟大的历险。

技巧三："hook"原则，写出令人记忆深刻的故事

"如果你想让别人把打开他们心门的钥匙交给你，就给他们讲个故事。如果你想让他们把新车的钥匙交给你，也可以讲个故事。"卡迈恩·加洛在《像TED一样演讲2：沟通升级》一书中如此描述讲故事的重要性。

演讲中的一个好故事，就像一首受欢迎的流行歌曲中的"hook"那样，令人记忆深刻，萦绕脑中挥之不去。"hook"原本是"钩子"的意思，被引申为一首歌曲中最勾人的一部分，也就是一首歌的记忆点，它可能是一句歌词、一段旋律或几个节拍。

比如耐克就是一个有讲故事文化的公司，耐克的联合创始人菲尔·奈特在面向投资者路演时，以及作为耐克高管在面对公司年轻的员工时，都会讲述耐克鞋底的灵感来源于华夫饼烤盘的故事。菲尔·奈特把这个故事视为耐克品牌创新精神的体现，认为过去的成功事迹会激发未来的创新。

在演讲稿的撰写中，根据表达的需要加入1～2个适宜而精彩的故事，能很好地起到吸引听众注意力、增强记忆点的效果。这些故事可以来自演讲者自身的经历、公司发展中的趣闻，也可以是"英国探险家乔治·马拉里攀登珠峰"这样能帮助演讲者更好地阐明主旨的小故事或逸闻，故事可以作为演讲的开篇，也可以用于给演讲收尾，还可以嵌入到演讲稿其他部分的行文中，无论位置在哪儿，故事只要足够恰当和精彩，都能为整个演讲注入灵魂，成为令听众记忆深刻的“hook”。

技巧四：简洁原则，语言越简单越有效

与其他形式的文稿内容不同，演讲稿所承载的内容是需要经由演讲者的口头表达来进行传递的，这就对文本简洁度、易懂度提出了更高的要求。

文字越简洁，用户的理解成本也就越低，这需要创作者下功夫去梳理、裁剪和提炼。在英文写作领域，甚至有一个专门用于检测文本可读性的软件，叫作 Hemingway Editor（海明威编辑器），它以崇尚“冰山原则”的作家海明威的名字命名，可以对英文文章进行可读性打分并且可以用不同的颜色标注出难懂、有语法错误的句子，提醒和帮助创作者进行修改。

演讲稿需要简洁，不仅是因为观众通常不具备充裕的时间来理解复杂的句式，也在于简洁的句子在听觉上更具有魄力。而让演讲稿变得简洁、让演讲变得轻松自如的最好办法就是：修改。

在发表《我们选择登月》演讲前，肯尼迪就在原稿的基础上进行了 31 处改动，目的就是让演讲变得更简洁、更易懂。

> 尽管索伦森的文采很好，肯尼迪在演讲前的几个小时中还是对演讲稿做了 31 处改动，其中大多数改动是在简化语言。你可以看到肯尼迪用红笔做的修改。直到最后一刻，肯尼迪还在删除短语、句子，用简单的词替换较难的词。肯尼迪画掉了下面的一句话：“现在，世界已经大不相同了，因为人类被赋予了驱逐人间各种贫困、毁灭人间各种生活的力量。”他删除了“赋予”和“驱逐”这样的字眼，重新写了一个更简单、更有力、听起来更顺耳的句子：“现在，世界已经大不相同了，因为人类之手掌握着既能消灭人间各种贫困又能毁灭人间各种生活的力量。”其中最著名的那句话甚至也经过了编辑。肯尼迪画掉了“会”，用“能”取而代之。此外，他还删掉了 3 个词。这句话最后变为：“不

> 要问国家能为你做些什么，而要问你能为国家做些什么。”正如前文所述，虽然意义深远，但这个句子都是由简单的词组成的，四年级的学生都可以听懂。
>
> ——《像 TED 一样演讲 2：沟通升级》

美国前总统亚伯拉罕·林肯所发表的《葛底斯堡演说》(*Gettysburg Address*)，堪称美国历史上被人引用最多的政治性演讲。这篇演讲同样也以极致的简洁著称，它仅有 272 个单词，演讲时长 3 分钟。并且在有单音节词、双音节词和三音节词可以选择时，林肯会使用单音节词，他所做的一切都是为了让演讲更容易讲，也让听众更容易听。

18 分钟原则、三种修辞原则、“hook”原则、简洁原则是帮助文案创作者写出一篇合格的演讲稿的四个技巧，而在实际的演讲稿撰写过程中，文案创作者还需要考虑更多的因素，比如演讲的场合、演讲的目的、听众的圈层、演讲者的个人风格及语言表达能力等，这些因素共同决定着演讲稿的行文走向，决定着演讲的长短和风格，文案创作者最需要做的就是让内容在多样化的因素作用下，尽可能地不偏离以上四大原则，从而写出一篇对演讲者和听众都友好的演讲稿。

第9章　如何写出打动人心的当代文案

在中国文学批评史上有一部重要的作品，叫《二十四诗品》，相传为晚唐诗人司空图所作。《二十四诗品》按诗歌意境和美学风格，将诗风划分为24种，包含雄浑、冲淡、纤秾、高古、典雅、洗炼、劲健、绮丽、旷达等，每一种风格都用一首四言诗进行概括描述，比如它对“清奇”这一诗风的描述如下：

> 娟娟群松，下有漪流。晴雪满竹，隔溪渔舟。可人如玉，步屟寻幽。
> 载瞻载止，空碧悠悠。神出古异，淡不可收。如月之曙，如气之秋。

它对“含蓄”诗风的描述也非常有名，其中的“不着一字，尽得风流”屡被后世用作对风格委婉含蓄之作的最高赞赏：

> 不着一字，尽得风流。语不涉己，若不堪忧。是有真宰，与之沉浮。
> 如渌满酒，花时反秋。悠悠空尘，忽忽海沤。浅深聚散，万取一收。

能被纳入《二十四诗品》的诗风，都是在当时被认为具有审美价值的风格，大致可以翻译成“美好诗歌的二十四种打开方式”。一千余年过去，人们欣赏文字作品的审美基准线并没有发生质的改变，只是在不同时期、不同背景和不同情绪之下会有相应的偏好，比如宋朝在严酷的政治局势影响下，诗风也趋于内敛，兴起了以吟咏书斋生活、讲究推敲文字为创作倾向的“江西诗派”。

那么在当代，又有哪些文字风格格外能够戳中人们的情绪和喜好呢？在这一章中，我们将重点探讨那些格外能打动当代人群，尤其是年轻人群的文案风格，学习如何用文案去治愈心灵，去唤起和发现美。

9.1 如何写出治愈系文案

当代人太需要治愈了。窒息的地铁车厢、电子狗链般的即时办公软件、回消息不及时的伴侣，都在齐心协力地耗光人们的“电量”。无论是身体上还是精神上，人们都陷入了一种“虽然没什么病但是很需要治愈”的状态。成年人的焦虑就像一个黑洞，而治愈系的影像或文字就像一种神秘的力量，能将它照亮，哪怕只有短短的几分几秒。它可能是萌宠博主晒出的一只猫的粉色肉垫，也可能是 5 分钟的切肥皂 ASMR 短视频，还可能是一段舒缓的音乐。

和能治愈的食物、电影、游戏与其他各类治愈系产品一样，具有治愈能量的文案也能触动当代人需要呵护的情绪。有哪些具体的技巧可以帮助我们写出有治愈感的文案，去软化用户心中那层抵触广告的保护壳呢？本书将介绍四种方法。

1. 情感提纯：越纯粹越动人

当代人的情感是多元而复杂的，但越是如此，人们就越容易被纯粹的情感所打动。文案创作者可以做的,就是用文字构建一个不含杂质的乌托邦，对人类纷繁复杂的情感进行“提纯”，把其中最有力量也最能引发共鸣的部分展示出来。

比如，“学会与自己和平相处”就是许多当代年轻人甚至是年长者的一门必修课，而在这件事上大部分人是充满焦虑的，它比应付一个难缠的客户、哄好生气的伴侣都更难。

日本 LUMINE 百货的广告文案在情感提纯方面就堪称高手，它推出的系列文案都瞄准了年轻女性在认识自己、塑造自己的历程中诞生的细微心绪，并从中提炼出了正面的能量，配以缤纷的画面，看似云淡风轻的喃喃自语，读起来却让人温暖又振奋：

> 我想要让自己变得像大家鼓励我的一样美好。
>
> 睡眠不足？流言蜚语？不不，只有无聊与懒惰，才会让我变丑。
>
> 去年的衣服不再合适了，因为我变成了新的我了啊。
>
> 总是不恋爱，会变软弱的，总是在恋爱，会变脆弱的。
>
> 想哭的时候，就换上新衣吧。

每一句文案都稳稳地戳在了女孩子们“想要变得更好，想要变得更美”的情感需求上，撇去了自我怀疑、孤独软弱和过度期盼的浮沫，独白体的文案将情绪进行了提纯，只锁住了坚定地为自己打气，暗中创造出“换上新衣”与“变得更美好”之间的关联。原本购物就会刺激人们多巴胺的分泌，使人感到愉悦，LUMINE 百货的广告文案在为女孩们注入了治愈能量的同时，也顺便撬开了她们的钱包。

在压力爆棚的成人世界，偶尔的偷懒和任性可以创造出一个令人愉悦的“结界”，为人们带来治愈。台湾奥美公司围绕“大人的任性”推出过一组文案，每一句都能击中亟待被治愈的成年人。

> 再追一集，直到收集到能做出美梦的情节才去睡

把早睡早起丢到一旁，熬夜追一部无脑的爽剧，是多少人纵容自己寻找治愈的写照。

酒喝不够多，真心话什么时候说

今天喝水量不足，就在威士忌里加点冰弥补

简直就是“周五不喝酒，枉来世上走”的文艺版，绷得太紧的神经，必须借酒精来放松呀。

下班就要头也不回，休假就要已读不回

心里有事，请个事假

道出了多少上班族的心愿，让即时办公软件里的“已读”见鬼去吧，想想都令人开心。

放空比没空境界高多了，值得好好练习

懒是我养的宠物，再忙都要花点时间摸摸才行

这两句是在忙忙碌碌人生中悟出的至高哲理。

这组文案的核心，是提炼出了“任性”这一情绪，无论是追剧、喝酒还是休假，都是成年人生活中的治愈时刻，而这组高纯度的文案则将情绪释放得恰到好处。

2. 深深的洞察，轻轻地表达

治愈是一种需要精准拿捏的情绪，太轻就成了不痛不痒，太重就会催人心肝。想要达到治愈的效果，就需要做到举重若轻的“刚刚好”。

而在那些治愈人心的文案背后，其实都埋藏着深刻的洞察，把这种洞察用举重若轻的方式表达出来，达到“刚刚好”的平衡，才能让人觉得既可爱又不肤浅，每一句看似云淡风轻的文字背后都有沉甸甸的情绪在里面，这样的文字往往最具治愈的力量。

这样的情绪拿捏与表达，中国古代的诗人就很擅长。比如唐代诗人卢仝《有所思》中最为人称道的一句，“相思一夜梅花发，忽到窗前疑是君”，把抽象的思念写得看得见闻得着。诗句描述的只是梅花长到窗前的情形，把情绪藏在了清新的文字背后，读来含蓄又深情。

又比如《古诗十九首》中《行行重行行》一诗中的“思君令人老，岁月忽已晚，弃捐勿复道，努力加餐饭”，明明已经思念到令人变老了，但想念的话最终也没有说出来，只有一句“努力加餐饭”，叮嘱思念的人好好吃饭保重身体要紧，可谓朴实无华又情深意切。

日本寺庙布告栏的方丈标语曾经在社交媒体上红极一时，这些标语言辞简洁又直指灵魂，在令人心服口服的同时也有治愈的功效。

> 除了死亡，别的都是擦伤

举重若轻地告诉大家可以放下执念，那些被认为过不去的坎其实只是轻微的擦伤而已。

> 每个人都有几个自己无法原谅的人，但记住这些仇恨的人，只有自己一个

> 生气的时候就念南无阿弥陀佛

这两句也异曲同工，让人忍不住对着方丈点头称是。

除了这些，还有更加诙谐幽默的语句。

> 不是发际线后退了，而是人生进步了

> 偶尔涌起的不是干劲儿，只是一时兴起

> 有空在网上辱骂他人，不如多念几句阿弥陀佛

直指生活中的情绪，令人茅塞顿开。

日本新潟县长冈市吉乃川制酒公司的文案，就瞄准饮酒者的心情，仿佛散发着淡淡的酒香，有浓浓的情绪萦绕其上。比如这一句：

> 在东京失恋了，幸好，酒很强劲

只字不提失恋带来的痛苦，只说“酒很强劲”，把借酒浇愁都藏在文字背后，让人读来会心一笑。

> 酒，两个人分着喝就会觉得更暖，来自雪国的夫妇，可真叫人艳羡啊

冬日里分喝一壶暖酒，治愈力满分。

3. 锁定场景和意象

那些具有治愈力的文字，往往有一些共同特点，比如在文字中会频繁

出现一些固定的场景和意象，这些场景和意象通常本身就有治愈属性。那么哪些场景和意象天然就有治愈力呢？森林、湖泊、白云、微风、阳光，大自然的治愈力是第一等的，这些意象如果被高频地组合在一起，就容易产生治愈的效果；小猫小狗小孩，熊猫考拉羊驼，年糕糯米丸子饭团子，软绵绵的动物和食物也是治愈能量之源；此外，与朋友聊天、与恋人散步、和孩童嬉戏，诸如此类生活中的平凡又美好的时刻，也是具有治愈力的场景。

宜家的产品文案中，就经常使用上述令人感到治愈的场景和意象，以传递其温暖的品牌调性，比如这则塞恩平织地毯的文案：

> 冬日的懒猫蜷缩在地板上
> 小表妹捧着《黑兔和白兔》坐在地板上
> 我移来一张毛茸茸的地毯
> 表妹和猫同时奔了过来

冬日、地毯、儿童绘本、小女孩和犯困的猫，可以说集齐了必备元素，可以“召唤”治愈力了。

日本的 iichiko 烧酒 30 年来持续推出系列海报，其海报文案读起来就十分治愈。海报中，产品被放置在各式各样的场景中，每张海报上仅有一句简单的文案：

> 在烧酒里兑点风（1986 年 5 月）
> 今日与春风相会（1995 年 3 月）
> 先走的，是风（1996 年 10 月）
> 去往云流去的方向（2003 年 7 月）

> 花间一壶酒（1987 年 1 月）
> 两人对酌山花开（1988 年 1 月）
> 沿着花的去向走（1991 年 2 月）

这是阳光照射后盛开的花（2011 年 1 月）
分别时总有白花绽放（2014 年 1 月）
在绿荫下偷懒的时光（2015 年 4 月）

谈话不知不觉中变长了（1988 年 12 月）
像以前一样慢慢地聊吧（2007 年 4 月）
好吃的鱼、美味的酒 、马马虎虎的歌（1989 年 9 月）

从上面三组 iichiko 烧酒的文案中，就可以看出一些规律。

比如在第一组中，都出现了“风”或“云”这样的意象，读起来很有空气感和蓬松感，配上空旷简约的海报画面，令人神清气爽。

第二组中，阳光、花、酒、绿荫、偷懒的时光，无不是令人放松的意象。

第三组中，“谈话不知不觉中变长了”“像以前一样慢慢地聊吧”，勾勒出一边对酌一边促膝长谈的朋友相处的画面，“好吃的鱼、美味的酒、马马虎虎的歌”也是一派闲散放松的朋友相聚光景，这些文字构建起来的，都是令人一看到就感觉放松的场景，而文字的治愈力也随着这些场景的展现油然而生。

4. 文字去锋利度

治愈系的文案有一个重要的特点，就是文字去锋利度。锋利度意味着攻击性，这样的文字会让人精神紧张，而那些看上去钝钝的、圆润的文字才能营造出轻柔的质感。哪些技巧可以帮助我们打造去锋利度的文案呢？

日本 JR 铁路曾推出过主题为“青春 18”的海报，目的是推广公司推出的青春 18 乘车券。虽然名叫青春 18 乘车券，但对使用者并没有年龄限制，所有的人都可以使用，持有青春 18 乘车券的用户可以在规定的期限里任选 5 天，随便乘坐全日本 JR 的普通车。每一张宣传海报上，都是一幅沿途美景图加一句简单的文案：

去寻找那个时刻的蔚蓝吧。

“啊，就是这里！”一定会有那样一个车站吧。

在自己的房间里，怎么可能思考人生嘛？

那样的景色，是没办法作为土产带回家的事物啊。

走到哪里都像现在一样聊下去吧。

不要只是说“大家永远都是好朋友”，就现在，一起出发吧。

你也有过不经思索地，就在某个车站下车的时候吗？

那是一个列车对我说“慢点走吧”的夏天。

一瞬间下定的小小决心、旅途中的幽思、友情的誓言，都是青春单纯琐碎的心绪。

在“青春 18”的海报中，翻译后的文案都有一个共同点，那就是句子里都包含 1 ~ 2 个语气词，让文案的口吻变得轻松，就像日常与朋友的谈天那样，比如“去寻找那个时刻的蔚蓝吧”“在自己的房间里，怎么可能思考人生嘛”，用日常的语气平衡了文艺气息，读起来毫不做作，而是让人觉得治愈又亲切。

语气词的恰当运用，能通过口语化来有效地降低语言的锋利度。除了使用语气词，不在文案中使用过于专业、冷僻的词汇，也能拉近读者与文字的距离，起到软化文字、降低锋利度的作用。

当代人，每一天都在经历日常生活所带来的“小型创伤”，而治愈系的文案就像一片创可贴，（至少是短暂地）让用户感到放松和逃离，阅读这样的文案就像同一个语气柔软的交谈者进行了一场轻松愉快的谈话般舒适。

有机会的话，试着用提纯的情感、举重若轻的表达技巧、圈定好范围的场景和意象，以及去锋利度的文字，与用户进行一场治愈的谈话吧，没准创作中的你，也会被自己治愈。

9.2 如何写出理工风文案

当代人越来越难被花哨的文字欺骗了，但面对复杂的公式和图标，情况就不一样了。

比如，普通人写的菜谱，不外乎“步骤一”“步骤二”再加上几张配图，而理工“大神”的菜谱，是这样的（如图 9-1 所示）

$$t = 0.451M^{2/3}\ln\left[0.76\times\frac{(T_{egg}-T_{water})}{(T_{yolk}-T_{water})}\right]$$

图 9-1 煮鸡蛋公式一

图 9-1 是埃克塞特大学物理系讲师查尔斯·威廉姆斯博士所写的煮鸡蛋公式，公式里的参数 T_{egg} 代表鸡蛋的初始温度（温度单位为℃），T_{water} 代表水温，T_{yolk} 代表理想的蛋白与蛋黄分界处的温度，t 代表煮鸡蛋的时长（单位为分钟），M 代表鸡蛋质量（单位为克）。

如果用户家里没有能精确称出鸡蛋重量的工具也不要紧，彼得·巴汉姆（Peter Barham）在《烹饪的科学》（*The Science of Cooking*）一书中提供了一个基于鸡蛋周长的公式（如图 9-2 所示），其中 t 代表煮鸡蛋时间，c 代表鸡蛋周长（单位为厘米）：

$$t = 0.0152c^2 \ln\left[2\times\frac{(T_{\text{water}} - T_{\text{egg}})}{(T_{\text{water}} - T_{\text{yolk}})}\right]$$

图 9-2　煮鸡蛋公式二

普通人吃小笼包只会评论皮薄馅大、汁多味鲜，但“大神”的小笼包测评是这样的：

小笼包分数 =［（馅料重量 + 汤汁重量）/ 皮的厚度］×100

得 12 分以上的小笼包为 A 类，6.75 分以下的为 C 类，介于两者之间的是 B 类。

这是一位美国大厨探访了 50 多家上海包子铺，吃了 300 多只小笼包后得出的小笼包分数计算公式，他写出了一份《上海小笼包索引》。别人吃小笼包用筷子，他用剪刀、电子秤和电子卡尺，精确地测量出小笼包中汤汁、肉馅、皮的科学数值，然后根据公式计算出每家餐厅的分数。

又比如，普通人追星只会对着偶像的照片说“吹爆哥哥的颜”，但有人是这样分析某位明星的面部结构的（如图 9-3 所示）。

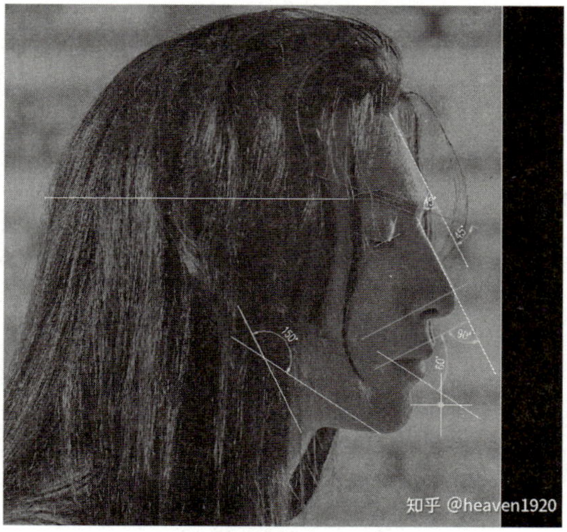

图 9-3　某位明星面部结构的分析

（来源：知乎用户 @heaven1920）

用制图软件 CAD 算出明星面部线条的角度，以证明明星的脸在几何构图方面的完美；用黄金分割验证明星三庭五眼的比例，证明明星的美貌并非虚言。

那么在文案创作领域，理工科思维又能为我们的写作提供哪些新的视角和方法呢？接下来我们将探讨两种思维，帮助我们写出理工风的文案。

1. 万物皆可量化

在文案创作过程中，我们早已懂得利用各式各样的技巧，来与用户做更好的沟通，比如洞察用户的心理与情绪、利用传播规律或者撰写金句让用户产生记忆点，等等。在这样的思维导向之下，我们撰写文案的依托点，或是用户的某个情绪点、某个传播热点，又或是某种文字创作技巧，如果使用得当，都能让文案更具价值。

这些文案创作手法在品牌宣传中屡见不鲜，比如某款社交软件就曾借势人类登月 50 周年纪念日，推出过一支宣传短片。短片题为“一条来自地球的孤独的信号”，其文案如下：

> 133 亿光年，是已知最为遥远的星系。这个无法触碰到的目的地对我们来说到底有何意义？无法顺利发出一个信号，无法用肉眼去看。人类因为孤独出发，直面整个宇宙的陌生。宇宙并非温和宁静，无论结果如何，我们都愿意抵抗引力，付出生命。愿意相信每一粒陌生尘埃里，都可能拥有着遥远的相似性，哪怕只有一点点，就值得继续前行。宇宙未知而巨大，人类的渺小，也许还未曾被阅读。战胜孤独的从来都不是喧嚣，而是选择去靠近陌生的勇气。我们选择登上月球，不是因为它简单，而恰恰是因为它很难。无论结果如何，跨出一步就是一步的胜利。这里是地球。你好，陌生的朋友。

短片瞄准了人们的孤独情绪，以“战胜孤独的从来都不是喧嚣，而是选择去靠近陌生的勇气”为洞察点，在阐释品牌理念的同时也对准了软件主打陌生人社交的产品价值，这则短片文案有洞察，找到了用户情绪，也追踪了热点，可以说符合不少文案撰写的“套路”。但如果我们试着换一种思路，用理工科思维去为交友软件写文案，是否能产生不一样的展现形式和效果呢？比如下面这一段文案：

> 在这个地球上，
> 人想要遇到命中注定的灵魂伴侣，概率有多大？
> 全世界一共约有 6.7×10^9 人，
> 假如我们一天可以新认识一个人，
> 假如我们能活到并坚持寻找到 80 岁，
> 那么在这 30000 天里，我们能够结识 30000 人，
> 假如这 30000 人中正好有一个是我们的灵魂伴侣，
> 那么我们遇到对方的概率是 1/200000。
> 原来，有趣的灵魂不止万里挑一，
>
> $$\frac{30000}{6.7\times10^9}\approx4.5\times10^{-6}=0.00045\%$$
>
> 我们为什么不多使用一些力量，让自己与对方相遇？

这则文案清晰完整地展示了“遇到灵魂伴侣概率有多大”的推导过程，让人感受到遇到“正确的人”是多么不容易，因为即使是在理想情况下，概率也仅有 1/200000，更何况一般人不可能用尽一生时间去寻找灵魂伴侣，大部分人都会用人生的前 30 年去完成这项任务，这样来算的话机会就更加渺茫了。这就是用理工科思维去为一款交友软件撰写的文案，语气冷静，毫不煽情，没有去渲染孤独的痛苦，却能戳中人们内心对于寻找伴侣的焦虑。

如果要为一款不粘锅写文案，“让食物悬浮在锅壁物理颗粒之间，在食物不接触锅底的情况下均匀受热，翻炒更轻松不易粘锅”这样的文案，就不如“连续煎 150 个无油鸡蛋依旧不粘”这般具有实验精神，后者也更加具象，

让用户觉得这一结论不是无中生有的，而是经过验证后得出的，因此也更有说服力。单纯描述一款面巾纸“吸水能力强”，就不如写为“5 张即可吸干半中杯（100ml）净水”。想说明一款婴儿纸尿裤透气性好，“超 5000 万个透气呼吸微孔，凹凸透气表层空气流动舒适”这样的文案就更具说服力，“超 5000 万个透气呼吸微孔”的作用就是“量化”透气，会让用户觉得产品的透气性强是有依据的。

近年来流行的各类 App 生成的年末“歌单”“账单”，本质上也使用了量化的手法，让用户清晰地感知自己过去一年中在某个领域的行为轨迹。比如网易云音乐每年都会刷屏社交媒体的年度歌单，就会统计出用户在过去一年中一共听了多少首歌、用户听得最多的是哪首歌。除了这样的维度，还有一些更加个性化的维度，比如用户在网易云音乐听到的最多的是哪个词（如“你在网易云音乐听到的最多的词是‘记得’”）、用户在某一天中单曲循环的最多的是哪首歌（如“8 月 12 日大概是很特别的一天，这一天里你把坂本龙一的《Forbidden Colours》听了 55 次”）等，这样的文案会产生一种“原本抽象的心情得到量化”的碰撞效果，从而使用户产生想要转发分享的冲动。

在甲壳虫汽车的经典文案中，也使用过量化思维，让用户感受到甲壳虫汽车对质量的高要求：

> 这辆甲壳虫没赶上船运。
> 仪器板上放置杂物处的镀层出现了瑕疵，这是一定要更换的。
> 你可能根本没注意它，但检查员 Kurt Kroner 发现了。
> 我们在沃尔夫斯堡的工厂里有 3389 名工作人员，他们唯一的任务就是：
> 在生产过程中的每一个阶段检查甲壳虫汽车（每天生产 3000 辆甲壳虫汽车，而检查员比生产的车还多）。
> 每辆车的避雷器都要检查（决不只做抽查），每辆车的挡风玻璃也经过详细的检查。甲壳虫汽车经常会因肉眼看不出来的表面擦痕而被淘汰。

最后的检查更是苛刻到了极点！

VW 的检查员把每辆车像流水般送上车辆检查台，接受 189 处检验，再飞快地打开自动刹车（再冲向自动刹车点）。在这一过程中，每 50 辆甲壳虫汽车中总会有一辆不通过（淘汰率是 2%）。正因为对细节的专注，甲壳虫汽车比其他汽车耐用却不大需要维护（其结果也使甲壳虫汽车的折旧率较其他车子低）。

我们剔除了柠檬，你得到李子。

“3389 名工作人员”“每辆车的避雷器都要检查（决不只做抽查）”“接受 189 处检查”“淘汰率是 2%”，这些数据都能体现出甲壳虫汽车品控的严格，也是得出“甲壳虫汽车比其他车子耐用却不大需要维护”这一结论的理由。

2. 跳出经验，练习思维体操

在文案创作过程中，我们很容易陷入经验主义的思维模式中，而“科学思维是利用一种相互整合的真实情况来取代相互分离的各种情况的重复联结”，也就是说，除了那些我们可以毫不费力就察觉到的事实，我们还需要更多地去探寻那些无法直接感受到的、更加详细的流程。比如，当有人提问“为什么开启一个水泵就能把河里的水抽到很高的地方”时，如果用经验来回答的话，那答案很容易是“因为水泵有很强的吸力”。然而，科学思维会考虑到力有不同的强度，只要达到了力的极限，它的吸力就不再起作用，而且随着海拔高度的变化，水泵吸力作用于水的高度也会发生相应的改变。很多时候，一些现象是容易被我们捕捉的，但是我们并不会对它们多加思考。

在文案创作中，如果局限于经验的藩篱中，就很难找到新的角度，写出让人眼前一亮的内容。比如当我们为一款抗衰老护肤品写文案时，依从于经验的脑回路就是“提升肌肤紧致度，淡化细纹，提升肌肤柔软度和弹性”，然而这样的文案在护肤品领域屡见不鲜，甚至有些千篇一律，用户看了也不容易留下印象。如果我们摒弃经验主义的思维模式，换一个角度去切入，或许就有新的灵感。

比如，我们可以向用户抛出一个问题：如何利用时间膨胀效应让你长生不老？“长生不老”在我们的经验里是不可能发生的，接近于玄学，“时间膨胀效应”看上去是个物理学领域的专业词汇，这两个词之间的碰撞就容易让人产生兴趣，想要一探究竟。根据爱因斯坦的相对论，当物体以相对速度 v 进行运动时，时间就会减慢，已知光速是 2.9979×10^8 米/秒，假设一个人在地球上活了 100 年，经过计算之后，可以算出一个人需要以达到光速 99.99% 的速度运动才能“长生不老”，而这个速度大约是航天飞机速度的 40000 倍。接下来我们试着写一款抗衰老型睡眠面霜的文案：

如何利用时间膨胀效应让自己长生不老
爱因斯坦的相对论告诉我们
当物体以相对速度 v 进行运动时，时间就会减慢
2.9979×10^8 米/秒，是光的速度
而一个人需要达到光速的 99.99%，才能“长生不老”
打开睡眠面霜，进入你的时间舱
入梦后，轻松追赶时光的速度

虽然最终女士们挑选护肤品的主要依据还是品牌，但这样的文案创作过程可以被视为一种“思维体操”，帮助我们跳出常规的思维模式，寻找更多新的角度。

在文案创作过程中，对各种不同的思维模式兼收并蓄是很有必要的，这能帮助我们提升思维的柔韧度，避免我们陷入因为长期写作而产生的倦怠与乏味中。万物皆可量化和跳出经验，练习思维体操能有效地帮助我们拓宽思维，让文案创作拥有更多样化的解题方式和更有趣的尝试探索。

9.3　如何正确地与年轻人 / “95”后做沟通

《银河系搭车客指南》的作者、英国科幻作家道格拉斯 · 亚当斯曾经提出过一个“科技三定律”:“任何在我出生时已经有的科技，都是稀松平常的，是世界自然秩序的一部分；任何在我 15 ～ 35 岁之间诞生的科技，都将会是改变世界的革命性产物；任何在我 35 岁以后诞生的科技，都是违反自然秩序的异端。”“科技三定律”其实是道格拉斯·亚当斯在用一种幽默的口吻，讽刺人们认知的狭隘。这个定律还可以延展到其他领域，比如：任何在我出生时已经红了的歌曲都是过时老土的；任何在我 15 ～ 35 岁之间走红的歌曲都是无可复制的经典;任何在我 35 岁以后流行的歌曲都是浅薄幼稚的……

这样的心理同样会经常出现在不同代际的人们对彼此的文化、圈层的认知中。当一个中年人看到“语 C”“zqsg”“nss”这样的网络流行语时，大约心里冒出的第一感受也会像道格拉斯 · 亚当斯所说的，认为这是“违反自然秩序的异端”吧。但不可否认的是，Z 世代（Generation Z），也就是 1995—1999 年出生的一代人，已经成了互联网世界的主力军。据统计，目前中国的“95 后”群体已达 2.64 亿人，占据总人口的 18.9%。他们正在创造着自己独有的圈层和文化，并且正在释放制造流行的潜力，近年来不少的社交媒体流行语就来自他们的创造。

对于文案创作者而言，与年轻人群做沟通是一节必修课。只有了解当下网络社交语境和 Z 世代的圈层文化及审美倾向，才有可能熟练掌握与年轻人沟通的技巧。

1. 社交用语的通货膨胀

在当代社交媒体上，人们的情绪正在经历“通货膨胀”。比如过去人们用“哈哈”来表示自己笑了，但现在即便是敲出“哈哈哈哈”的人依然可能毫无表情，非要敲出“哈哈哈哈哈哈哈”才能表示“真的好好笑”，这个现象被戏称为“通哈膨胀”。

不仅是“哈哈”遭遇了这样的命运，许多词汇被频繁地使用过后，其感情强烈程度也会变得越来越弱，比如过去形容一位女孩漂亮，可以用“美女”称呼她，但如今“美女”已经成了女性的代名词，于是“美女”迭代成了“女神”，但它依然没有逃过“通货膨胀”的命运，如今要使用“仙女”才能勉强表达出对一名女性外貌的仰慕了。

这一现象，在语言学中被称为“词义弱化”。现在随便一款电子产品都可以为自己贴上“黑科技”的标签，电商平台的衣服满屏都是“潮牌”，想说明一件事好笑，“太好笑了”就显得很敷衍，一定要“笑到头掉”“笑到邻居报警”才显得有诚意。

形容一个作品中最引人注目的一部分会说它为作品“注入了灵魂”；如果喜欢一个作品要说“再来亿遍”；如果觉得一个作品特别棒就称之为“镇站之宝”……在B站上诸如此类的用语屡见不鲜，年轻用户更喜欢用带有戏剧性情绪的用词来表达自己的喜恶。

因此，在与年轻人沟通的文案中，适当地使用夸张的修辞和戏剧性的情绪表达，会更容易与年轻人的脑电波实现同频共振。比如日本信息处理推进机构（IPA）就曾经推出过一组呼吁大众保护密码、提升网络安全意识的海报，海报的画风和文案都透露出浓浓的言情小说和漫画风格。其中一张海报画面中是一个男孩抱住一个女孩，文案则是“在你修改好密码之前，我都等你”。还有一张画面是一个男生环抱着一个女孩，文案是“知道吗？真正保护你的其实是密码”。IPA通过“二次元”画风的海报和夸张“玛丽苏”风格的文案，吸引用户，尤其是年轻用户的注意，提升他们保护自己的账号和密码的意识。

2. 年轻人的美学生态

某国首相官邸的Instagram账号一派粉嫩的画风，让人忍不住怀疑账号的运营者是一群女高中生。可以看出，这个账号为了唤起年轻女性对政治的关心，改善年轻人投票率低的现状所做出的努力。在首相本人的照片上，出现了大面积的粉红色、亮闪闪的字体及五颜六色的可爱风贴纸和标签，而在过去，账号发出的都是让年轻用户毫无点击欲的未经修饰的图片。

Instagram 用户对这样的转变也是喜闻乐见的，还创建了“×× 今天也萌萌哒”“×× 劳模”等标签，账号互动率也获得了提升。

如果不想让写出来的文字被年轻人嫌弃过时和乏味，就需要敏锐地观察年轻人美学生态系统的微妙变动，了解他们的审美倾向和潮流。前些年带着摆拍和精修痕迹的唯美“INS 风”获得年轻人追捧，不过年轻人的审美疲劳总是来得特别快，潮流总是转瞬即逝，这届年轻人又流行起了不加滤镜的“原图风”，“Be Real 才是真的酷”。

在社交媒体中，那种像素低到模糊且发绿的图片及表情包也得到了年轻人的追捧，因为“被转发的次数越多，像素就会越低”，这本身就说明了表情包的受欢迎程度。这类表情包被称为 deep fried memes（油炸表情包），指表情包被处理得模糊不清甚至发黄发绿，就好像被油炸过那样。那些被降低了分辨率、增加了噪点和提高了对比度的图片和表情包，就像被添加了一层特别的滤镜那样，因其特别的质感得到流行，红极一时的憨憨猫表情包就是这样一幅油炸表情包（如图 9-4 所示）。

图 9-4 红极一时的憨憨猫表情包

3. 内容创作的平权化

近年来，不少后缀为“bot”的账号开始流行起来。“bot”是“robot”的缩写，指那些机械地发布用户投稿内容的账号，账号虽然是由人在运营的，但内容的筛选和发布都如同一个机器人那样去人格化、去主观化。

“bot”的类型多种多样，比如“偷听 bot”的内容都是来自网友们投稿的日常生活中听到的谈话，“菜里的姜 bot”专门收集和发布食物里“伪装”成各种菜的姜……对于投稿者来说，这些“bot”就像可以把悄悄话说给大家听的“树洞”，因为匿名发表而不需要有包袱和伪装；对于账号的运营者来说，它是汇聚了广大用户生成内容和故事的庞大素材库；对于账号的粉丝而言，也能从各个“bot”里看到自己感兴趣且真实甚至略带粗糙的内容。这些“bot”账号冷冰冰的距离感和真实感，反而让年轻人觉得亲切又有趣。

“bot”账号的流行，从某种程度上可以视作内容创作正在走向平权化的一种体现。如今，年轻人已经不再只被那些精心雕琢的内容吸引了，那些更加真实、接地气的内容反而更容易让他们产生共鸣。许多敏锐的品牌已经洞察到这一趋势，直接拿用户生产的内容做起了广告。Twitter 在情人节营销时，就将用户对感情生活、对伴侣的抱怨从网络搬到了线下的广告牌上：

我男朋友刚喝了我泡隐适美的水
我现在笑得停不下来

问：我为什么单身？
答：拒绝一切约会
回消息要三到五个工作日
情感不外露
不会侧方位停车

我男朋友说
他的出轨对象是我的不同人格

我妻子说：“你还能更烦人一点吗？”
然后，我找到明天的目标了

段子一样的用户“吐槽”，能让大部分人从中找到自己的影子，真实有趣，也能唤起用户对品牌的好感。

音乐服务平台 Spotify 也经常将用户送上广告牌，2018 年就曾通过平台用户听歌的数据挖掘出趣味：

> 人们如何通过歌单逃离疯狂的 2018 年：
> 创建了 367 个安抚自己的平静冥想（calm meditation）歌单，
> 还有一个打错了的蛤蜊冥想（clam meditation）歌单。

> 上帝到底是男人还是女人？
> 歌单给出的答案是——
> 上帝是男人：9 票。
> 上帝是女人：2808 票。

利用平台的用户生成内容与用户做沟通，就像老友间推心置腹地聊天一般。

4. 原子化的个体

原子，是指构成一般物质的最小单元，原子与原子之间可以独立存在。在高速发展的当代社会，物质与网络世界的发达，为人们的个体独立提供了条件，年轻人日益成为“原子化的个体”，更倾向于沉浸在自己的世界中不被打扰，显得孤立甚至隔绝，现实中的人际关系日趋疏离。在大都会中，这种现象更加明显。

由于智能移动设备和无线宽带的普及，人们很容易随时随地浸入虚拟世界。虚拟世界已经成为年轻人交流和娱乐的主要场所，他们在虚拟世界中构建起更加封闭和细分的圈层，创造出了一套与同好交流的独特的语言，这些语言也被叫作“黑话”，对于圈层外的人及其他代际的人群而言，它们通常有着较高的理解成本。诸如语 C、cdx、扩列、养火、nss 等来自“95 后”

的“黑话”，难免令第一次接触它们的人一头雾水。

以语 C（语言 Cosplay）为例，它是指参与者以文字的形式去扮演一些特定的人物，并根据其“人设”（人物设定），通过对话、动作、肖像、行为和心理描写等方式与其他参与者进行互动的一种社交游戏。这些“人设”可以是参与者原创的，也可以来自某些漫画、动画、小说、历史、游戏或影视作品。

比如“名人朋友圈”，参与者可以从成千上万的名人、明星、历史人物中挑选一个人作为自己的“人设”，去发表符合这个人身份和讲话习惯的内容,并与其他相关的人物进行互动。简单打个比方,一个参与者选了“贾宝玉”作为“人设”，那么当他看到“林黛玉”和“贾环”同时发布状态的时候，该参与者就会去“林黛玉”的状态下留言问候，而不会去“贾环”的状态下留言，因为在《红楼梦》一书中的设定中，贾宝玉和林黛玉是一对相亲相爱的知心恋人，而贾宝玉和贾环则是关系恶劣的兄弟。

在语 C 这样的互动娱乐方式背后，也可以看出年轻人对社交与陪伴的定义早已不同往日。他们将自己投射在虚拟的“人设”中，并和其他同样虚拟的人物产生互动和交流，虽然这些人物和现实世界几乎没什么关联，但依然可以借其表达自我并找到认同。不仅自己热衷于扮演某个“人设”，年轻一代在评价小说、电影、电视剧等内容作品时，也十分关注作品中人物的“人设”。追求“人设”的本质在于需求身份认同，不同的“人设”代表着不同的兴趣倾向和价值取向。

在这样的趋势之下，许多品牌也开启了在社交媒体上经营“人设”的道路。最著名的案例莫过于杜蕾斯的微博，依托于自己独特的产品属性，在社交媒体上发布与男女情感有关的内容，塑造出幽默又善解风情的品牌“人设”。事实证明，“人设”的经营并不是徒劳无功的，尽管杜蕾斯在测评帖中各方面的数据都不占优势，但依然凭借自己的“人设”在社交媒体上刷足了存在感。

不可否认的是，年轻一代的人群是一个越来越难以“贴标签”的人群，他们足够个性化和多元化，就像一个个漂浮离散的原子。或因为某种相似的吸引而并不十分紧密地聚拢在一起，或很快就散开，组成新的团体，没有一套沟通技巧可以较长久地起作用了。

年轻人的神经被互联网信息的洪流冲刷得异常纤细和敏锐，他们在层出不穷的各类产品的迎合下变得日益挑剔，这注定是更难讨好的一代。但如果找准了和他们沟通的语境和技巧，用足够开放和真诚的语调，他们也会毫不保留地献上自己的喜爱。

9.4　如何写好美食文案

作家汪曾祺曾说："到了一个新地方，有人爱逛百货公司，有人爱逛书店，我宁可去逛逛菜市。看看生鸡活鸭、新鲜水灵的瓜菜、彤红的辣椒，热热闹闹，挨挨挤挤，让人感到一种生之乐趣。"

美食，人类的快乐来源，当之无愧的人生治愈剂，一茶一饭，一粥一器，它们不仅能满足味蕾填饱胃，也能从心理和情绪层面带给人们慰藉。"吃"不仅是人与食物的故事，也是人与自然、人与时间、人与人的故事。

酸甜苦辣咸麻膻腥鲜，美食是好吃的，美食文案的写作是有挑战性的，因为"吃"这件事情本身就是要同时服务于人的眼睛、鼻子和嘴巴的，因此，美食文案也非常考验创作者的"三官"，要求创作者通过一个个文字去调动用户的感官，这样才能写出让人看了就忍不住垂涎的美食文案。

除了尺颊生香、滑而不腻、酥脆可口、香甜软糯、鲜美多汁这类形容美食的常见描述，到底应该怎样写美食文案，才能还原食物的诱人滋味，并且还能为食物增添感官体验之外的更丰盛的余味呢？我们从美食的场景属性、情绪属性、社会属性和官能属性四个层面入手解题。

1. 用场景，为美食文案"提鲜"

就像往汤里加入春笋、蘑菇、干贝、海米等物可以起到让汤汁更鲜美的"提鲜"作用一样，在美食文案的撰写过程中，除单纯地进行食物描写外，也可以借助一些其他元素来使文案变得更有吸引力。

时令，就是可为食物增添风味的最佳搭档。"蒌蒿满地芦芽短，正是河豚欲上时”，在正确的时间吃正确的食物，从古至今都是一件美事，可以彰显人们对饮食的考究。比如在《红楼梦》里，薛宝钗和贾探春就曾商议着要吃一道菜——油盐炒枸杞芽儿，她们给了贾府中的厨子五百钱请她帮忙做这道菜,虽然这道菜其实只值二三十钱。油盐炒枸杞芽儿这道菜看起来朴素，其实有讲究，首先枸杞芽儿是初春枸杞树长出的嫩芽，其次烹调方法是用油盐炒，可以保留和激发食材本身的清香，让人食之而知春味。

在描写食物时如果可以加入四时光景，能为食物加上一层“提鲜”的滤镜，比如以下这段文案：

> 如果春天有味道，大概就在一碗氤氲的腌笃鲜里面吧，春笋、鲜肉和咸肉的碰撞，让味蕾也感受到明媚的春光。盛夏里那一颗细腻无絮渣的水蜜桃，吃的时候就像一颗爆浆小炸弹，桃汁多得可以从指尖一直流到胳膊肘。秋日咬一口挂白霜的柿饼，看流心的果肉里扯出鲜亮的拉丝，整个秋天都变甜了。冬夜的命，都是靠滋滋作响的砂锅和甜甜暖暖的热啤酒续的啊。

纪录片《舌尖上的中国》中，也有许多关于时令与美食的优秀文案，比如以下这段关于芜湖美食“虾子小刀面”的描述，就突显了美食中的一味食材“虾子”的来历：盛夏，水温超过 18℃，青虾开始繁殖时，才能收集到虾子，用这样的虾子做出的小刀面，色白汤清味浓，称得上是大自然苦夏给当地人的最佳补偿：

> 只有盛夏，水温超过 18℃，一种美食才会在水下孕育。长江和青弋江在芜湖交汇，许师傅将面搓揉成雪花状，压实，擀薄，小刀切好。面条滑爽绵糯，是芜湖一年四季小吃的代表。但是，要把小刀面吃出酣畅淋漓的美感，还要耐心等候三伏天的到来。温暖的水下，青虾开始繁殖，4 到 6 厘米大小的母虾，包裹着上千粒虾子。河道缓流处，昨晚下水的丁字形筒状虾篓，盛满

收获，用竹篓筛出虾卵，1公斤虾能收集50克虾子。

盛夏的江城，小刀面旺火煮沸，拌葱花、酱油，再加上大骨高汤。

100克面条，10克虾子，虾子和高汤的相逢，色白汤清味浓。

虾子小刀面，正是芜湖溽热的苦夏给予当地人的最佳补偿。

在美食文案的写作中，加入诸如时令这样的元素，让美食置身于与其相得益彰的场景之中，更能唤醒人们对食物的美好向往，也能使用户产生一种"是时候吃它们了"的迫切心理。就像电影《小森林》中说的那样："虽然天气寒冷很令人头疼，但有些食物只能天冷的时候才能做。寒冷，也是很重要的调味料。"寒冷的冬天可以让咕噜噜的火锅散发的暖意更缱绻，夏季夜晚的凉风能让小龙虾的麻辣更爽利，这些固定的场景可以轻松地启动人类大脑进食程序，让人升起食欲。

喜茶在其四季限定产品的文案中，就很好地运用了四季为食物增色，比如六月的"缪斯桃桃"和七月瓜香正浓时节的"多肉瓜瓜"的文案：

六月是奉献的季节
投我以琼瑶
报之以桃桃
Muse 汁甜如蜜的水蜜桃
保持着妩媚
清幽的四季春茶为她
增添了几分端庄的美

小扇引微凉
悠悠夏日长
夏日昏沉刻
忽闻蜜瓜香
瓜香正浓

浓夏一梦
今日一别
来年再逢

网易严选一款“吮指虾片”的文案，也从食物与自然关系的角度，体现虾片的“鲜”：

食物就像一个神奇的收藏夹
装得下山川湖海，装得下四时更迭
打开一包鲜香松脆的鲜虾片
海的味道，便在你的舌尖流连

2. 用美食，搭一座“情绪避难所”

在心理学上，有个概念叫情绪性进食（Emotional Eating），它是指人们通过进食来填补情绪需求的行为。在充满压力的当代社会，美食对很多人而言就像一座紧急避难所，它的功能不再只是帮助人们缓解饥饿，它也能帮助人们缓和情绪，“借吃消愁”。因为当面对压力时，人们的压力荷尔蒙——皮质醇分泌会上升，从而引发对高热量食物的强烈渴望，升高的皮质醇水平告诉大脑我们需要补充能量了，这样才足以抗住压力。

在心理学家弗洛伊德看来，人们在婴儿时期通过母乳来获得生存的能量，最初的安全感就是通过嘴来获得的，咀嚼行为能让我们获得天然的安全感，因此每当面对压力时，就会忍不住往嘴里塞点食物，触发人们在生命之初体会到的那种安全感。

人生何处似樽前，在成年人社会，除了通过进食获得本能的抚慰，“吃”这件事本身，也是繁忙生活之中的一种调剂。就像日剧《孤独的美食家》的那段开场白所言：“不被时间和社会所束缚，幸福地填饱肚子，短时间内变得随心所欲，变得自由，不被谁打扰，毫不费神地吃东西的这种孤高行为，是现代人都平等地拥有的最高治愈。”吃，不仅能填饱肚子，也是人生中难得的一种“小型自由”，就像网络流行语说的“双手握住简单的快乐”那样，几块钱一罐的可乐就能让人感到快乐，十几块钱一杯的奶茶就能缓解加班时的疲惫，几块炸鸡就能使孤独的夜晚变得没那么难熬，和三五好友在大排档吃一顿烧烤就能让失恋的痛苦减轻几分，美食对人类情绪的治愈作用大抵如此。

在美食纪录片《人生一串》中，除了对美食进行孜孜不倦的描述，也不忘加入人生百味点缀其间，让人更能感受美食带给人们的情绪治愈：

> 在寒冷的夜晚，喝光一壶老酒，和朋友聊聊略显颓然的近况，三里桥独特的烤心管，给这里的中年酒局，涂上了知己难逢的人生底色。这样的烧烤意境，如果再来点怀旧音乐，那就更有味道了。
>
> 如果你啃的是羊排，那最好带着些许仇恨，把它想象成生活中的敌人，心无旁骛地撕咬，目不转睛地咀嚼，全力以赴，彻底征服，才不枉对抗中的口水淋漓。

和老友在寒冷的晚上喝着酒吃着烤串，“中年酒局”上关于人生的不如意，都被吃好喝好的“酒肉知己”暂时治愈；啃羊排要带着些许仇恨，把它想象成生活中的敌人，更能凶猛撕咬，爽快泄愤。享受美食，从来都不仅仅是动动嘴巴那么单纯。

台湾左岸咖啡馆的文案，也从咖啡带给人的放松与慰藉处落笔：

> 等到角落里的那个客人回家之后
> 咖啡馆里就只剩下我一个人了
> 咖啡馆里最后的一位客人
> 拥有一项特权——

可以挑选自己喜欢的音乐
同时，侍者会再端上一杯咖啡
表示他并不急着打烊

我在左岸咖啡馆
一个人慢慢等待打烊

3. 社会促进效应：为热辣美食“加温”

有研究表明，人们在与他人一同进食时，吃掉的食物会比自己一个人进食时更多。这种现象被称作社会促进效应，指人在周围有其他人在场或一起做事时，完成某种活动的效率会提高。

火锅、烧烤、麻辣小龙虾这类食物之所以广受喜爱，除了因为它们具备高热量的特点，还有一大原因就是它们都属于“社交型”美食，这类食物更适合好几个人一起享受，吃完一餐的时间比普通食物更长，餐桌上能容纳的交流也更多。

说到底，享受美食不仅是私人的进食体验，也是社会交往活动，当人们想吃美食时，很多时候渴求的不只是美食本身，更是那些一起享受美食的人，以及享受美食时的氛围或记忆。

在撰写美食类文案时，如果能很好地调动起食物的“社交属性”，就会更容易勾起人们对食物的记忆，从而让人食欲大增。美食共享 App 回家吃饭曾推出过一组海报，文案中就利用了美食的社交属性，来体现其平台主打家庭美食外送的特点：

发际线越来越高
天花板越来越低
只要吃一口板栗鸭
就像回到了九岁

那些能让人回忆起童年、回忆起“家的味道”的食物，往往更加吸引人。

麦当劳在其七夕营销的海报文案中，也从“美食”与“恋爱”关联的角度出发输出了一组“情话”，毕竟，美食在促进人类恋情进展方面，向来都扮演着不可取代的作用：

每次第二杯半价，我想到的，都是你
早餐、午餐、晚餐，都想和你，一起吃
总想和你多待一会儿，所以每次点餐，都故意多点份大薯
看见你，我迅速吃完了甜筒，不是怕你过来抢，只是想腾出手来抱抱你
自从有了你，我的世界，从白开水变成可乐

年幼时嚷嚷着要吃的糖葫芦、在家里肆无忌惮撕咬的猪脚……食物的美味包裹着愉悦的记忆，更令人胃口大开，美食自媒体日食记在美食短视频中，就时常运用这样的手法为美食增色：

年幼的我，看到糖葫芦总是吵着要买，
却很少吃到最后一颗。
那些被剩下的糖葫芦，
最后去了哪儿？
不用在意吃相，或担忧卤汁黏稠。
也许正因如此，才成为令人安心的，家的味道。

4. 美食文案的画面感和触感

前文提到过，“吃”是一件同时服务于人的眼睛、鼻子和嘴的活动，因此，美食文案的写作需要动用种种技巧来刺激用户的官能，让文案具有画面感和触感。

美食文案的画面感，可以通过对美食的色泽、质感方面的描写来实现。古代诗人在描写美食时，也注重对食物色泽的呈现，比如李白的“呼儿拂几霜刃挥,红肌花落白雪霏”,就描写了“鱼脍”这道美食带给人的视觉冲击，“鱼脍”也就是生鱼片，诗中把红色的鱼肉比作红色的花，把白色的鱼肉比作白雪，“花落”“白雪霏”生动而富有诗意地描绘出美食在烹调时的动态画面，体现出鱼肉色泽明丽、肉质新鲜的特点。杜甫的“无声细下飞碎雪，有骨已剁觜春葱……落砧何曾白纸湿，放箸未觉金盘空”，用白色的鱼肉如碎雪翻飞，写出了鲙手的纯熟刀工和鱼肉鲜美致使食客们争相抢食的热烈场面。

作家汪曾祺在描写“香椿拌豆腐”这道菜时，就运用了“紫赤”“碧绿”这样的词汇，加之豆腐的白色，读来眼前已经有一幅色彩清新的画面，再加上椿头的“嫩香”和香油的味道，让“一箸入口，三春不忘”这样的美好体验得到了诠释：

> 香椿拌豆腐是拌豆腐里的上上品。嫩香椿头，芽叶未舒，颜色紫赤，嗅之香气扑鼻，入开水稍烫，梗叶转为碧绿，捞出，揉以细盐，候冷，切为碎末，与豆腐同拌（以南豆腐为佳），下香油数滴。一箸入口，三春不忘。

美食的滋味，舌头是最清楚的，但较难用文字进行“翻译”，这个时候，就需要我们动用那些相近的味道去加以类比，达到传递信息的效果。村上春树在《如果我们的语言是威士忌》一书中，是这样描写苏格兰艾莱岛威士忌的：

> 在饭店要了一盘生牡蛎加两杯纯麦芽威士忌，把威士忌满满地浇在壳中的牡蛎上面，直接放到嘴里。唔，实在好吃得不得了。牡蛎的海潮味和艾莱威士忌那海雾般独特的氤氲感在口中融为一体。不是哪一方靠近，也不是哪一方接受，简直就像传说中

的崔斯坦与易梭德[1]一样。然后我把壳中剩的汁液和威士忌一起"咕嘟"咽下。

苏格兰艾莱岛威士忌到底和别的威士忌味道有什么不同呢？村上春树用"海雾般"的味道写出了它那种接近海滩味、潮水味的特别的咸香滋味，与牡蛎"海潮味"的口感融合在一起，描绘出一种独特的美食体验。

食物的触感,也是较难描写的一个部分。在美食纪录片《人生一串》中，曾介绍过一种美食——烤猪眼：

猪眼睛唯一的吃法，就是整个放进嘴里，一口咬下，黑色的眼浆爆射口腔，刺激程度，是撒尿牛丸的一百倍。激情过后，眼球周围的胶原物质，提供弹牙的肉感，多咬几下，就能吃到嘎嘣脆的晶状体和角膜，只有亲自体会，才能体会其中奥妙。像第一次亲密接触，小心被它电到。

这道美食相信吃过的人并不多，所以就更难传递它究竟是什么口感和味道了,《人生一串》的文案通过类比手法，让大家尽可能感受到这道菜的滋味，比如爆浆"是撒尿牛丸的一百倍""弹牙的肉感""嘎嘣脆"都写出了这道美食的口感。

美食文案，不仅要写出食物的烟火气，也需要捕捉到觥筹交错间情绪的流动，那些关于内心的故事，关于季节、故乡、童年的记忆，才是真正的诱人的钩子，能够唤醒人们对美食的渴望与向往。

9.5　有哪些审美常识是文案创作者必须掌握的

"审美"这个词，近年来在广告营销领域出现的频率越来越高。尽管用

①崔斯坦和易梭德，是瓦格纳的歌剧《崔斯坦和伊索德》中的一对情侣。伊索德即易梭德的另一种译法。

户热衷于观看华农兄弟、美食作家王刚发布的看上去并不精美甚至有些粗糙的短视频，喜欢收藏和转发那些模糊到变成像素风的表情包，但对文案创作者而言，基础的审美能力是必备的，我们要能判断什么样的文字是美好的、令人舒适的，什么样的文字是劣质的、哗众取宠的，才能避免在沟通中引起用户的反感。无论在什么时代，品牌都希望向用户传递真善美的理念和形象，这是不变的诉求，那些土味的、搞怪的内容都只是技巧，是与用户实现同频共振的短期手段。

当代人，尤其是当代年轻人，在审美这件事情上，越来越有自己的主张、倾向甚至是一些癖好。比如为美食拍照只采用 *KINFOLK* 杂志式的水平俯拍大法；比如鄙视磨皮 10 级的美颜功能和太过失真的滤镜，宁愿自己使用 VSCO 手动调整色调和 HSL 值；又比如因为某个品牌或某件商品的包装盒 / 购物袋好看而购买……一些看似细枝末节的小癖好，正在默默影响着人们对某个产品或品牌的感知与好恶。

对文案创作者来说，审美能力的提升或许不会十分直接地体现在工作的成效中，但它对于我们提升内容的深度和美感却相当重要。在为不同的产品或品牌创作文案的过程中，如果有意识地运用与它们气质吻合的美学知识，能有效地提升文案的精度和厚度。接下来的内容，纵贯古代与现代，横跨大洲与大洋，只为我们需要时能取一瓢饮。

1. 极简之美：对消费主义的叛逆

极简主义（Minimalism），是近年来颇受追捧的一种审美倾向。用流行的话来说，符合极简主义的物品会显得“高级”。线条简约，注重留白，去掉不必要的矫饰，极简主义风格给人以放松、环保且经济的感觉，在某种程度上，它也反映出人们对消费主义横行、物欲过载的当代社会的反思与叛逆。

其实早在 14 世纪，英格兰逻辑学家奥卡姆就曾提出过一个原理：如无必要，勿增实体（Entities should not be multiplied unnecessarily）。它被称作“奥卡姆剃刀”原理，是指剔除那些不必要的烦琐与累赘，用最少的资源达成同样的目的。如今这一概念在工业设计、企业管理及日常生活等层面都在发挥着作用。

从美学的角度来看，中国自古以来就有受道教文化影响而形成的简朴美学观，崇尚“清水出芙蓉，天然去雕饰”的自然和纯粹，在日本，也素有从茶道精神中脱胎而来的“和敬清寂”的审美理念。

日本家居品牌无印良品（MUJI），就是将极简风格运用到产品设计与品牌塑造上的集大成者之一。在增田明子所著的《无印良品式营销》一书中，就曾这样阐释无印良品的成功之道：

> 无印良品通过去除商品中的多余成分，将“和敬清寂”的生活理念传递给消费者，突出本品牌的特色……
>
> 根据冈仓天心在《茶之书》中的说法，茶室好比一个“空的容器”，而茶道的本质就是要考究在这空空如也的茶室中放入何物，以期达到何种状态……MUJI 与茶道的相似之处，具体来说，就是“高度的自由”。茶室的“空盒子”概念表现在 MUJI 上就是“空”。

在品牌营销层面，无印良品也在不断放大这种极简、空、静谧美好的概念。比如 2003 年一组主题为“地平线”的广告，一张张海报中仅有的元素就是天空与草原、雪地、湖泊，以及它们交界处的那一根地平线，除此之外空空如也，什么别的元素也没有。极简优雅的画面容易让人感受到一种寂静、空旷的氛围，这也是无印良品想要传递给用户的品牌质感。在无印良品的设计师原研斋看来：“将所有复杂的、繁乱的、色彩缤纷的事物，划归到一个永恒的起点来重新审视，而这就是无印良品广告所传达的视觉印象。”

又比如在 2005 年的广告中，画面里只有银阁寺的一间茶室和一只无印良品茶碗，以此营造出“空”的意境，将无印良品的品牌理念与茶室和禅的概念相融合，使得用户产生无印良品的商品如同茶室般静谧的感知和印象。

无印良品的流行，其实也与日本低欲望的社会背景、断舍离的生活理念密不可分。在物质充裕、信息爆炸的当代，不少人会通过为自己的生活做减法来获得“清空”的满足感，比如关闭微信朋友圈、定期清除手机里不常用的 App、丢掉衣橱里很久不穿的衣服。极简主义的审美与这样的生活理念与方式不谋而合，满足了用户在拥挤生活中找寻一处“留白”的愿望，因此成为近年来备受推崇的一种审美倾向。

2. 余味之美："高情景"文化的产物

电影导演小津安二郎曾说：电影和人生，都以余味定输赢 。“余味”就是他对电影审美的一种追求，为了追求余味，小津安二郎在拍摄中有意识地减少戏剧化的成分，以“慢腾腾”的节奏去细致刻画日常的生活与情感，让内容自然而然地积成余韵，对于想表达的内容并不直接道破，而是让观众自行感受，使观众在看完电影之后，感到余味悠长。

> 高兴就又跑又跳，悲伤就又哭又喊，那是上野动物园猴子干的事。笑在脸上，哭在心里，说出心里相反的言语，做出心里相反的脸色，这就是人，看不透。
>
> ——小津安二郎

就像小津安二郎说的那样，人是复杂的、矛盾的，“笑在脸上，哭在心里，说出心里相反的言语”，所谓余味，大概就是在这种真情的涌动与克制的伪装的微妙激荡中产生的吧。这样的审美所带来的体验，会让人们在心中对其进行长久的咀嚼。

就像古诗里的“此中有真意，欲辨已忘言”“欲说还休，却道天凉好个秋”一样，中国也历来推崇委婉而意境悠远的审美。而这样的审美倾向也有其诞生的现实背景。人类学家爱德华·T. 霍尔曾提出过“高情景”文化和“低情景”文化的分析构架，其划分依据是人们在沟通过程中信息传递及接受的准确性与清晰度。

所谓“高情景”文化，就是指身处这一文化体系下的人们在解读信息时，会非常重视自身所处的情景，并习惯于解读和分析信息中潜在的意思，即所谓的“说话听音，锣鼓听声”。“高情景”文化体系下的人们会认为同一句话，放在不同的情境中，会产生不同的弦外之音，因此“高情景”文化中的人们其实已经具备对含蓄风格的审美基础。而“低情景”文化则相反，“低情景”文化中的信息都是通过准确、明晰的语言进行传达的，所说即所想，因此会更加注重表达的规则、逻辑与准确。

东亚地区深受儒家文化影响，基本上都属于“高情景”文化地区，而美国、斯堪的纳维亚半岛国家、德国等都是“低情景”文化的代表地区。“高情景”文化常见于推崇集体主义精神的国家，而“低情景”文化一般常见于个人主义色彩浓厚的国家。

不同的情景文化体系，也塑造着不同风格的广告营销模式。“高情景”文化下的广告，风格都较为细腻和含蓄，广告文案字数相对较少，且多描述某种氛围，充满象征的意味，如果运用不得当则会有晦涩难懂的弊端；而“低情景”文化下的广告则会使用文字较多且明确的文案，倾向于列数据、讲论据。可以感受一下下面两组文案的不同：

A 文案

你能在 Schweppes 中看到柠檬，
因为 Schweppes 是用新鲜柠檬做的。
柠檬汁，柠檬肉，柠檬皮，
整个柠檬。

B 文案

骨磁皂盘教你饭前洗手，
少了苎麻浴袍必定忘记睡前祈祷，
不烧柑橙芳香烛如何证明上帝的存在，
只要懂得买，
连港式素蚝油也会分泌亚洲美学精神。

A 文案是奥美公司为 Schweppes 柠檬水所做的广告，利益点十分清晰，就是告诉用户 Schweppes 柠檬水中的柠檬都是新鲜的，无论是汁、肉还是皮，这是典型的“低情景”文化下的广告内容。而B文案则是许舜英为台湾中兴百货写的文案，写骨磁皂盘这一物品，不直接写它的特点，而从它“教你饭前洗手”的角度去写，大意是美好的物品也会让使用它的人变得更加珍惜，从而变得更加优雅。穿上苎麻浴袍会让人记起睡前祈祷、柑橙芳香使人更清洁虔诚、港式素蚝油分泌的是亚洲美学精神……挑选对的商品也能体现出购物者的品位、提升购物者的生活质量，这是一种非常迂回、含蓄的文案风格，也是注重情景而不注重物品本身的典型的“高情景”文化主导的风格倾向。

3. 侘寂之美：瑕疵让人跳出形式

互联网的发达，让更多真实的生活图景得以更好地展现在大众面前，其中所蕴含的鲜活的趣味和生机也随之呈现。人们打开互联网，不仅可以看到妆容精致的明星，也能看到不假修饰的素人，不仅可以看到摆盘精美的米其林料理，也能看到路边充满烟火气息的一餐小食。在某种程度上，赛博世界内容发布的低门槛，其实在影响着人们对美的判断标准。就像许多明星也开始卸下完美的面具，开始经营搞怪人设那样，一些带有无伤大雅的缺点的人和事反而更能拉近与用户的距离，获得他们的喜爱。不少品牌也在社交媒体上装傻卖乖，以博用户宠爱。

比起完美，那种美好中间杂着一些缺憾的状态，仿佛更有吸引力。这其实也是一种古已有之的审美倾向。就像日本作家谷崎润一郎在《阴翳礼赞》中所描述的：

> 我们看到闪闪发亮的东西，心情绝对无法平静。即使是餐具等物，西方人也多采用银、钢铁、镍制品，并研磨得晶晶亮亮，然而那样的发光物却只会令我们感到厌恶。虽然我们也利用银制造茶壶、杯子、酒壶等物，但绝不会如此打磨。反而，我们喜爱那表面的光泽已消失，古色古香，被氧化得发黑的银器。下女等不解雅趣之流，将好不容易生锈的银器，磨得光闪，反而会遭主人责骂。

不喜欢闪闪发光毫无瑕疵的餐具，而是喜欢那些表面光泽已经消失，甚至具有划痕和瑕疵的器物，这是一种“侘寂”的美学观。日本美学研究学者李欧纳·柯仁这样解释“侘寂”：

> 如何打扫满是落叶的庭院？
> 首先用草耙把地清理得一干二净。
> 然后，摇晃其中一棵树，好让少许树叶掉落。
> 这就是侘寂。

庭院落叶被扫得一干二净可以理解为一种完美、极致的状态，扫干净之后再摇落一些树叶到庭院里，打破了这种极致的状态，却变得更加自然。“侘寂”就是这样一种状态，不完美也是一种美，瑕疵反而能让人跳出形式的框架，因为美不一定来自形式的完整，纯朴自然和原始粗犷的不完整之中、因时光流逝而产生的磨损之中，也可能存在美。“侘寂”的理念使人对美有更别致的体悟。

4. 强迫症美学："内容引起极大舒适"

如今，那些能满足用户“强迫症”的内容，往往被认为能引起人们的“极大舒适”，从而受到用户喜爱。比如美国导演韦斯·安德森（Wes Anderson）的电影，就因为运用了大量的对称构图和明亮的色彩而广受喜爱。他对于色彩的执着和对于空间的精密切割，使电影的每一帧都能让“细节控”叹服，甚至形成了一种韦斯·安德森式的对称与色彩美学，其影响范围还渗透到了餐厅装潢、家居设计、广告、摄影及服装设计领域。

美国著名导演斯坦利·库布里克以“单点透视”构图而著名。“单点透视”又叫作平行透视，是指在透视的结构中只有一个透视消失点，简单而言，就是一种近大远小的构图方式。库布里克在电影中将“单点透视”法运用得炉火纯青，从而使画面更具立体感，视觉效果也更加突出，对观者而言不异于一场视觉盛宴。在库布里克的著名影片《闪灵》《奇爱博士》《2001 太空漫游》中都能见到这般的镜头（如图 9-5 所示）：

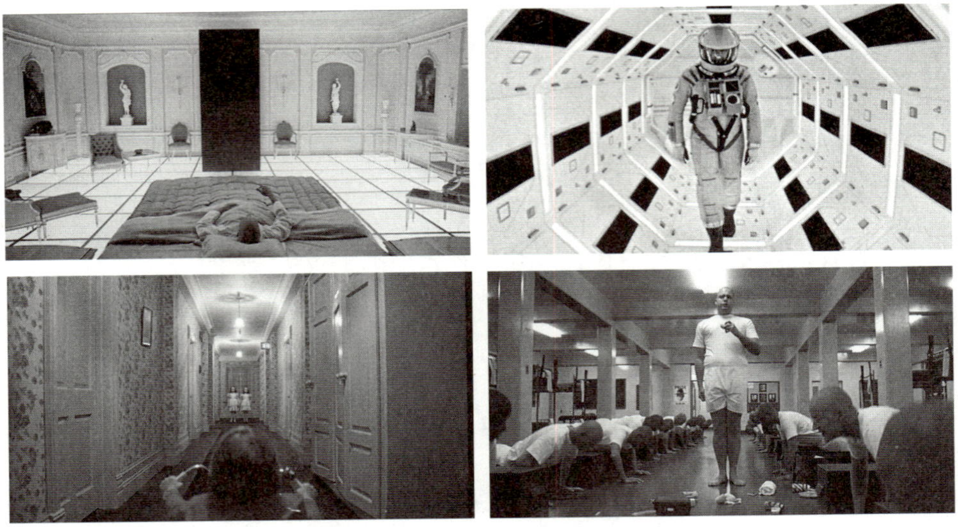

图 9-5　库布里克电影剧照

这样的对称构图带有严肃、客观又冷漠的气质，让故事的阐释视角带有一种疏离感和理智感，很适合渲染恐怖窒息、迷茫未知的情绪。

这样带有强迫症般的极致美学风格，本质上可以为用户带来一种“掌控的安全感”，从而产生治愈作用。日本东京一家名为 PIGMENT TOKYO 的画材用品商店就曾将这种“强迫症美学”发挥得淋漓尽致。当用户走进这家店，会看到整齐陈列在一整面墙上的 4200 多种颜料瓶，并且这些颜料瓶都按色系进行了排列，产生了令人极度舒适的渐变效果。不仅如此，还有 600 多种画笔被整齐地挂在墙上，给人的视觉感受就如同对眼球进行了一次愉悦的按摩。

日本的圆珠笔品牌百乐笔在其广告设计中也采用过异曲同工的“强迫症美学”，通过视频去展现一支圆珠笔笔触的顺滑，如同多米诺骨牌一推就接连倒下，如同撑竿跳高运动员轻松越过横竿，如同过山车沿陡峭轨道下滑，整个视频看上去一气呵成，令人神清气爽之余也感受到圆珠笔流畅顺滑的特点。

就像用户喜欢观看锋利的刀片瞬间削过肥皂，喜欢听肥皂块掉落时令人舒适的白噪声，这类 ASMR 视频的流行也给用户带去了轻松愉悦的体验。

据《泰晤士报》说，对于一些人来说，看 ASMR 类视频给神经带来的放松效果可能比一次睡眠更佳。

许多品牌也开始利用这类感官营销，让用户沉浸在一种放松、舒适的状态之中。研究 ASMR 的专家克雷格·李察（Craig Richar）认为，营销的表现形式应该从以往的高声喧哗转向轻柔与舒适，因为人们需要安抚和慰藉。

麦当劳就曾推出过一支能“引起极大舒适”的 3D 视频广告片《松软的世界》，视频是为当时的新品麦满分汉堡量身打造的，画面展现了鸡蛋掉落、弹跳在柔软的软垫上，蛋白与蛋黄严丝合缝地镶嵌到一起，培根切片被整齐地切成薄如蝉翼的薄片的情形。视频画面中出现的物品都是柔软顺滑的，让人看了感到过瘾，也能让用户感受到麦满分汉堡柔软顺滑的口感。

无论是极具现代气息的极简之美、强迫症美学，还是颇具古典风格的余味之美和侘寂之美，审美的背后都隐藏着人们的某种心理需求，在审美中，人们获得感悟、治愈或放松。通过不同类型的美与不同需求的用户进行沟通，用美去消解用户对广告内容的天然抵触，或许可以更加优雅，也更加有效。

对于文案创作者而言，对文字的审美能力是必需的。就像作家王小波在谈自己在文学上的师承时，提到过自己在 15 岁阅读不同外文诗歌译本时，感受到其间的差别，就懂得了什么样的文字才能叫作好。到了他将近 40 岁时候读到王道乾先生翻译的玛格丽特·杜拉斯的《情人》，又感受到“小说可以达到什么样的文字境界”，《情人》开篇的一段译文是这样的：

> 我已经老了。有一天，在一处公共场所的大厅里，有一个男人向我走来，他主动介绍自己，他对我说：“我认识你，我永远记得你。那时候，你还很年轻，人人都说你美，现在，我是特为来告诉你，对我来说，我觉得现在你比年轻的时候更美，那时你是年轻女人，与你那时的面貌相比，我更爱你现在备受摧残的面容。

这段文字不仅字面优美，也体现出主人公的无限沧桑，故被王小波认为是上乘的文字，他还表示，文字是用来读、用来听，不是用来看的，如果不懂这一点，就只能写出充满噪声的文字垃圾。思想、语言、文字，是一体的，假如念起来乱糟糟，意思也不会好。

想要提升对文字的审美，文案创作者也不妨多阅读那些优质的译本，通过长期的熏陶，提升自己对文字的领悟力和掌控力。

第 10 章 如何搭建文章结构

在创作生涯中，文案创作者需要掌握多种文体的写作方法。不仅要会舌灿莲花、口吐金句，也需要一气呵成、挥洒长文。金句的撰写，往往需要灵犀一点的洞察和机巧的文字技巧，而长文章的撰写，则更考验文案创作者的基本功，我们需要掌握一套清晰的撰写流程，知道第一步该做什么，下一步该做什么，才不至于在长文章的撰写过程中乱了阵脚。

在长文章的撰写过程中，首先，需要明确文章的核心观点，即文章到底要向外界传递什么信息。观点，就好比文章的灵魂，它决定了文章的光芒能照耀多远，能辐射多广。

其次，需要搭建文章的结构，这就好比赋予了文章一具“骨架”，“骨架”是整齐挺拔还是畸形散乱，决定了文章呈现在读者面前的整体形态。结构散乱的文章会增加读者的阅读成本，阻碍核心观点的表达。

随后，就是往文章结构中填充适当的材料，这些材料可以是数据、案例、故事等，它们的作用是让文章变得肌肉丰满，变得更可信和更有说服力。

最后，还需要对文章通篇的文辞进行润色和“精修”，删减掉不必要的枝蔓，让文章变得通体清爽，同时蒙上一张干净、漂亮的皮肤。

比起短文案的撰写，长文章的撰写更需要清晰的规则，以及耐心和体力。有时候，为了让某个观点传递得更有力和更顺利，我们不得不付出大量的时间去收集素材，去做田野调查、做采访或是进行桌面研究。当素材足够丰富之后，还需要耗费精力去“修剪”堆积如山的材料，并把它们填充到文章框架中合适的位置，发挥它们应有的作用，如果素材太过冗长和芜杂，就很容易起到副作用。在过往章节中介绍的“金字塔原理”等方法，可以帮助我们有效地梳理逻辑和筛选内容。

在这一章中，我们将聚焦文章呈现的具体结构，讲解不同结构的特点和优势，这些结构规则将成为我们写作长文章时可以使用到的实用工具。文案创作者就像一个木匠，在面对不同种类的木材时，要知道选择哪一把榔头才是最顺手的。

10.1 钻石结构

钻石结构的文章通常以趣事型故事作为导语，对文章要讲述的问题和故事的主题进行说明，随后铺展开来，描述文章重点要讨论的问题，结尾部分再返回开篇的奇闻趣事上。这样的结构就像一枚钻石。文章从具体到一般，再回到具体，文章的视角从微观扩展到宏观，再收缩到微观，就像钻石的形状那样：顶部小，中间宽，底端尖。

钻石结构常见于报纸、广播新闻和特稿中。比如在一篇描写失业问题的文章中，开篇可以描写某一个人或某一个家庭在失业大潮中的经历，特写他们的生活细节与挣扎。随后视角逐渐拉开，在文章的中部可以用更宏观的视角去剖析失业问题，比如失业率上升的经济、社会背景和政治因素等，以及针对失业人群的救济举措等。在文章的结尾则可以回到开头的人物故事，重新落回普通家庭中的个人在失业大潮中的挣扎，完成钻石结构。

《人物》杂志的《翻滚的火锅市场，遇上疫情寒冰》一文，开篇的一句话就是“北漂女青年小琳始终记得她迄今为止最后一顿火锅”，以消费者小琳吃火锅的故事作为文章的导入部分，体现出小琳对新冠肺炎疫情前吃的最后一顿火锅的怀念：“九宫格里沸腾的红油，翻滚的毛肚，趁着刚煮熟的那一刻，裹着蘸料放入嘴中。镜头拉近，蘸料里的蒜泥清晰可见。镜头拉远，整个餐桌上还有黄喉、肉片、豆皮、土豆……”开篇的小故事充满细节，随后镜头拉远，文章开始展开去描写疫情对餐饮行业尤其是火锅店的打击，并以较为宏观的视角介绍了自热火锅市场从爆发到扩张的历程，援引了大量的数据进行说明，同时也援引了《中国餐饮报告》等权威数据报告介绍火锅外卖对连锁火锅店营收的影响，并引用了行业分析师对疫后餐饮行业复苏的预测。在文章的最后，又落回一位火锅店老板的小故事，在他的回忆“当时他想，如果每天能卖十斤牛肉丸，再卖十桌火锅，就心满意足了”中，结束了整篇文章。

钻石结构的优势是，用可读性和趣味性较强的故事去吸引读者的注意力，让读者拥有较好的体验。在文章正文中用翔实的案例、数据和观点对文章主题进行充分的阐释，最后也落回一个具象的故事，达到前后呼应的效果。

把钻石结构运用得最炉火纯青的是《华尔街日报》,《华尔街日报》的典型写作手法又叫“《华尔街日报》体”，通常是从小细节入手进行延展，内容秉承从特殊到一般的逻辑，开头是导语和主题段落，正文是支撑部分，解释性的内容出现在正文中，结尾再回到开头。

《华尔街日报》有一个基本观点：1000 万人死亡只是一项统计数据，1 个人死亡是一场悲剧。这个观点折射出《华尔街日报》的报道理念，那就是报道需要在读者心中起到实实在在的触动效果，而在开篇就呈现具体的人物和故事,对读者的触动效果会比抽象的描述更强烈。对于普通读者而言，失业率、国防预算、财政政策、国际争端，都只是一堆宏大而深奥的概念，很难引起他们的真正关注，而普通人的小故事，则会给读者一种“与我有关”的感觉，从而增强他们对文章的阅读欲望和理解深度。在《〈华尔街日报〉是如何讲故事的》一书中，就这样描写导语的重要性：

> 任何的导语，尤其是第一段，不仅要抓住读者的注意力，还要让他产生往下读的愿望。只要他多读几行，他就会希望自己投入的时间和精力得到回报，就会更加耐心地读下面的故事。只要是与故事有关的内容，并且能够激发读者的好奇心，任何形式的导语都可以。导语可以是引人注目的，比如要是火星人入

> 侵了新泽西，作者只需要把这个信息放在第一段，就一定能吸引眼球；导语也可以是文笔优美的描写，让读者觉得阅读是一种享受，希望继续得到更多的享受。

许多优秀的钻石结构文章的导语都有一个共同的特点，就是“神秘”。在文章的开篇抛给读者一个悬而未决的问题，以此激发读者的好奇心，促使他们继续往下阅读内容。比如这样一则导语：

> 查尔斯·戴维斯说：“我的工作就好像每天都在被人亲吻，亲得嘴巴都疼了，但我喜欢这份工作。”

这个导语没有细节，会让读者产生好奇，好奇这个查尔斯·戴维斯到底从事的是一份怎样的工作。读完文章，读者会发现原来查尔斯·戴维斯是通用电气公司的货运部经理，他经常会得到来自货运公司的人的阿谀奉承，因为货运公司的人都企图在他这里拿到运单。回过头再看这则导语，它虽然在文辞上有些夸张，但并不存在与文章主题不符的情况，而是充满神秘感，可以很好地激发读者继续阅读的欲望。

可以看出，钻石结构以一种相对人性化的视角，让文章能够吸引读者注意力，但这种结构对创作者基本功的要求也较高。在文章开篇，创作者就需要找到一个人性化的故事作为切入点，这个故事需要真实、充满细节，同时具备一定的冲突性和代表性。

比如上文提到的《人物》杂志开篇的故事，就用最后一顿火锅和新冠肺炎疫情形成对比，从饮食的角度，折射出疫情对千千万万个个体的影响。这样的故事会让读者产生身临其境的感觉，读到与自己生活在同样情景之下的人物的故事，容易激发他们继续阅读的兴趣。

在钻石结构文章的主体部分，则需要与开篇故事进行顺畅的衔接，完成从“浅入”的导语到“深入”的主体部分的过渡。在文章的主体部分，需要大量的素材支撑，获取素材的过程就好比在挖掘含金的砂矿，只有占有了砂矿，才有可能从中淘出金子。

钻石结构的文章还需要注意首尾连贯，在结尾部分需要完成和导语的呼应。

《〈华尔街日报〉是如何讲故事的》一书指出，一则优秀的导语应该满足以下一条甚至多条特征：

第一，可信度。导语必须拥有较高的可信度，让读者觉得真实，从而愿意继续往下阅读。可靠的信息源、来自权威人物的发言及背书、数据等，都能增加导语的可信度。

第二，情绪感染力。一些优秀的导语富有感染力，是因为注入了人物真实流露的情绪，能够在开篇就牢牢抓住用户的注意力。

第三，焦点明晰。好的导语通常与文章的主题有着密切联系，它的作用就是在文章开篇就抛出文章想要谈论的焦点内容，比如这则导语："电脑来了——紧跟而来的，是骗子"，仅用了 12 个字，就说明了文章的主题和焦点。像这样的概括型导语可以清晰地展现文章的焦点，并能较快地将读者带入。

第四，角度尖锐有力。有的导语角度选取得很独特，就如同一把狼牙棒，既有力，又尖锐，这样的导语往往能迅速将读者带入文章中。

除了导语，结尾对于一篇钻石结构的文章也同样重要，它担任着呼应导语、对故事主体再次做出阐释，并在最后加深读者对文章记忆的重任。如何才能写好钻石结构的结尾呢？

前后呼应型结尾，可以看作是文章开篇的"回响"，通过结尾做一个简单的总结，让读者再度回忆起文章"高光"部分的内容，提升文章的记忆度。还有一种是展望未来型结尾，在故事的主体中强调那些已经发生或正在发生的事，在结尾中推测未来将发生的事，能起到发人深思的效果。

10.2　倒金字塔结构

倒金字塔结构是一种"头重脚轻"的结构，核心的写作逻辑就是把最有价值和信息含量的内容前置。倒金字塔结构的文章会把最重要的信息放在篇首，从导语至结尾，越往后的段落，重要性越小。

在倒金字塔结构的文章中，一般首段就已经包含了这篇文章中所有的信息点，可以独立成文，变成一则短讯或“一句话新闻”，比如以下这篇题为“冥王星也许有个与其同龄的地下深海”的新闻，就是典型的倒金字塔结构：

> 据美国《新闻周刊》网站近日报道，美国科学家对其国家航空航天局（NASA）的“新视野”号传回图像进行分析后得出结论，冥王星表面下潜藏的海洋或许与冥王星自身一样古老，且厚达150公里以上。这一研究表明，液态水在太阳系边缘可能很常见。
> 2015年，“新视野”号发现，尽管冥王星距太阳约60亿公里，但其冰冷外壳下可能拥有一个液态水海洋。不过，这个海洋何时出现，现存多少液体，多少液体被冻住，一直是未解之谜。
> 加州大学圣克鲁兹分校行星科学家卡芙·比尔森领导的团队最新研究或给出了答案：自45亿年前冥王星形成后不久，这个矮行星就拥有了一个地下海洋，这个海洋可能包裹冥王星的岩石内核并与其相互作用。
> 比尔森曾经假设冥王星潜在海洋存在两种情况：如果冥王星起初很冷，那么任何地下水会先被冻住，再被其内核中放射性元素衰变产生的热量融化，随着时间流逝，部分液体再被冻结。在这种情况下，冥王星会随着冰的融化而收缩，然后随着水再次冰冻而扩张，因此，其外壳上应该会出现裂缝和断层。如果冥王星起初很温暖，那么在冥王星几乎整个生命中，海洋将一直处于流动状态。在这种情况下，表面会只显示出由于海水部分冻结而产生的裂缝。
> 研究团队发现的情况属于后者。比尔森说：“这意味着冥王星刚开始比较温暖，也许它诞生之初就拥有一个海洋。”（内容有删减）

在这则新闻中，就算只把第一段内容单独拎出来，也不影响对整篇文章内容的理解，因为首段文字已经概括了完整的信息点，即“冥王星表面下潜藏的海洋或许与冥王星自身一样古老”。甚至,读者只需要读完标题“冥王星也许有个与其同龄的地下深海”，也能获取整篇文章的核心信息，这就是倒金字塔结构的一大优势，将最重要、最新鲜、读者最关心的信息放在文章最前面，方便读者用最快的速度获取信息。

10.3　沙漏结构

沙漏结构也是文章写作中常用的一种结构。这个结构融合了倒金字塔结构和扩展叙述，适合富有戏剧性的报道。沙漏结构以概括式的导语开头，随后是几段详细的细节描述，越重要的段落会出现在文章越靠前的位置，文章的最后部分由叙事构成。沙漏结构有清晰的开头、中间和结尾。

沙漏结构是一种非常适合信息过载时代的文章结构，因为它会在开头部分就用概括式的描述将文章的核心信息进行呈现，适合时间有限、只想了解大致信息的读者。以下这一则新闻就运用了沙漏结构：

> （新华社波恩 3 月 20 日电）来访的中国国家女子足球队 20 日晚在波恩附近的欧斯基尔辛与德国国家女足进行了一场友谊赛，结果双方以 2 ： 2 握手言和。
>
> 这场比赛，中德两队各占半场优势，各在占优势的半场攻入两球。上半场，德国队占据了主动，几乎是压着中国队打，她们凭借身材和体力上的优势频频向中国队发起进攻。当比赛进行到 22 分钟时，德国队队员多·菲策恩一记漂亮的头球攻破了中国队的大门。刚过一分钟，德国队队员玛·迈内尔特再接同伴的传球踢进对方的球门。德国队上半场以 2 ： 0 领先。下半场，中国队的面貌焕然一新，中国队组织有方，传球迅速，失误少，推进快，打得德国队喘不过气来，开场刚几分钟，中国队就将

一球送进德国队的大门，十几分钟后，再一次攻破对方大门。

在这则沙漏结构的新闻中，开篇呈现了最重要的信息，即“中国国家女子足球队与德国国家女足的友谊赛以 2 ∶ 2 打平”，在文章的主体部分，对这一信息进行了扩展式的具体阐释，对比赛各个时间阶段的进展和态势进行了描述，就像讲故事一样富有戏剧性，读者读起来也有现场感。沙漏结构也经常被用于灾难性事件报道、犯罪报道的写作中，用于重现新闻事件。

10.4 五盒结构

五盒结构是指在文章中，包含五个“盒子”一样的固定结构：第一是一个可以抓住读者注意力的导语，通常呈现一个画面或细节；第二是在文章的主体部分概括故事的情节；第三是用一个新的画面或细节引入事实和叙述；第四是添加一些次要的辅助信息；第五是一个出人意料的结尾，可以是一个画面、一则评论、引语或其他形式。

10.5 如何提升文章的“可读性”

有的文章，好像一座由一个个文字随意垒起来的堆积物，让人没有兴趣读下去，即便读完了，也很难记住这篇文章有什么亮点。而另一些文章则能做到妙趣横生，开篇精彩，主体翔实，结尾回味悠长，读者读完之后的脑中能留下清晰的印象，甚至还能产生情感上的触动。对于创作者而言，到底应该如何提升文章的可读性，让文章变得更吸引人呢？以下几个技巧，可供参考。

1. 提升文章的“清晰度”

那些可读性强的文章，往往能用文字在读者的脑中构建出一个“清晰度”极高的世界。要做到这一点，就要求创作者通篇的用字做到形象、具体，尽量减少使用那些抽象的词汇。比如当我们写“一件找不出一道褶子的灰色西服”时，对读者而言，就相当于呈现出了一个清晰的画面，但当我们说这件西服的主人“相当慷慨”时，这就是一个模糊的表述了，到底慷慨体现在哪些地方？读者很难明白。诸如此类的抽象的形容词，就是文章“清晰度”的头号克星，喜欢用形容词的创作者，是偷懒的创作者。

2. “人”比“物”更吸引人

无论创作者将一件事描写得多么天花乱坠，如果这件事中没有一个形象鲜明的人物，对读者的吸引力就会比较弱。比起某一个事件或者某一个道理，人永远对人的故事更感兴趣。因此，在文章的撰写中，如果能挖掘出对行文有帮助的人的故事，会极大地拉近与读者之间的距离，让他们对文章产生更浓厚的兴趣。

3. 动画处理法

在文章中，如果对人物的描写使用动态的“镜头”，如同拍动画片一般，就会更容易吸引读者的注意力。比如这样一段描写：

> 这是一个赤裸裸的世界，一切都是灰蒙蒙的，只有冰川在吱吱地呻吟着。冰河百合孤独地盛开在辽阔冰河融化了的边缘地带，提醒着人们下面是一个枝繁叶茂的世界。

在这一段描写中，事物都呈现出了动态感，冰川是吱吱作响的，让人可以联想到它们正在移动、正在裂开或彼此挤压的情形，百合花是盛开的，文字因此有了活力，读上去更有趣味性。

在具体的文辞技巧上，可以减少使用软趴趴的被动结构，而更多地去使用动词，让文字显得更加强劲有力。比如“在平原上坐落着一座座天然气加工厂，看上去如同银色的蜘蛛”，就不如“一座座天然气加工厂如同银色的蜘蛛蹲伏在平原上”这句话更具动态感，“蹲伏”这样的动词，让整个句子变得有力许多，同时句子也变得更加简洁紧凑。

4. 打造“交谈感”

我们经常能听到一些对文章的负面评价，其中出现频率较高的一句话就是“这篇文章就是创作者在自说自话”。“自说自话”是指创作者并没有站在读者的视角去阐述问题，而是陷在自己的视野之中，无法利用文章这一载体将信息有效地传递给读者。

在文章中打造“交谈感”，就是打破“自说自话”这一尴尬局面的有效武器。那些“自说自话”的文章，会让读者感觉创作者是站在高高的演讲台上，对着一群黑压压的、面目模糊的人做演讲，而那些颇具魅力的文章，却能让读者感受到创作者像是在和他们进行亲切的交谈，这样的文章是活跃的、有交互感的。

5. 注入“速度感”

有的文章读起来冗长而无聊，为了改善这种状况，有必要为文章增加一些“速度感”。《〈华尔街日报〉是如何讲故事的》一书，把句子比喻成货运车，句子的结构越简单，长度越短，货运车的速度也就越快，读者就越愿意乘坐这样的车。

句子形式就像一辆有多节车厢的货运车，句子的主语（或者一个主语 + 动词）是车头，它带动着后面一连串的宾语和从句。这样的句子就像一列具有速度感的火车，可以利用最小的空间传达最多的信息，连贯且快速地带领读者通过故事的复杂地带，这在写一些不能忽略的大段解释时尤其适用。比如以下一段内容：

> 他们到国会去游说，在首都华盛顿发动了名为“泪迹斑斑”的游行活动，并且在公共场合把巴里·戈德华特议员团团围住。在鲜血、灰尘和嚎叫中，这头牛的牛角被锋利的去角器割掉；在皮肉烧焦的气味中，这头牛的身上被烙上标记；它的耳朵也被牛仔用小刀划上了独特的记号（牛仔们更喜欢通过耳朵上的记号来识别牲畜）；同时，它也被阉割了。

在这样一段文字中，读者能感受到一个喧嚣、动态的场面，牛挣扎时扬起尘埃，鲜血四溅，嚎叫声不绝于耳；去角、烙标、做耳记、阉割，一连串动作紧凑密集，给人一种一气呵成的速度感。整段文字读上去就像一列呼啸而过的火车，带着读者领略旅程的刺激。

6. 力量感、变化感和节奏感

有力量感的文章，就像一记重锤，能瞬间激起读者的阅读欲望。创作者可以利用重复的方法来起到增强力量感的作用，也可以通过调整一些重点词汇或短语的位置来增强力量感。比如卡夫卡的《昆虫记》开篇的句子：

> 一天早晨，当格雷戈尔·萨姆沙从不安的睡梦中醒来，他发现自己躺在床上变成了一只巨大的甲虫。

“巨大的甲虫”，是这个句子中最关键的信息，它写出了主人公从人变成虫的魔幻经历。如果把这个词组放到句子中间而不是末尾，效果就会大打折扣：“格雷戈尔·萨姆沙发现自己躺在床上变成了一只巨大的甲虫，当他在一天早上从不安的睡梦中醒过来时。”

除了力量感，想要读者在一篇较长文章的阅读中保持精神的振奋，创作者还需要让文章充满变化感和节奏感。时而紧凑有力，时而舒缓细腻，这样的文章读上去张弛有度，富有变化感和节奏感，可以让读者获得更丰富和更愉悦的阅读体验。文章的变化感和节奏感可以通过长句和短句交替出现来实现，也可以通过让一系列富有力量感的句子或段落交错出现而实现，比如以下这样一段内容：

> 他对野外生存用的各种物件不屑一顾，那些冷冻的食物华而不实，上百美元一双的靴子他从来不穿。他的靴子是在 J. C. 彭尼买的。他从来不在途中烹调食物，只吃从杂货店里买来的食品。他对野营的地点从不挑剔。

这段话是一段概括型的内容，节奏较快，总结了主人公对野营的各种看法，读上去节奏感较强。在写作过程中，作者需要有意识地去调整文章的节奏，有舒缓有紧凑，这样可以有效地避免因为文章太“平”而产生的枯燥感。

文章的可读性，是对一个创作者的写作功力最直观的展现。在面对一个艰深的选题、一大堆纷繁的素材和步步紧逼的截稿日期时，还能从容不迫地写出一篇可读性高的漂亮文章，这不仅考验创作者的思考能力、写作能力，同样也考验创作者的时间管理能力和耐心，以及精益求精的态度。

一个爱偷懒的创作者很难写出可读性强的文章，因为提升文章可读性的本质目的，就是帮读者减轻负担，让他们在阅读文章时更轻松、更愉快，而写出一篇可读性较低的文章，本质上就是创作者把写作过程中需要付出的努力推脱为读者阅读时需要付出的努力，没有自己把艰难的任务解决掉，而是丢给了读者，这样的文章很难受到读者欢迎。

10.6 如何高效地改稿

改稿，是每一个文案创作者绕不开的必经之路，它也是帮助创作者创作出优秀作品的一组台阶。当我们写完一篇稿件时，它可能存在各种各样的问题：

· 稿件字数太多了，有的部分太冗长，需要进行裁剪；

· 稿件的文辞有些粗糙，有的句子中还存在写稿时为了不拖缓进度而先随意填上去的词，并没有找到能最精准表达作者意图的那一个词；

· 稿件中的数据太多了，虽然数据能有效增强文章的说服力，但太多的数据会让文章枯燥和难懂；

· 稿件中的案例故事还不够抓人，细节的描述还需要进一步打磨……

以上问题，都是创作者在写完一篇初稿之后，需要通过“改稿”继续解决的问题。

一般来说，当我们刚刚写完一篇稿件时，是不适宜马上开始改稿的，一方面，因为我们可能还沉浸在创作的热情中，无法冷静客观地找出初稿存在的问题，另一方面，写稿已经耗费了我们大量精力，从心力上也无法立刻开启改稿的工作。这个时候创作者不妨暂时离开办公桌，放松一下大脑，喝一杯自己喜欢的饮品，或者先去做一些别的工作，过一阵子，再坐下来重新仔细阅读稿件。这一次，需要以编辑的目光去审视初稿，站在读者的角度去看这篇稿件是否易读、是否具有较强的吸引力。

不同风格的作者因为写作习惯的不同，写出的初稿需要重点修改的部分也不一样。一般而言，我们可以从三个层面去修改初稿。

1. 内容层面的修改

在内容层面的修改方面，我们需要对初稿进行两个方面的工作，一是查漏补缺，二是裁剪冗余。

查漏补缺，是指我们需要检查在文章的一些关键部分，是否还缺少对核心观点的提炼，是否还缺乏有效论据的支撑。如果存在这样的欠缺，作者就需要去补充相应的内容，让文章变得更饱满、更清晰和更可信。

在我们补充了相关的内容后，文章势必会变得更长一些，再加上在写作时我们其实已经尽可能地将可用的素材放进了文章中，这个时候，就需要我们对文章进行一次“粗剪”，把那些明显游离于文章主线之外的内容大刀阔斧地砍掉，让文章主线变得更清晰明显。经过了这样的裁剪后，整篇文章会变得更轻盈。

这里需要注意的是，裁剪文章并不意味着要对文章动一次“大手术”，《〈华尔街日报〉是如何讲故事的》一书认为：“大幅度的修改带来的问题比它解决的问题要多得多，因为在你砍掉肥肉的同时，往往也把一些骨头和血管一起去掉了，留下一个难看的伤口，必须花更多的功夫去修补它。”这其实也要求创作者在初稿撰写时，就尽可能地对自己提出高要求，避免改稿时因为大幅修改产生的不连贯等问题。

通常来说，一篇 2500 字的文章就可以做到比较深入和透彻地说明一个观点或一个事件，我们可以根据文章类型的不同，为文章设定一个稿件字数的阈值，无论是在添加内容或是删减内容的过程中，都用这个阈值作为一个衡量标准，防止文章被调整得过长或过短。

2. 连贯性层面的修改

当我们对初稿进行了内容的补充和裁剪后，尤其需要注意内容连贯性的问题。优秀的文章都有清晰的逻辑脉络，文章中的每一个句子和与它相邻的前后句子之间，都存在逻辑关系，这些句子就像一组组咬合紧密的齿轮，共同推动着文章的走向，让文章的开头、主体、高潮、结尾等各部分都衔接紧密。

因此，当我们完成初稿后，就需要对文章开启整体的“疏通”工作。在针对文章连贯性层面的修改过程中，首先要明确文章的主题是否足够鲜明，是否准确地表达出了作者的意图，其次对过渡段落也需要特别注意，避免任何模糊或啰唆的地带。

3. 细节层面的修改

当我们对文章进行了查漏补缺、裁剪冗余，并让文章变得流畅贯通之后，接下来需要做的就是对文章进行“精修”，也就是逐字逐句的细节调整了。在对文章细节进行修改时，一般有以下几个可以参照的原则。

首先，我们可以改掉那些细小又多余的结构，比如把占用空间的被动句式修改为用字更少也更具力量感的主动句式，“他感到自己被注入了一股强大的力量”，就可以改为“他感到一股强大的力量注入了自己”，后面的句式字数更少，句子也更具动感。

其次，如果有两个能融合到一起的句子，除非是为了刻意起到强调作用，否则我们也可以删减掉其中的一些元素，把两个句子精简为一个，为文章“瘦身”。比如，我们可以试着对下面这个段落进行细节的修改：

> 新兴城镇常常遭遇严重的人员问题，因为城市里的工作者离开了原来的岗位，为了获得附近的能源公司支付的高薪。在怀俄明州的依云斯顿市，石油开采的热潮席卷整个城市，也给市长丹尼斯·奥特利带来了几个令他头痛的麻烦。他的城市中，有一半的警力都跑到了石油公司，因为这些石油公司支付给保安的费用比该市警察的工资高出 25%，而许多老师也跑到油田上去打工了，因为这比在教室里挣得多多了。

这一段落从文辞上看比较粗糙，比如“严重的人员问题”这样的描述就很模糊，到底是什么人员问题并没有指明，虽然从后文中可以知晓，这里所说的人员问题是指人员流失的问题；“能源公司”也是一个比较模糊的描述，到底是哪一类能源公司也没在一开始说清楚。此外，在这个段落中市长丹尼斯·奥特利的出现也没有为这个段落提供新的信息或观点，完全可以与后面阐释警力和教师跑去石油公司打工的部分融合到一起来写。修改后的段落是这样的：

> 新兴城镇常常遭遇严重的人员流失，因为城市里的工作者逃离了他们原来的岗位，为了在油田和矿山上找到报酬更高的工作。深陷石油开采的热潮，怀俄明州的依云斯顿市，已经有一半的警力都去石油公司做了保安，因为这里的工资要比原来的工资高 25%，还有许多教师跑到油田上打工，因为这比在教室里挣

得多多了。这让市长丹尼斯·奥特利感到头痛。

修改后的版本仅有153个字，比上一个版本的178字更精简，句子表达的意思也更加清晰利落了。

对创作者而言，改稿的过程，就像米开朗琪罗所说的雕刻的过程，他认为完成一件雕塑作品，并不是在创造形象，而是把那些强有力的形象从石头中释放出来，让原本就沉睡在石头中的形象呈现在世人眼前，而雕刻家所做的，只是去除掉石头上多余的部分，然后耶稣和玛丽亚的形象就从石头中显现出来了。改稿也是一个类似的过程，创作者对稿件的内容进行提炼和删改，最终可以让文章最优美的一面呈现在读者眼前。

10.7 如何培养文章的风格

创作者掌握了文章写作的技巧，并不意味着已经到达创作的终点，创作者还需要往更高的层级进阶。如何培养文章的风格，就是下一步需要解决的问题。

不只有文学家可以拥有自己的写作风格，即使是商业文案创作者，也可以通过练习建立起属于自己的写作风格，只是这种风格并不以彰显文案创作者的个人特征为主，它并不像文学家的写作风格那样强烈和个性鲜明，而更像是某种写作优势的体现，比如凝练、深刻、幽默、细腻等。

关于风格的探讨自古就有。早在魏晋时期，曹丕就曾经写过一篇名叫《典论·论文》的文论，这篇文章也是中国文学批评史上第一部文学专论。在《典论·论文》中，曹丕提出了“文以气为主，气之清浊有体，不可力强而致”的观点，认为文章是由“气”主导的，“气”又分为清气和浊气两种类型，这种“气”不是光凭用力、使劲就能获得的。

就像音乐那样，虽然乐曲的曲调与节奏是确定的，但是每位演奏者的运气行声会各有差异，技巧也有优劣之分。这里的“气”可以理解为文章所展现出来的一种精神内蕴和作者的风格特点，文章的风格通常会受到作者的气质、才性、习染、志趣、德行等因素的影响。

曹丕在文中还列举了建安时期几个诗人作为例子："应玚和而不壮，刘桢壮而不密。孔融体气高妙，有过人者，然不能持论，理不胜辞，至于杂以嘲戏。"意思是说，应玚的文章风格很平和，但是气势不够雄壮，刘桢的文章气势雄壮，但是纹理不够细腻，孔融的文章气度高雅脱俗，但是不善于理论，文采胜过了观点，甚至还夹杂着玩笑戏弄之词。

可以看出，曹丕在《典论·论文》中评论了当时一些著名文人的诗文风格，并认为每个人都有自己擅长的风格和不擅长的风格，这都是因为每个人天生的气质、才性和后天的志趣、习染都不一样，文章风格也会因此千姿百态。

值得注意的是，不同的文章体裁适合发挥出的风格不同，比如新闻短讯可以突显凝练的风格，特稿以深刻见长，新媒体文章更适合幽默风趣风格的发挥。创作者需要寻找到最符合自己气质和特长的风格，然后有意识地进行练习，将优点放大，将短板补齐，让写作的技艺变得越来越纯熟。接下来，我们就从激励人心、凝练简洁、犀利深刻、幽默风趣、细腻、催泪走心等几个不同的维度，来分析不同风格之下的优秀文章都有哪些特征。

1. 激励人心

《南方周末》每年的新年献词，就以其有力量、能激励人心的风格而著称。1999 年新年献词《让无力者有力，让悲观者前行》、2006 年新年献词《一句真话能比整个世界的分量还重》、2009 年新年献词《没有一个冬天不可逾越》，强烈的风格特征已经从标题的寥寥数语中钻了出来。

> 一句真话能比整个世界的分量还重，每一个人的幸福比整个世界的分量还重。我们可以永远没有新的梦想，如果这个梦想你已经达到；我们可以永远没有新的成就，如果这个成就在你的手中完成。我们祝你新年快乐，相信你的明天会更好。

上面这一段文字来自《南方周末》2006年新年献词《一句真话能比整个世界的分量还重》，这个段落运用了比较、排比的手法来加强语气和力量，用“一句真话”和“整个世界的分量”、“一个人的幸福”和“整个世界的分量”之间的比较，体现出新闻从业者的理念和追求。

> 这就是为什么我们要相信自己的使命，让无力者有力，让悲观者前行。这就是为什么当我们讲述自己对国家的爱时，可以平静、深邃和坚定。这就是为什么我们既不随波逐流，也不凌空虚蹈；这就是为什么我们要做现实主义者，求应然之事。因为在这个大陆上，太平洋以西，当新年的熹微曙光笼罩大地之时，我们要对这个国家负责。当我们看到它辽阔的天空，看到天空下一条条曾被地震折断的令人难以置信的巨大的山岭和阡陌纵横的土地，繁华都市和出产古老谷物的土地，以及在这个国家中来来往往的沉浸在梦幻中的人们；当我们的孩子将出生，在夜色中发出柔弱却嘹亮的哭泣声，我们会知道，没有任何东西比一个信念更为珍贵，也从没有任何一个时代有如此之多的困难，有如此之多的希望。

以上段落来自《南方周末》2009年新年献词《没有一个冬天不可逾越》，众所周知2008年的中国经历了许多大事件，金融危机、汶川地震、北京奥运会……这是悲喜交加的一年。在《南方周末》2009年新年献词中，就特别强调了希望和信念的重要性，“没有任何东西比一个信念更为珍贵，也从没有任何一个时代有如此之多的困难，有如此之多的希望”，希望、信念和爱才是人们穿越困难、逾越冬天的力量之源。

> 紧紧握住你的梦想：也许你是一位企业家，你的梦想是柳传志的梦想；也许你是一位艺术家，你的梦想是王家卫的梦想；也许你是一位科学家，你的梦想是杨焕明的梦想。甚至，也许你

的手中只有一柄锄头，你的肩上只有一条纤绳，你也有追求幸福和尊严的崇高权利，你的梦想、你的勇气、你的贡献也和他们同等重要。我们下一次和你见面时，新年的阳光已打在你的脸上，它将照亮你的梦想。新年的阳光将照亮你的梦想，将照亮每一个和你一样善良、正直、互相关怀、默默奋斗的人的梦想，将照亮这个正在走向开放的国家、正在谋求发展的民族的梦想。

以上文字来自《南方周末》2001 年新年献词《愿新年的阳光照亮你的梦想》，改革越到深水区，就越需要每一个人的锲而不舍，因此，在《南方周末》2001 年新年献词中，就重点渲染激励人心、鼓励人们追寻梦想的精神，无论是身处哪个领域的人，都可以朝着自己的目标而努力，都有权力拥有点燃梦想的燧石。

《南方周末》的新年献词通过文字技巧塑造出激烈人心的文字风格，蕴含其中的充沛情感和思想也能起到激励人心的作用，通过强烈的文章风格，让读者牢牢地将它记住。比如“没有一个冬天不可逾越”就通过双重否定的修辞技巧起到了强化语气的作用，让读者能感受到一种斩钉截铁的坚定。

2. 凝练简洁

沈从文的《边城》开篇的文字是这样的：

由四川过湖南去，靠东有一条官路。这官路将近湘西边境到了一个地方名为“茶峒”的小山城时，有一小溪，溪边有座白色小塔，塔下住了一户单独的人家。这人家只一个老人，一个女孩子，一只黄狗。

小溪流下去，绕山岨流，约三里便汇入茶峒的大河。人若过溪越小山走去，则只一里路就到了茶峒城边。溪流如弓背，山路如弓弦，故远近有了小小差异。小溪宽约二十丈，河床为大片石头作成。静静的水即或深到一篙不能落底，却依然清澈透明，

> 河中游鱼来去皆可以计数。小溪既为川湘来往孔道，水常有涨落，限于财力不能搭桥，就安排了一只方头渡船。

寥寥200多字，就将小说故事发生的地点、船家少女翠翠和爷爷的生活环境介绍得清清楚楚，勾勒出一幅自然清丽的湘西景色。

沈从文的文字风格是凝练简洁的，从《边城》开篇两段文字中就能看出端倪：句子都较短，勾勒出的景色清晰，小溪、白塔、黄狗、河床、游鱼，仿佛一幅用笔简练的白描画卷。“溪流如弓背，山路如弓弦，故远近有了小小差异”一句尤其凝练精彩，用了两个比喻，把溪流比喻成弓背、山路比喻成弓弦，一下子就写出了溪流和山路的蜿蜒形态和相互之间的位置关系，勾勒出一幅错落有致的景致。

凝练简洁的风格尤其考验创作者的文字功力，因为创作者必须懂得用最少的文字去承载最多的信息，且这些信息的表达还必须是清晰、准确的，凝练简洁的文风是需要通过大量的刻意练习才能练成的。

再来看看萧红《呼兰河传》开篇的段落：

> 严冬一封锁了大地的时候，则大地满地裂着口。从南到北，从东到西，几尺长的，一丈长的，还有好几丈长的，它们毫无方向地，便随时随地，只要严冬一到，大地就裂开口了。
>
> 严寒把大地冻裂了。

句子短小，节奏紧凑，描写出毫无方向、长短不一的裂口布满地面的景象，写出了严冬对大地的摧残——大地都被冻裂了。萧红仅用75个字，就描绘出了故事发生的背景，并奠定了全本小说的基调。《呼兰河传》开篇与沈从文的《边城》开篇对比起来看，尤其有意思。同样凝练的笔法，同样简洁的文字，却勾勒出截然不同的景观，一个凛冽粗暴，一个温柔秀丽，文字的千姿百态何其有趣。

小狗冻得夜夜的叫唤，哽哽的，好像它的脚爪被火烧着一样。

天再冷下去：

水缸被冻裂了；

井被冻住了；

大风雪的夜里，竟会把人家的房子封住，睡了一夜，早晨起来，一推门，竟推不开门了。

大地一到了这严寒的季节，一切都变了样，天空是灰色的，好像刮了大风之后，呈着一种混沌沌的气象，而且整天飞着清雪。人们走起路来是快的，嘴里边的呼吸，一遇到了严寒好像冒着烟似的。七匹马拉着一辆大车，在旷野上成串的一辆挨着一辆地跑，打着灯笼，甩着大鞭子，天空挂着三星。跑了两里路之后，马就冒汗了。再跑下去，这一批人马在冰天雪地里边竟热气腾腾的了。一直到太阳出来，进了栈房，那些马才停止了出汗。但是一停止了出汗，马毛立刻就上了霜。

狗冻得哽哽叫唤、水缸被冻得裂开、井被冻住、房子被一夜风雪冻得封住、人的呼吸冒烟、马的汗结成霜……在这段文字中，萧红进一步展开了对严寒的描述。

可以发现，她的句子都短促有力，且多用动词，“一推门”“拉着一辆大车”“打着灯笼”“甩着大鞭子”，都是突显动词的短句。在前文中我们提到过，突出动词的主动语态比被动语态更节省空间，能让句子更简短，同时也让文章描绘的场景更具动态感、更有力量，从萧红的这一段文字中，可以明显感受到这种写作方法的优势，文字的精练并没有降低表现力，反而使文字更富有力量感。

在作家中，阿城也是以凝练简洁的文风著称的，值得创作者们参考学习。比如在他的作品《树王》中这样描写刚到乡下的青年们吃饭的场景：

正闹着，饭来了，提在房前场上。月亮已从山上升出，淡着半边，

> 照在场上，很亮。大家在月光下盛了饭，围着菜盆吃。不料先吃的人纷纷叫起来。我也夹了一筷子菜放进嘴里，立刻像舌头上着了一鞭，胀得痛，慌忙吐在碗里对着月光看，不得要领。周围的大人与孩子们都很高兴，问："城里不吃辣子么？"

"月亮已从山上升出，淡着半边，照在场上，很亮"，用字简洁，断句鲜明，有诗意。这段文字，描写的是刚到贵州的城里知青们吃不惯辣椒的情景。阿城把辣的味道形容为"像舌头上着了一鞭，胀得痛"，写出了辣味的生猛和刺激。在这段文字中也不乏精妙的动词，如月亮"升出""淡着半边"，"淡"字把形容词当作动词使用，既干净利落又写出了月影朦胧的状态；舌头上"着"了一鞭、"胀"得痛、"吐"在碗里、"对"着月光"看"，系列动作一气呵成，把被辣椒辣到的慌乱局面写得活灵活现。

又比如下面描写知青们登山伐树的段落，凝练简洁的笔法也令人称快：

> 走了约一个多钟头，队长站下来，大家喘着气四下一望，原来已经到了山顶。沟里队上的草房微小如豆，又认出其中的伙房，有烟气扭动着浮上去，渐渐淡没。远处的山只剩了颜色，蓝蓝的颠簸着伸展，一层浅着一层。大家呆呆地喘气，纷纷张着嘴，却说不出话。我忽然觉得这山像人脑的沟回，只不知其中思想着什么。又想，一个国家若都是山，那实际的面积比只有平原要多很多。常说夜郎自大，那夜郎踞在川贵山地，自大，恐怕有几何上的道理。

炊烟不是升起，而是"扭动"着"浮"上去，写出了炊烟被风吹动着上升的情形，远处的山"颠簸"着伸展，写出了山峦的起伏。巧妙的动词让风景有了特点和层次，生动了不少。"草房微小如豆""这山像人脑的沟回，只不知其中思想着什么"则用了比喻的修辞，写出了站在高处远眺低处房屋的场景，以及川贵山地的地形特色。布满褶皱如大脑的沟回一般，"不知其中思想着什么”，形象之余，还给傍晚的大地增添了一丝神秘之感。最后一句写到夜郎自大的几何学道理，新鲜有趣。短短 176 个字，写出了别具特色的景色和新鲜观点，显现出凝练简洁笔法的功力。

凝练简洁是每一位创作者在创作的过程中都应追求的一种风格，这需要创作者进行刻意练习。我们在写下每一个句子时，都不妨问问自己，“句子还可以更短一些吗”“还有更高效的表达方法吗”“找到最合适的那个动词了吗”……让一些关键性的“标尺”长存于心，可以帮助我们在写作中养成凝练简洁的风格。

3. 犀利深刻

犀利深刻，是更偏写作思想层面的一种风格。创作者需要洞察生活，并且具备高度提炼总结的能力，才能输出为人信服的深刻观点，就像锋利的斧头一样劈向人们的思维和内心。

要习得犀利深刻的文章风格，古往今来许多作家都是值得学习的对象。比如《洛丽塔》的作者、美国作家弗拉基米尔·纳博科夫就向来以犀利毒舌著称。当被人要求看一眼他的手稿时，他会回答：“只有野心勃勃的无名之辈或好心肠的庸人才会展示他们的手稿。这好像让人看他们吐的痰。”又比如鲁迅，在谈到中国人总喜欢调和折中的性情时，就会写“比如你说，这屋子太暗，须在这里开一个窗，大家一定不允许的。但如果你主张拆掉屋顶他们就来调和，愿意开窗了”，既犀利又形象；在批判一些并不高雅的文风时，他会写“人说，讽刺和冷嘲只隔一张纸，我以为有趣和肉麻也一样”；在谈论生死时，他会写“死者倘不埋在活人的心中，那就真的死掉了”，一语道破死亡的真义；在谈到时间的宝贵时，他会写“生命是以时间为单位的，浪费别人的时间等于谋财害命；浪费自己的时间，等于慢性自杀”；在谈到读书需要会思考时，他会写“倘只看书，便变成书橱”……这些句子都既深刻又机警，并不因深奥而陷于枯燥，反而富有趣味。

在作家王小波的文章中，也时常闪烁着犀利深刻的锋芒。比如这段引用度极高的文字，来自他的《黄金时代》：

> 那一天我二十一岁，在我一生的黄金时代，我有好多奢望。我想爱，想吃，还想在一瞬间变成天上半明半暗的云。后来我才知道，生活就是个缓慢受锤的过程，人一天天老下去，奢望也一天天消失，最后变得像挨了锤的牛一样。我觉得自己会永远生猛下去，什么也锤不了我。

在这段文字中，王小波写出了人生真实的变化，并进行了深刻的提炼——“生活就是个缓慢受锤的过程”。在人年轻时，在生命中的黄金时代，想爱，想吃，想变成天上的云，好像有无限的精力，所受的束缚和羁绊比较少，然而随着年岁的增长，希望和奢望逐渐消失，变得“像挨了锤的牛一样”。“在一瞬间变成天上半明半暗的云”，这是诗意的语言；“生活就是个缓慢受锤的过程”，一个“锤”字让人感觉到生活是沉重的，是暴击；“变得像挨了锤的牛一样”，牛是笨拙的、操劳的，这些意象都能让人感受到生活的沉重和痛苦，谈得上是非常机警的比喻，让整段文字变得犀利又有深度。

在《一只特立独行的猪》中，他这样批判那些并不高级的趣味：

> 生活方式像一个漫长的故事，或者像一座使人迷失的迷宫。任何一种负面的生活方式都有很多乱七八糟的细节，使它变得很有趣。人就在这种趣味中沉沦下去，从根本上忘记这种生活需要改变。

把生活方式比喻成“一座使人迷失的迷宫”，并指出任何一种生活方式都会有一些“乱七八糟”的趣味，这些趣味容易让人沉沦、麻痹，忘记了需要去改变。王小波的这段话的理论依据有些类似“奶嘴理论”，现实生活中，大部分人都深陷在一个美丽的“陷阱”中，比如网络游戏、肥皂剧、偶像花边新闻……这些事物固然能为人们提供趣味，但就如王小波所说，“任何一种负面的生活方式都有很多乱七八糟的细节，使它变得很有趣”，人们沉溺其中自甘堕落，不可自拔，就像婴儿的嘴里被塞了一个奶嘴就不会哭闹了一般，既无心挑战现有的权威，也没有意愿改变目前的生活状态，即使这明明是一个足以毁灭思想的陷阱。

下面这段文字，也有异曲同工之妙：

> 假如人生活在一种不能抗拒的痛苦中，就会把这种痛苦看作幸福。假如你是一只猪，生活在暗无天日的猪圈里，就会把吃猪食看作极大的幸福，因此忘掉早晚要挨一刀。所以猪的记性是被逼成这样子的，不能说是天生的不好。

可以看出，王小波的文字，总是能让人感受到一种力量强大的“愤怒”，那不是一种自怨自艾式的愤怒，而是对痛苦生活的反抗，对“把吃猪食看作极大的幸福，因此忘掉早晚要挨一刀”这样的麻木状态的痛恨。犀利的文字背后都需要有对人生、对世道、对人性的深度体察，有感而发才能落笔写出深刻的道理，不然再机智，也难免沦为浅薄。

在基于唐传奇《风尘三侠》而写成的小说《红拂夜奔》中，王小波也没有停下思考的脚步，妙语连珠地指出“思维”的局限性：

> 有一些珊瑚虫住在海洋生物学家的试管里，我想这些珊瑚虫对这件事并不理解。它们会以为试管也是很广阔的世界。而我们叫作“地球”的地方很可能就是一个试管。而我们自豪无比的五千年的文明很可能就是别人实验记录上的一页纸而已。那些拿我们做实验的东西根本就不会相信我们也有智慧，正如我们不能理解珊瑚虫的智慧。这说明只要不是一个物种，就不能理解别人的智慧，所看到的只是一些古怪的行为。

把地球比作一个试管，把人类比作珊瑚虫，把五千年文明比作实验记录上的一页纸……宏大和微小的碰撞，让道理的呈现更具有冲突感。又比如在《爱你就像爱生命》中，他对循规蹈矩的人生进行了严厉的批判：

> 最可憎的是人就此沉入一种麻木状态。既然你要做的一切都是别人做过一千万次的，那么这事还不令人作呕吗？比方说你我是二十六岁的男女，按照社会的需要二十六岁的男女应当如何如何，于是我们照此做去，一丝不苟。那么我们做人又有什么趣味？好像舔一只几千万人舔过的盘子，想想都令人作呕。

把过麻木的、“别人做过一千万次的”生活比喻成“好像舔一只几千万人舔过的盘子”，言辞激烈之余，比喻异常生动，让读者能感同身受地体验到“作呕”之感，也能切身感受到作者对千篇一律的人生的憎恶。

除了作家，许多导演也是犀利界的翘楚，比如伍迪·艾伦：

> 在比佛利山，他们从不扔垃圾，他们把它变成了电视剧。

> 生活并不模仿艺术，它模仿糟糕的电视剧。

> 大多数时候我没有多少乐趣，其余的时候我一点乐趣都没有。

> 不仅上帝不存在，而且周末连一个水管工都找不到。

> 当我被绑架了，我的父母立即采取行动。他们把我的房间租了出去。

> 我的妻子很不成熟。当我在浴缸里洗澡的时候，她会走进来弄沉我的船。

伍迪·艾伦对于生活总是抱着一种冷漠嘲讽的态度，其阐释总是犀利而精准，丧气满满却又让人无力反驳。他不仅嘲讽他人，也嘲讽自己，在自嘲中，也闪烁着犀利深刻的光芒。

4. 幽默风趣

心理学认为，幽默是一种防御机制，当日常交际中出现尴尬的场景时，幽默的人能利用诙谐的方法，让人们从尴尬中解脱出来，并用愉悦的气氛取而代之。

老舍在《谈幽默》一文中，就对幽默的要素进行了精辟的总结。他认为："幽默文字不是老老实实的文字，它运用智慧，聪明，与种种招笑的技巧，使人读了发笑，惊异，或啼笑皆非，受到教育。"能写出幽默文章的作者，需要具备极强的观察力，才能洞察到生活中一切可笑的、相互矛盾的事并把它们描摹出来，同时创作者还需要具备极强的想象力，才能把观察到的现象加以夸大，使人一看就笑起来。

在加西亚·马尔克斯的《霍乱时期的爱情》中，就时常可见作者的幽默气质。书中男主人公乌尔比诺的妻子费尔明娜是饲养宠物的盲目热衷者，在家里养了阿比西尼亚猫、暹罗猫、宫廷波斯猫，还有达尔马提亚斑点狗、亚马孙长尾猴、石鸻、沼泽草鹭、小鹿，在写到这堆动物对家庭生活造成的困扰时，马尔克斯是这么描述的：

> 费尔明娜·达萨又养了几只集老鹰轮廓和法老风范于一身的阿比西尼亚猫、几只斜眼的暹罗猫和橘黄色眼睛的宫廷波斯猫。它们像幽灵的影子一般在各个卧室里窜来窜去。到了发情期，从它们的妖魔聚会上传来的号叫声搅扰着夜晚的平静。

夜晚来临，猫的影子如幽灵的影子般在各个卧室窜来窜去，发情时还会组织“妖魔聚会”，号叫声搅扰了夜晚的平静……马尔克斯用充满想象力的笔触描绘了饲养太多猫给主人带来的“骚扰”，让猫在他笔下有了一副肆无忌惮的小恶魔般的嘴脸。

又比如写到蟒蛇：

> 他们还曾带回来一条四米长的蟒蛇，为的是用它那死亡的气息吓跑蝙蝠、蝾螈，以及雨季里侵入家中的多种害虫。尽管也达到了目的，可这位不眠猎手嗤嗤的呼吸声扰乱了卧室黑暗里的宁静。

原本打算用蟒蛇“死亡的气息”吓跑蝙蝠、蝾螈和雨季的害虫，但蟒蛇的呼吸声也让主人夜晚难以安眠。把蟒蛇比作“不眠猎手”，“嗤嗤的”呼吸声让人联想到蟒蛇吐芯时的画面，在马尔克斯笔下，动物们仿佛都有了人的灵魂，孜孜不倦地释放出让主人无可奈何的淘气精神。

最经典的还数当家里发生了一场因为狂犬病导致的血淋淋的动物大战之后，乌尔比诺下令家中再也不许饲养宠物时的情景：

> 他反对再买一条烈狗，无论是否注射过疫苗，也无论是散养还是拴着：就算让贼把家里偷个精光，他也绝不同意。“凡是不会说话的，一律不许进这个家。”这么说是为了让妻子不再为此事纠缠，因为她又固执地想买一条狗回来，可他万万没有想到，这句自己匆忙说出并且意义过于宽泛的话竟会有朝一日要了他的命。费尔明娜·达萨那桀骜不驯的性格随着年龄的增长有了微妙的变化，她立刻抓住丈夫用词轻率的疏漏：失窃案发生几个月后，她又去了一艘来自库拉索岛的帆船，买下一只帕拉马里博皇家鹦鹉。虽然它只会说些水手的粗话，但说得竟和真人一模一样，也算值了十二生太伏的高价。

当丈夫说“凡是不会说话的，一律不许进这个家”时，原本的用意是禁止在家里饲养动物，但狡黠的妻子却抓住了他言辞中的漏洞，领回家一只鹦鹉，文字读来妙趣横生，让人感受到马尔克斯幽默的智慧。

王小波同样也是写作界的幽默担当。在《我的阴阳两界》一书中，他这样描述“爱情”：

> 用大嫂的话来说，一次爱情就像吃一个巧克力壳的冰棍。开头是巧克力，后来是奶油冰激凌，最后嘴里剩下一个干木棍。

用一个简单的比喻，把暧昧的苦涩、热恋的甜腻和激情过后的平淡，形容得幽默有趣。在《白银时代》中，王小波对“现代艺术”作品的观赏体验进行了夸张的描写：

> 展览会入口处，摆了一幅状似疯驴的画，就是平衡器官健全的人假如连看五秒钟也会头晕；可巧有个观众有美尼尔综合征，看了以后，马上觉得天地向右旋转，与此同时，他向左倾倒，用千斤顶都支不住。后来只好给他看另一幅状似疯马的画，他又觉得天地在向左旋转，但倒站直了。然后他就向后转，回家去，整整三天只敢喝点冰水，一点东西也没吃。

一幅“状似疯驴”的画，让所有人看了都晕眩不已，到底有多晕呢？“平衡器官健全的人假如连看五秒钟也会头晕”，如果是有美尼尔综合征的人就更吓人了，向左边倾倒得连千斤顶都支不住，最后只能用另一幅“状似疯马”的画来进行平衡，让这位患者“觉得天地在向左旋转”，最终站直了，最终还是晕眩得“整整三天只敢喝点冰水，一点东西也没吃”。在这段文字中，王小波非常夸张且富有画面感的笔墨，让人深深地体验到“艺术作品”带来的晕眩感。下面接着这段话也充满魔幻主义的黑色幽默感：

> 大厅正中有幅画，所有的人看了都感到“嗡”的一声，全身的血都往头上涌。不管男女老幼，大家的头发都会直立起来，要是梳板寸的男人倒也无碍，那些长发披肩的金发美女立时变得像戴尖顶帽的小丑。与此同时，观众眼睛上翻，三面露白，有位动脉硬化者立刻中了风。还有一幅画让人看了感觉五脏六腑往下坠，身材挺拔的小伙子都驼了背，疝气患者坠得裤裆里像有一个暖水袋。

刚才那幅画是看了让人晕眩得东倒西歪，这幅画让人看了“感到‘嗡’的一声，全身的血都往头上涌”，具体表现在，大家的头发都会直立起来、眼睛会往上翻、动脉硬化者会中风……“长发披肩的金发美女立时变得像戴尖顶帽的小丑”一句尤其有画面感，描写出长发倒立时像个尖顶帽的样子。另一幅画则刚好相反，看了会让人五脏六腑往下坠，“身材挺拔的小伙子都驼了背，疝气患者坠得裤裆里像有一个暖水袋”，读者在阅读这样的文字时，可以感受到想象力在句子间肆意地流淌，王小波把一些非常抽象的感受、体验，用一种形象、幽默的方式进行了呈现，这样的文字往往让人读来难以忘怀。

总结起来，想要写出富有幽默感的文章，需要创作者具备三个要素。

第一个要素是观察力，唯有具备较强观察力的创作者，才能发现生活中的种种尴尬、矛盾和冲突，创作者需要足够敏锐，能够分辨滑稽和幽默的不同，分辨捧腹大笑与会心一笑的区别，才能通过观察积累起文章所需的“幽默”素材。

第二个要素是想象力，无论是马尔克斯把蟒蛇比喻为“不眠杀手”，还是王小波把头发倒立的金发美女比喻为“像戴尖顶帽的小丑”，都证明了想象力是幽默最好的调味剂，经过了想象力的夸张变形，幽默才更有戳人肺腑的力量。

第三个要素是恰到好处的表现力，幽默不是滑稽，不是讽刺，也不仅仅是机智，它是滑稽、讽刺、机智按照一定比例调和而成的混合体，这就要求创作者具有拿捏分寸的能力，具备这种能力才能恰如其分地展示出幽默的光芒。

5. 细腻

细腻，也是一种优秀的文风。细腻并不代表柔弱，而是代表对细节的精准描摹，许多文风刚硬的作家笔下同样也有极度细腻的描写，这是作家细致的观察力和笔力的体现。文笔细腻的文章读起来往往更具真实感，大千世界可以纤毫毕现，因为作者可以用细节为读者构筑起一个立体、丰满的世界。

在《我的呈奶酪蛋糕形状的贫穷》一文中，村上春树是这样描写一个面积狭窄、房租便宜的住所的：

> 我们都管那个地方叫“三角地带”，此外我琢磨不出如何称呼是好。因为那的的确确是个三角形，画上画的一般，细细长长，状如楔子。
>
> 若说得再具体点，请你首先想象出一个正常尺寸的圆圆的奶酪蛋糕，再用厨刀将它均匀地切成十二份，也就是切成有十二道格的钟表盘那个样子。
>
> 其结果，当然出现十二块尖角为三十度的蛋糕，那顶端尖尖的、细细长长的蛋糕片就是我们“三角地带”的准确形状。

这个住所被两条铁路左右相夹，因此被天然地切割成一个三角形。在上面这段文字中，村上春树用细腻的笔触带领读者们想象一个圆圆的奶酪蛋糕被均匀地切成十二份，并且是“切成有十二道格的钟表盘那个样子”，“十二块尖角为三十度的蛋糕，那顶端尖尖的、细细长长的蛋糕片”就是房屋居所的准确形象。在这样的细节描述之下，读者们会对这个具有奇幻色彩的住所产生浓烈的好奇心，这种好奇心足以带领他们继续读完全文。

在《世界尽头与冷酷仙境》一书中，村上春树也以细腻的笔触描写了一种幻兽——独角兽，证明了细节的描写可以让想象中的世界也显得很真实：

> 也可以碰到在枯草地上往来觅食的独角兽。他们身上披满泛白的淡黄色的毛，毛比秋天的长得多也厚得多，但一眼即可看出远比以前衰弱，形销骨立，犹如从旧沙发里支出的弹簧。嘴角的肉也松弛下垂得不成样子，令人目不忍睹。眼睛黯淡无光，四肢关节球一样膨胀起来。一成不变的唯有前额凸起的一支白角，角始终如一且不无自豪地直刺长天。

这段话描写的是冬天的独角兽，在写到毛色时，可以看出村上春树对色彩的微妙差异的描写十分考究，在他的笔下，独角兽的毛不是白色的，也不是黄色的，而是“泛白的淡黄色的”，并且指出独角兽冬天的毛比秋天的更厚,这一描写符合现实世界动物换毛的规律。独角兽在冬天比以前瘦弱，这也符合动物界的规律。这样基于现实常识衍生的想象，读来才会让人感到真实感。在短短的百余字的描写中，村上春树也用了比喻的手法，让独角兽的样子更加形象，把冬天瘦下来的独角兽身体比喻成从旧沙发里支出的弹簧，四肢关节“球一样膨胀起来”，独角兽形销骨立的样子跃然纸上。

三岛由纪夫的作品中，细腻和美感常以一种迸发式的姿态向人袭来：

> 他拾起路面一个硕大的松塔，又乘势坐在巨松的浮根上。体内痛丝丝沉甸甸热辣辣的，疲劳得不到释放，如生锈的针弯曲着。他掰了掰拾起的松塔，彻底干透开裂的焦茶色塔瓣一片片强悍地抗击着手指。周围有几丛鸭拓草，花已经被烈日晒蔫了，雏雁一般跃动的叶片，护拥着已经枯萎的极小极小的紫蓝色花朵。无论背靠的巨松，还是仰面见到的青瓷色长空，抑或仿佛被扫帚扫过的几片云絮，全部干涸得可怕。

上面这段文字出自三岛由纪夫的作品《天人五衰》，描写的是身患胰腺肿瘤的老人本多在意志力的支撑下，独自走向山上的一座寺庙寻觅故人的场景。在走向寺庙的过程中，本多是痛苦的、疲惫的，在这段文字中，无论是对痛感的描写，还是对周遭景色的描绘，无不透露出暮年的疼痛与衰败：身体的感受是“痛丝丝沉甸甸热辣辣的”，好像体内藏有很多弯曲的、生锈的针那般火辣刺痛。松塔的塔瓣是坚硬开裂的、鸭拓草已经被烈日晒蔫枯萎、天空和云絮也都以干涸的状态呈现。细腻的描写，全部用以烘托情绪的基调：生命尽头垂垂老矣的痛苦。

不仅在文学领域，在商业广告文案作品中，也有许多细腻动人的作品，比如以下两段长文案，题为“我害怕阅读的人”，是台湾奥美公司为台湾天下出版社所撰写的广告：

> 我害怕阅读的人。一跟他们说话，我就像一个透明的人，苍白的脑袋无法隐藏。
> 我所拥有的内涵是什么？
> 不就是人人能脱口而出，游荡在空气中最通俗的认知吗？
> 像心脏在身体的左边，春天之后是夏天，美国总统是世界上最有权力的人。
> 但阅读的人在知识里遨游，
> 能从食谱论及管理学，八卦周刊讲到社会趋势，
> 甚至空中跃下的猫，都能让他们对建筑防震理论侃侃而谈。
> 相较之下，
> 我只是一台在 MP3 时代的录音机：
> 过气，无法调整。
> 我最引以为傲的论述，恐怕只是他多年前书架上某本书里的某段文字，
> 而且，还不是被荧光笔画线注记的那一段。

害怕阅读的人，到底有多害怕？这段文案通过一系列细腻的描写，将害怕与仰慕的感情一一抽丝剥茧。和阅读的人一说话，就变得“透明”“苍白”；形容自己知识面窄，使用了只懂“心脏在身体的左边，春天之后是夏天”

这样人尽皆知的常识来进行说明；形容阅读的人学识渊博，则会说他们“从食谱论及管理学，八卦周刊讲到社会趋势，甚至空中跃下的猫，都能让他们对建筑防震理论侃侃而谈”。通过不厌其烦的陈列细节，让读者切实感受到阅读给人们带来的好处。文案的结尾也有其精彩，又以一个惨烈的对比来收场：自己引以为傲的论述，“恐怕只是他多年前书架上某本书里的某段文字，而且，还不是被荧光笔画线注记的那一段”，让不读书的人和热爱阅读的人的差距一目了然。

下面这段相同主题的文案，则更多地采用援引名人背书和故事的方法，来阐释对阅读之人的“害怕”：

我害怕阅读的人，
他们总是不知足，
有人说，女人学会阅读，世界上才冒出妇女问题，
也因为她们开始有了问题，女人更加读书，
就连爱因斯坦，这个世界上智者中的最聪明者，
临终前都曾说：“我看我自己，就像一个在海边玩耍的孩子，找到一块光滑的石头就觉得开心，后来我才知道，自己面对的还有一片真理的大海，那没有尽头。”
读书人总是低头看书，忙着浇灌自己的饥渴，
他们让自己是敞开的桶子，随时准备装入更多，更多，更多。
而我呢，手中抓住小石头，只为了无聊地打水漂而已。
有个笑话这样说：人每天早上起床，只要强迫自己吞一只蟾蜍，
不管发生什么，都不再害怕。
我想，我快知道蟾蜍的味道了。

阅读的人对求知这件事是永不满足的，对未知的知识永远是饥渴的，而不读书的人，“手中抓住小石头，只为了无聊地打水漂而已”。文案中还引用了一个小故事，有人为了让自己不害怕，每天早上起床都要强迫自己吞

一只蟾蜍,因为吞蟾蜍这件事本身就足够令人害怕了,在文案的结尾写道“我想，我快知道蟾蜍的味道了”，更渲染出对无知的恐惧。

细腻的笔触，考验着创作者两方面的能力：一是观察能力，优秀创作者笔下的世界是精确度极高、颗粒极细的，而平庸创作者笔下的世界则是模糊的、缺乏细节的，就像没戴眼镜的高度近视者看到的世界那样，混混沌沌，这样的文章很难让读者产生触动，缺乏引发共情的能量；二是对文字的把控力，如何不让细腻沦为絮叨、如何用文字突出关键性的细节、如何将关键性细节进行生动的呈现，都需要创作者在遣词造句上下功夫。

6. 催泪走心

明朝的归有光，在他的《项脊轩志》一文中，以清新的笔墨描写了自己居住的“陋室”，虽然破旧却优雅，种植着兰、桂、竹，书香满院，小鸟前来啄食,写出一派安贫乐道的自得。在文章的结尾,他写道:“庭有枇杷树，吾妻死之年所手植也，今已亭亭如盖矣。”这句话就像在平淡放松时忽然有人朝你扔来一颗冒烟的手榴弹一样,许多人都猝不及防地被“炸”出朵朵泪花。

小陋室中有一棵枇杷树，是主人的妻子去世那年他亲手种下的，如今枇杷树已经枝繁叶茂犹如一把伞盖那般了。短短一句，不事雕饰，却道尽了时光流逝，睹物思人的情绪，让人感受到作者对亡妻的思念，甚至能想象出作者每天看见这棵枇杷树都能想起妻子的情形，把对妻子的思念化成一件自己天天都能见到的事物，好像是时时提醒自己不忘故人，更体现出作者对妻子的深爱。这样含蓄的情感流露，往往特别有力量，有种“此时无声胜有声”的效果，催人泪下。

这个世界上有一些文章，虽然写得极平淡，但是由于抓住了一些极具张力的细节或情绪，往往具有催泪的效果。让人流过泪的文章，必然能在读者心目中留下深刻的印象，文章中催泪走心的段落，对文章的传播也有巨大的助推作用。

萧红在《呼兰河传》中，就用平静的语调，写出了时光流逝的无情，生老病死的无常和悲伤：

> 呼兰河这小城里边，以前住着我的祖父，现在埋着我的祖父。
> 我生的时候，祖父已经六十多岁了，我长到四五岁，祖父就快七十了。我还没有长到二十岁，祖父就七八十岁了。祖父一过了八十，祖父就死了。
> 从前那后花园的主人，而今不见了。老主人死了，小主人逃荒去了。
> 那园里的蝴蝶，蚂蚱，蜻蜓，也许还是年年仍旧，也许现在完全荒凉了。
> 小黄瓜，大倭瓜，也许还是年年地种着，也许现在根本没有了。

通过自己年龄增长和祖父老去速度的对比，用一老一少的年岁变化展现时光流逝的无情。“老主人死了，小主人逃荒去了”，园子里的蝴蝶、蚂蚱、蜻蜓、小黄瓜、大倭瓜的命运也无从知晓，淡淡的笔触，却将物是人非的情绪写得极浓。从人到物，对那些平凡的动物和植物的描写，本质上是在追思自己曾与祖父共同度过的时光，看似事无巨细的絮叨，背后全是对祖父的思念之情。结合书中祖父在与主人公日常相处琐事中流露出的疼爱，让读者更觉催泪：

> 在祖父烧的时候，我也帮着忙，帮着祖父搅黄泥，一边喊着，一边叫着，好像啦啦队似的给祖父助兴。
> 鸭子比小猪更好吃，那肉是不怎样肥的。所以我最喜欢吃鸭子。
> 我吃，祖父在旁边看着，祖父不吃。等我吃完了，祖父才吃。
> 他说我的牙齿小，怕我咬不动，先让我选嫩的吃，我吃剩的他才吃。
> 祖父看我每咽下去一口，他就点一下头，而且高兴地说：“这小东西真馋”，或是“这小东西吃得真快。”
> 我的手满是油，随吃随在大襟上擦着，祖父看了也并不生气，只是说：“快蘸点盐吧，快蘸点韭菜花吧，空口吃不好，等会要反胃的……”

烧好了鸭子，孙女吃的时候祖父在一旁看着，等她先吃完自己再吃，还让孩子先挑鸭子的嫩肉吃，自己只吃剩下的，相信这样的场景，曾经发生在许多获得过“隔代”疼爱的孩子身上，他们读来会极有共鸣，这样的场景非常容易撬开用户的泪水的“阀门”。“这小东西真馋”“这小东西吃得真快”，祖父注视着外孙女吃饭时的鼓励式评语，也很具有典型性，让老人对孩子的呵护之情尽露笔端，也尽显“隔代爱”中浓浓的纵容与疼爱。

还有祖父教主人公背诗的场景，读来让人笑中带泪：

> 我一念起诗来，我家的五间房都可以听见，祖父怕我喊坏了喉咙，
> 常常警告着我说：“房盖被你抬走了。”
> 听了这笑话，我略微笑了一会工夫，过不了多久，就又喊起来了。
> 夜里也是照样喊，母亲吓唬我，说再喊她要打我。祖父也说：“没有你这样念诗的，你这不叫念诗，你这叫乱叫。”

念诗的声音太大，被祖父调侃为“房盖被你抬走了”，但调侃的背后还是祖父对孙女的关心，怕她喊坏了喉咙。在对日常琐事的描写中，突显出祖父对孙女的爱意。可以看出，萧红在描写祖父与孙女之间的感情时，很擅长抓住那些感人至深又容易引发读者共鸣的场景和细节，因为只有真正触动了读者内心那些属于自己的记忆，才能引发他们情绪的激烈变化。

在商业文案创作领域，也不乏触动人心的作品。印度文案大师 Freddy Birdy 就曾围绕关爱老人这一公益主题，撰写过一系列催泪长文案，戳中了许多人内心柔软的角落：

> 在办公室度过 10127 个深夜之后；
> 在 17203 个紧急电话和 259 盒散利痛之后；
> 在 1406 次商务餐和 974 盒 Digene 之后。
> 什么？
> 停下来把会议延迟，

推迟几个电话，花一点儿时间陪陪老人，
借一个肩膀给老人靠着，陪老人笑一笑，
待在老人身边就行了。
因为当你还未察觉时，自己也将老去。
你只要花一点儿时间陪陪老人就够了。

露出笑脸会花掉你多少钱？
半个小时。
三块自家做的蛋糕。
自家采摘的花朵。
你男朋友的一张照片。
一个长途电话。
模仿一下 Dev Anand。
问一些问题。
读一篇小说。
听一个故事。
星期天早上出其不意的拜访。
遛狗。
换一个灯泡。
讲一个笑话。
征求一下他的建议。
给他一些建议。
调情、闲聊、笑、聆听。
你只要花一点儿时间陪陪老人就够了。

在人们的生活中，大部分时间都是忙忙碌碌的，Freddy Birdy 用一组数据说明了这一点：10127 个办公室度过的深夜、17203 个紧急电话、259 盒散利痛、1406 次商务餐、974 盒 Digene，没有多余的叙述，就勾勒出一个繁忙的商务人士的形象，但是紧随其后文案指出“停下来把会议延迟，推迟几个电话，花一点儿时间陪陪老人”，让人意识到陪伴老人其实只会占据繁忙工作中的几分钟时间，这并不浪费时间，而更像是一种习惯。

在后一段文案中，则笔锋一转，询问大家“露出笑脸会花掉你多少钱”，随后罗列了生活中一系列能让老人愉悦的事物，如自制蛋糕、自己栽培的花朵、恋人的照片、遛狗等，并用最后一句话提醒大家，其实只要花一点儿时间陪陪老人，就能让他露出笑脸。这段文案中描述的大部分场景都能让人“对号入座”，当读者产生了代入感之后，才猛然指出花一点儿时间陪伴老人的价值，让人在沉浸的情绪中对关爱老人的呼吁产生共情。

在同一个系列的另一篇文案中，Freddy Birdy 则通过渲染父亲与母亲之间的点滴情感，来突显母亲逝世后父亲的彻骨孤单：

> 我父母在一起的时候，我几乎听不到他们争执。
> 每个月底，父亲都把薪水放在福米卡家具塑料贴画的餐桌上。
> 拿走一点买烟的零用钱后，
> 母亲一言不发就把我放在 Godrej 活动茶几里。
> 我父亲爱我母亲，
> 但这些都是默默的，从来说不出口。
> 母亲会默默地把父亲最喜欢的茶和 khari 饼干放在他面前。
> 要是有一颗衬衣纽扣坏了，母亲会一声不响地给换上。
> 父亲不用说话，母亲就知道在他的大浅盘里加上一份米饭。
> 饭后，父亲坐在他最喜欢的扶手椅上，开始看报纸。
> 我们小孩子没有一个敢打破这种安静。
> 结婚 42 年后，突然有一天，母亲去世了。
> 父亲在 72 岁的时候学着泡了第一杯茶。
> 他的视力也越来越差，只能看看标题了。
> 但变化最大的是，父亲开始让屋里充满声音。
> 电视唱，广播响。
> 父亲喜欢的安静已经成为过去。

一个寒冬的深夜，父亲告诉我原因。

“要是没有人陪，安静真让人受不了。”他说。

花一点儿时间陪陪老人。

文案中刻画的这对父母从不争吵，父亲默默支撑起家庭，母亲把父亲照顾得无微不至——准备他爱喝的茶和爱吃的饼干，缝补纽扣，给他添加米饭……42 年来，父母之间的关系充满爱意和默契。直到有一天，母亲的去世打破了这种平衡，“父亲在 72 岁的时候学着泡了第一杯茶”，这样的细节尤其感人，展现出一个老人在习惯了伴侣照顾之后忽然要学着独自应付生活琐事的无措，孤单和落寞跃然纸上。同时，向来喜欢安静的父亲开始让屋里充满电视和广播的声音，“要是没有人陪，安静真让人受不了”，刻画出老人的变化，以及这种变化中透露出的强烈的孤独感。Freddy Birdy 通过故事性的描述和对看似平常的生活琐事的描绘，展现出一个老人在暮年需要面对的庞大孤寂，并让读者通过文字也感受到这种孤寂，从而让人们意识到“花一点儿时间陪陪老人”的必要性。

下面这则文案，则描写了一个爱拍照的父亲，在暮年时因为伴侣去世和亲戚、儿子的疏远，独自对着曾经拍下的照片黯然神伤的场景：

当我还是一个小男孩时，我父亲总爱蹲着给我拍照。

没有人能从我父亲的相机下幸免：

我的母亲、两个兄弟、远方的叔叔阿姨们，还有一多半的表弟。

多年来，我的兄弟们陆续获得了绿卡并且移民。

亲戚们只在婚礼或葬礼时才聚在一起。

而我完全沉浸在我的新工作、妻子和孩子们之中。

几年前，母亲去世了。

那时候，父亲的手开始发抖，相机也包在一个旧鞋盒里送人了。

父亲留下的一切就是他拍的照片。

只要我有空，时不时就会带父亲出来走走。

父亲在一个周日的下午对我说：
“我曾经以为这些照片会让每个人留在我身边。
但事实上它们只是提醒我，我丢了多少东西。”
花一点儿时间陪陪老人。

文案讲述了一个热爱拍照的父亲，乐此不疲地为自己的儿子、妻子和亲人们拍照，但随着时间的流逝，亲戚们日渐疏远，相聚的时间越来越少，儿子也有了自己的生活，妻子的离世更让老人陷入了绝对的孤单境地。父亲将相机送给了别人，自己只留下了曾经拍下的照片，原本他应该是指望这些照片能带他重温往日的欢声笑语的，但是老人最终领悟到“它们只是提醒我，我丢了多少东西”，温情的照片反而更衬托出孤独的冰冷，只有来自家人的陪伴才能真正温暖老人。

Freddy Birdy 的文案很擅长捕捉生活中戳人泪点的细节，比如 72 岁的老人学着泡人生中第一杯茶，衬托出失去老伴的老人在琐碎生活中的挣扎，比如他向来喜欢安静，却在失去老伴后体验到没有人陪伴的安静有多么可怕；又比如父亲对着昔日的照片缅怀过去却更觉得孤单……如此种种，都容易戳中读者的内心，让人们意识到孤独老人的处境到底有多么的令人心酸，从而反思自己，升起多花点儿时间陪倍老人的决心。

总结起来，要写出催泪走心的文章，创作者需要掌握三个原则：

首先，感动的基础是引发共情。那些真正触动读者内心的文字，可以引发他们对自己过往经历或情绪的记忆，读者在文字中投射自己的情绪，文章才能达到引发共情的效果。

创作者在创作时，需要有意识地让文字所描述的场景或情绪和读者既有的认知产生“连接”，唯有这样，才有更大概率撬开读者眼泪的“阀门”。因此，当我们在撰写文章时，就要以这一准则去筛选素材，剔除掉那些“曲高和寡”的内容，真正地沉入读者内心，挖掘人性的“最大公约数”。

比如前文提到的萧红的《呼兰河传》中描写祖父与孙女感情的段落，

挑选的都是非常日常的场景，如祖父为孙女烤鸭子、祖父看着孙女吃饭、祖父充满爱意的调侃。许多人在童年时期都曾经历过这样的场景，这样的文字就很容易引发大家的共情，能够触发读者自己的记忆，让读者联想起与自家长辈相处的暖心经历。

其次，平凡而动人的细节是关键。那些波澜壮阔的事，其实不如那些看似平凡但经得起细嚼的小事更具有感人的力量，但是这需要创作者对细节进行提炼与精准的描摹。

比如 Freddy Birdy 的公益广告文案中，写父亲在 72 岁时学泡第一杯茶，和他打开电视和广播让房间里充满噪声，这些细节都能很好地反映老人的孤独和窘境。又比如萧红的《呼兰河传》中写道“祖父看我每咽下去一口，他就点一下头”，这样看似琐碎的细节描写，其实格外能展现出祖父对孙女的疼爱有加，因为爱她，希望她茁壮成长，所以看着她吃饭就很高兴和满足。

最后，平淡的文字其实最能承载浓稠的感情。比起那些抽象的、宏伟的词语，越平淡的文字，越能反衬出情绪的浓烈。比如汉乐府里的“弃捐勿复道，努力加餐饭”，多少思念之情都不说了，只叮嘱对方好好吃饭，平淡的诗句中思念之情呼之欲出；又比如唐诗里的“可怜无定河边骨，犹是春闺梦里人”一联诗句中，切换了两个场景“河边”和“梦里”，虚实对比间让人升起对生离死别的无限感慨。情绪的渲染不一定要靠辞藻的铺陈，有时越简单的文辞反而越能起到四两拨千斤的作用。

文章风格的建立，非一时之功，需要创作者保持长期、大量的“输入”，我们可以从那些优秀的作品中汲取营养，无论是新闻报道、文学作品还是商业广告作品，都可以为创作者输送多元的风格养分。同时，创作者也需要在写作的时候对自己提出要求，根据不同的任务选择合适的风格，这是一个需要付出精力的长久之事，也是一个非常考验耐力和体力的过程。

就像纳博科夫在《文学讲稿》中说的：“在那无路可循的山坡上攀缘的是艺术大师，他登上山顶，当风而立。你猜他在那里遇见了谁？是气喘吁吁却又兴高采烈的读者。两人自然而然拥抱起来了。”在创作者与读者拥抱之前，必须费劲地去攀爬，在一个文字与一个文字之间、一个细节与一个细节之间攀爬，找到一条自己走起来最顺畅的路径，才有可能顺利攀上上风格的山顶。

第 11 章　新媒体文章的写作技巧

在上一章中，我们重点探讨了文章写作的结构与风格，这些结构和风格适用于广泛的文章类型，可以帮助我们创作出优质的内容。在这一章中，我们会重点探讨新媒体文章的写作，在共性之中找出特性，帮助文案创作者写出更符合新媒体传播规律的文章。

新媒体时代，信息流动的逻辑正在改变，信息与人、人与人的连接方式也在改变，通过网络，人们得以跨越遥远的距离，与更多的人保持更高频的联系，也可以建立新的群组和关系。社交媒体已经渗透到人们生活的方方面面，一串串冰冷的代码可以成为亲密关系的承载，一个个点赞大拇指图标成为人们维护社交关系的纽带，一个个转发按钮刺激着用户主动去传播扩散内容。

机器算法每一秒钟都在计算和推测人们的喜好，它们记录着用户在页面停留时留下的每一个动作，分析动作背后的含义，以此来判断用户对内容的好恶，不断为用户推荐更符合他们阅读偏好的内容。

新媒体时代，传播逻辑的改变，也在一定程度上重塑着内容生产的逻辑，对于内容创作者而言，洞悉新媒体传播规律将其并运用到写作中是非常重要的，这些规律就像流动方向固定的洋流，如果我们可以顺流而行，就会减少许多阻力，让优质的内容能够以较低的成本“流动”到用户的眼前。

在这样的背景下，内容生产领域，尤其是自媒体领域，对内容的传播效果产生了狂热的渴望，10 万 +、爆款、刷屏、现象级，成了最能刺激新媒体创作者神经的关键词。如何让内容变得吸引眼球、如何让内容获得自传播力，也是当代新媒体创作者最热衷琢磨的问题。

然而，对创作者而言，优质的内容依然不可忽视，这需要创作者心中紧握一把标尺，抵挡住流量的诱惑，在生产好内容与获取大流量之间不断摸索和努力，去寻找那个最巧妙的平衡点，做到“不辜负内容，也不辜负流量”。

我们可以看到，一些优秀的自媒体人，不仅能通过内容获得眼球与流量，也能保证自身内容的优秀品质，不误入“标题党”和低质内容的歧途，在信息洪流的奔涌中塑造自己独特的风格，获得属于自己的一批忠实粉丝。

社交传播中信息传播的模式，如同一片“森林”，每一篇文章都有许多初始的分享，就像矗立在森林中的一棵棵树，每一个分享都能开枝散叶，形成一片蔓延的森林。

2019 年，微信的月活跃用户数已达 9.9 亿人，用户日均使用时长达 64 分钟。放眼世界，Facebook 的月活跃用户数也已经超过 24 亿人。大量的用户活跃在社交媒体上，在上面阅读信息、制造信息、分享信息，社交媒体已经成为用户获取新闻资讯、了解身边人动态的主要渠道之一。对于创作者而言，新媒体是一块必须重点耕耘的阵地，我们需要学习用文字撬动流量的技巧。在这一章中，我们就将重点探讨新媒体传播环境下，创作者如何写出具有自传播力的优质文章。

11.1　写推文的五大步骤

写推文，是新媒体创作者工作中出现频率很高的一项任务，它不单单包含码字这一项劳动，还包含了排版、发布、数据监测等一系列工作。“工欲善其事，必先利其器”，想要写出一篇精彩的推文，创作者需要经过找选题、搭框架、填素材、写推文、做排版这五大步骤，才能准备出一篇图文并茂、肌骨丰匀的内容。

1. 找选题：做挖金子的人

和传统媒体内容生产的流程一样，新媒体内容生产虽然强调热点和及时性，但要想长期稳定地输出内容，创作者也需要培养“找选题”的能力。

选题，是创作者对即将创作的内容的设想和构思，它相当重要，决定着内容的主题和走向，也关系着用户是否会对内容产生兴趣，因此找选题就是完成一篇推文需要进行的第一步工作。

在滚滚的信息洪流中找到一个好的选题，就像在巨型的矿石堆中挖出金子一样，是一件考验眼力和体力的事情。选题不是创作者拍脑门凭空想象出来的，它需要我们眼界开阔，对用户关注的内容一览无遗，并从中挑选出那些最能触动流行心理和情绪的要素。这要求创作者具备敏锐的洞察力，以及从大量信息中提炼精华的能力。在找选题的过程中，创作者一般需要经历两个步骤，可以概括为：搭建“选题池”和一句话提纯。

搭建“选题池”

搭建“选题池”是一件长期的工作，它需要创作者形成一种职业习惯，即看到那些有价值、有信息增量或有趣的内容，就习惯性地将它们扔进“选题池”里储存起来。创作者需要像一只储存食物过冬的嗅觉敏锐的松鼠那样，绝不放过任何一个富含热量的“坚果”。

这个“选题池”或许是一个文件夹，又或许是一个纸质笔记本，里面可以有简单的分类，方便我们在寻找选题时清晰地查询，比如可以分为社会新闻、情感话题、搞笑段子、经典的用户评论等，也可以是其他维度。在日常生活中进行“选题池”的搭建，可以极大地提升我们寻找选题的效率。

为了丰富“选题池”，创作者需要建立高效的信息获取渠道。比如，当我们要写一篇情感类的推文时，我们需要知道去哪里能最快地找到那些可以启发灵感的内容，我们可以去订阅和浏览微信公众平台上的情感类公众号，判断近期是否有鲜明的用户情绪爆发点，或者大众关注度较高的话题，如果有，这些话题一般会在头部账号的内容中得到体现；我们也可以关注知乎、抖音、哔哩哔哩等用户活跃度较高的社交媒体，看看这些平台上是否有与情感相关的热点话题，以及话题下的用户高赞留言、评论。这些都是很好的选题宝库。

搭建“选题池”的过程，其实也是锻炼创作者筛选素材能力的过程。只有经过长期的训练和一次次把选题落地为文章的实战，创作者才能练就“稳准狠”的选题能力，在茫茫的内容海洋中挖出闪闪发光的金子般的选题。

一句话提纯

当我们搭建好了素材丰富的“选题池”之后，接下来要做的就是从中挑选出最符合写作任务的一个选题，并对这个选题进行优化，提炼出它最精华的部分，从中升华出文章的主题。这个步骤的技巧在于，创作者需要尽可能地用一句话说清楚自己的选题，这个过程其实也就是在对选题进行“提纯”。

以公众号乌玛小曼的推文《美少女们为什么争相去厕所“打卡”》为例，乌玛小曼是一个以分享文案创作技巧和营销方法论为主的账号，这篇文章选题的灵感来自作者在小红书等社交媒体上观察到，有不少博主发布了她们在各个城市“网红厕所”打卡拍照的攻略，这是一个比较新鲜的现象，同时这个现象背后也蕴藏着许多值得分析的原理，因此如果用一句话来概括这篇推文，就是“判断一个线下活动是否有趣、值得分享的关键就在于它是否适合拍照并发布到社交媒体上，比起抓住用户的眼球，抓住用户的镜头变得更加重要”，体现出在当代营销环境下，为用户制造“值得分享的体验”十分重要。就像推文中所说的，“手机屏幕已不再是一块光滑的平面玻璃，而是赛博世界中一座面积无限的立体舞台”，哪怕只是一间厕所，只要它足够好看、足够有“网红感”，那它也能成为人们展示自己的“舞台”。

对选题的提纯能力，关系着推文核心主题的走向，如果我们只是对选题有一个模糊而宽泛的方向，在后续的写作步骤中就容易乱了阵脚，容易让文章的主题变得松散和凌乱。如果创作者在选题这个步骤中就能提炼出清晰的主旨，会让推文撰写的每一步都走得扎实，也更容易产出主题清晰、观点鲜明的文章。

2. 搭框架：让文章练就灵活“身段”

比起传统媒体文章，新媒体推文的文章结构会更加灵活，“身段”更加柔软。不像传统媒体文章那样需要清晰整齐的结构，需要小标题加上整段整段的内容，新媒体推文的段落通常会更短，这样可以让文章在狭窄的手机屏幕上读起来也不那么费劲。

以知名公众号新世相为例，它的许多文章都以用户故事为主题，在开篇叙述文章的洞察点和主题文案，然后就以用户视角来讲述个人故事，最后会有简短的总结和点睛金句。

以新世相的推文《“加班给钱的话，我早就财务自由了”| 13 句职场真心话》为例，推文在开篇的“Sayings”部分中，开宗明义地提出“你在职场里最大的困扰是什么？我猜是不自由”这一观点，随后简单地引用了日本上班族写的三行诗“加班费 / 如果认真给我算的话 / 早就富了”。接下来就进入了文章的主体部分，一共有 13 个小标题，每个小标题下有一个用户的小故事。比如“项目虽然紧张，再紧张，我们也要先决定中午吃什么”这一小标题下，就是来自用户春子的故事，通过这个故事展现出上班族的时间被忙碌的工作覆盖得严严实实，但是也要努力通过吃午餐这件小事，来实现“对自己好一点”这个小目标：

> 上班两年，我发现了一件事：
> 工作是永远忙不完的，项目一个接着一个会来。
> 如果小孩子的假期是寒假和暑假的话，
> 那么成年人的假期只有中午点餐的短短几分钟。
> 所以工作再忙，我也会先和同事认真讨论，到底在午休的时候吃什么？
> 我们要对自己好一点。

又比如“公司要做的事情我都做了，自己想做的事情，也该开始做了吧”这一小标题下是来自用户西猿结衣的故事：

我手机的备忘录里有两个文档。

一个是，记录上班要做的事情：

“甲方的客户需求，项目的进度排期，老板的吩咐嘱托。”

一个是，记录自己想做的事情：

“开车自驾美国 1 号公路，深夜去一趟动物园，学会怎么跳钢管舞。”

这个故事展现出上班族的梦想与现实之间的距离，来自用户的故事充满了细节，比如手机备忘录中的“甲方的客户需求，项目的进度排期，老板的吩咐嘱托”就非常写实，让很多用户产生了代入感，而关于梦想的记录则遥远而美好，“开车自驾美国 1 号公路，深夜去一趟动物园，学会怎么跳钢管舞”，加强了对比的冲突感。

这样的推文，由一个个短小但细节丰富的故事构成，节奏快，阅读成本低，容易让用户体验到阅读的快乐。值得注意的是，新媒体推文虽然的结构相对灵活，但依然离不开开头的导入部分和结尾的总结部分，因为它们能起到拎清主线、帮助用户了解文章主旨的功能，让用户的阅读更轻松，对主旨的理解也更清晰。

美食类公众号艾格吃饱了的推文《在家待久了，看一片毛肚都觉得眉清目秀的》，全文甚至没有出现整段的文字，推文以每一句文案配上一幅美食动图的形式展开，比如“曾经有一份真诚的红油辣锅放在我面前，我没有珍惜”这句文案后面，就跟着一张用筷子夹着毛肚在红油辣锅中涮的动图，锅中的汤底正在咕嘟咕嘟翻滚着，“老北京涮火锅它不香吗”，后接两张薄薄的肉卷在铜锅中涮来涮去的动图，“鲍鱼红烧肉害你了吗”则跟着酱肉淋上鲍鱼的动图，“还有这些白斩鸡桑拿鸡烤雪花流黄蛋砂锅鸡炒饭，又做错了什么”，后面则是一大堆文案中提到的美食动图。比起上文提到的新世相的推文，这篇美食类推文的结构和内容就更灵活了，可以说完全打破了传统文章的边界。这篇推文的推送时间是新冠肺炎疫情期间，那时候的人们都被迫宅在家中不能外出“觅食”，因此采取这样图文并茂甚至是以动图为主的方式，就格外具有冲击力，能刺激人们的食欲，文章阅读量也轻松超过了十万人次。

值得注意的是，推文形式是服务于推文的选题和核心洞察的。总结起来就是形式服务于内容，内容服务于洞察，唯有这样，才能创作出不流于形式的新媒体推文。新媒体人都热衷于创新和创意，推文形式让人眼花缭乱，但我们还是需要始终牢记推文的出发点到底是什么、传播的目标是什么，并以此为准则来进行内容、形式的设计。

3. 填素材：UGC 是撬动用户共鸣的杠杆

在新媒体阅读语境下，最受用户欢迎的内容一般有三种：第一种是新闻资讯类内容，比较权威和有信息增量是这类内容吸引用户的关键；第二种是娱乐八卦类内容，这类内容自带流量属性，只要当事人的知名度足够，一举一动都可能引起大家的关注；第三种则是用户或普通网友生产的内容，也就是 UGC（User Generated Content），这类内容可能既没有新闻资讯类内容的信息增量，也没有明星人物的眼球效应，但是由于足够亲民、容易触发共鸣，因此也很容易在网络上流行起来。

对创作者而言，UGC 是丰富的取材宝库。比起关在小黑屋里“杜撰”内容，或是面向身边小范围的人群寻找故事，新媒体时代的创作者更应该练就在网上搜寻素材的本领，去挖掘来自用户的真实故事，以此为基础进行提炼和改编。

可以看到，许多头部自媒体账号都喜欢发起用户故事征集，即确定某一个主题后，在公众号上发起线上问卷征集，寻找某一个主题之下足够具有代表性的用户故事。比如心理类微信公众号 KnowYourself 的推文《“你走了，我用余生想你” | KY 留言精选：21 种长辈的爱情故事》，整篇文章的内容就来自该公众号向用户发起的征集，让用户围绕“自己的爸爸妈妈、爷爷奶奶或者其他长辈之间动人的爱情故事”这一主题“贡献”自己的故事。其中两位用户分享的长辈的爱情小故事，就格外让人感动：

小学三年级的时候，家乡小城开了第一家汉堡店，我要爷爷带我去吃。爷爷给我买了一个 7 元多的汉堡，自己却在路上买了 1 元一个的花卷。后来，爷爷带着奶奶和我又去了那个汉堡店，当时 60 多岁的爷爷对奶奶说："佳佳最近带我吃了一个好吃的，走，我带你去吃。"

"走，我带你去吃"成了我最羡慕的长辈爱情。

奶奶一直说爷爷抠门。直到奶奶去世以后，爷爷常给我钱，我不要，爷爷才说：我比你奶奶大 8 岁，我一直觉得我会比她先走，我得给她存够以后生活的钱。现在你奶奶已经走了，这些钱我也花不了。

四叔和四婶是青梅竹马，那时他们可能才十几岁吧，四婶会叫四叔"四哥"。

有一天，四婶问四叔："四哥，你什么时候结婚呀？"

四叔回答说："你什么时候结婚，我就什么时候结婚啊。"

这是我听过最天然、最甜的表白。

这些来自用户的故事都格外生动，既感人又毫不造作，这就是 UGC 的生命力。这样的故事很难由一个创作者独立地创作出来，因为一个人的经历毕竟是相对有限和单一的，但是 UGC 则可以做到五花八门、五光十色，阳春白雪与下里巴人皆能演绎。

KnowYourself 的另一篇推文《"顿悟的那一刻，灵魂感到了战栗" KY 粉丝留言：23 个点亮人生的顿悟时刻》，则向用户们征集了"曾在自己生命中发生过的、被忽然'点亮'的时刻"，分享大家被忽然击中后获得人生启发的经历。

一天去海洋馆，看到大小不同的鲨鱼被分在了三个规格的鱼缸里，就问管理员，是不是小鲨鱼长大了就会去大一点的鱼缸，

> 管理员说："不是的，小鲨鱼再也不会长大了。"我突然间明白，原来环境是会限制生长的。人也一样，不去更宽广的环境里的话，就再也不会继续成长了。

> 高中的时候看黄碧云，她说："如果有天我们湮没在人潮之中，庸碌一生，那是因为我们没有努力活得丰盛。"后来在一次香港书展讲座上，我碰到了黄碧云本人，我问她怎么样才叫活得丰盛。她说："那是二十多岁时的想法，到了现在这个年龄，已经明白庸碌一生又何妨。"

> 和父亲去欧洲旅行的时候，住在意大利山里的一个偏僻的小镇上，整个镇子只有一条街一个教堂那么大，到了晚上有很多父母会带着孩子到露天酒馆前面的小广场玩。我们当时坐在酒馆的伞下，点了两杯啤酒，把脑袋探出伞外去看星星。然后父亲跟我说："将来，像罗马和巴黎这样的地方你还会再去，还会去很多次，但是这个小镇你却再也不会回来了。等到多少年以后，爸爸不在了，你还会想起来曾经爸爸陪你来过的意大利小镇。"

通过推文中展现的故事，可以看到用户们获得人生启发的瞬间是各式各样的，有的发生在参观海洋馆的过程中，有的发生在读过的书中、听过的讲座中，有的则发生在旅行的过程中，这些启发有的来自不认识的人，有的来自自己的至亲好友。正是因为种类丰富，才能体现出"原来每个人的生命都是由无数个等待被点亮的时刻构成的"这一文章主旨，让用户感受到那些散落在人生各处的、看似无比微小的瞬间，其实可以为人们带来"灵魂的战栗与盛开"。

可以看到，UGC 可以成为新媒体推文创作的素材宝库，但是如何获取、收集合适的 UGC 也在一定程度上考验着创作者的"运营"能力。最好的情况是，创作者本身就拥有征集故事的渠道，比如拥有具备一定粉丝量的微信公众号、微博账号、头条号或是其他社交媒体的账号。但在此基础上，创作者还需要策划合适的选题，才能激发起用户参与讨论的欲望，激发起用户的表达欲，才能以此收获来自用户的好故事。

如果创作者本身不具备与用户沟通的直接渠道，也可以通过社交媒体平台，在用户的留言、评论等内容中获得灵感的启发，但是需要注意的是，在取得用户本人同意之前，创作者不可以直接使用来自用户的内容，这会造成侵犯版权，我们可以基于用户的 UGC 总结提炼更深入的洞察点，并以此为基础进行新故事的创作与撰写。

4. 写推文：在碎片上起舞

新媒体推文的阅读环境，相比传统媒体文章的阅读环境更复杂。用户阅读新媒体推文的硬件载体通常是手机，这一轻便的载体可以让用户使用碎片化时间进行阅读，地铁上、午饭前、等待开会的间隙，用户都可能抽出几分钟时间读完一篇推文。

微信发布的《2019 微信数据报告》，对微信用户的使用习惯进行了解读，指出用户使用微信的时间存在两个明显的高峰期，分别在午饭前和晚饭后。从这个报告中也可以看出，用户通常会在一天中相对闲暇的时间进行新媒体内容的消费。

用户在新媒体上阅读内容时，很难产生沉浸式阅读体验，这是创作者在创作推文时需要牢记的一个现实。这也是为什么新媒体推文的结构会比传统媒体文章的结构更灵活，这其实可以视为新媒体推文为适应用户阅读习惯而产生的“进化”。想要写好一篇推文，创作者就要学会“在碎片上起舞”，花较多的精力优化用户阅读体验，让用户获得流畅、富有趣味的阅读体验，让推文更有“网感”，所谓“网感”，就是指推文能与当下网络流行趋势相匹配。

想要提升推文的“网感”，一方面，我们可以从那些符合当下网络流行趋势的话题，或用户正在热议的话题中提炼选题，另一方面，在推文的写作过程中，也可以从以下方面提升推文的“网感”：

文案层面

首先，在文案层面，新媒体推文相对传统媒体文章而言会更有亲民感，比起专业性，趣味性相对更强，同时句子也更短，甚至就连标点符号也可以充当重要的表达情绪的元素。比如科普类公众号物种日历的推文《你说我一个鹿，怎么被虎鲸给啃了呢？》，就通过富有“网感”的文案，向用户介绍了驼鹿这种生物：

> 在东北的方言中，林子里的居民除了傻狍子、熊瞎子和貂儿，还有一种名为“犴达罕”的动物。听起来不知所云，其实这是满语，它就是今天物种日历的主角驼鹿。
>
> ……
>
> 尽管名字乱作一团，但不代表这三者真的难以区分。马鹿长着一张“大众脸”，而麋鹿虽说被称作四不像，可明明一看就是只鹿，只是长得难看了点。至于驼鹿可以说是辨识度最高的一种鹿，同时也是体型最大的一种鹿。体长在 2.3~3 米之间，雄性体重 300~650 公斤，甚至有 1000 公斤以上的传闻。
>
> 驼鹿的体色较深，整体为暗褐色，四肢修长，肩部隆起，形如低矮的驼峰，因此而有驼鹿之名。它眼睛小而位置高，整个脸显得又长又宽，有一个宽大而下垂的鼻子。在人类看来，这张脸长得有些“抱歉”（驼鹿：你害想咋地？）。

开篇一句，道出驼鹿的满语名和汉语名，句子中的“傻狍子、熊瞎子和貂儿”，读来有浓浓的东北味儿，十分亲民和口语化。在介绍到马鹿、麋鹿和驼鹿这三者之间的区别时，说马鹿长着一张“大众脸”，麋鹿长得难看了点，用调侃的语气写出这两者的特点，随后推文又对驼鹿的形象进行了不留情面的描写：眼睛小而高，脸又宽又长、鼻子宽大又下垂，总结起来就是“长得有些‘抱歉’”……可以看到，在这段推文中，作者使用了许多口语化的词汇及拟人的修辞，并且段落中的句子都较短，读起来相对轻松，比如这一句对驼鹿外形的概述，“驼鹿的体色较深，整体为暗褐色，四肢修长，肩部隆起，形如低矮的驼峰，因此而有驼鹿之名”，每两个标点之间的文字都在 4 ~ 8 个之间，十分短促易读。这样的推文放在手机屏幕上，不容易消耗用户的“视力”，阅读成本较低，阅读体验更好。

又比如物种日历的另一篇推文《大促时你的购物车，比不上它的嘴巴》，是这样描述花鼠这一物种的外貌的：

> 花鼠是名副其实的“花”鼠，它的面颊上有深褐色和白色的条纹，其中一条深色纹贯穿眼睛，形成精致的“花脸”。花鼠的背上有五条深褐色的纵纹，因而得名“五道眉”……
>
> 花鼠的吻部比松鼠更长，有着杏核一样黑溜溜的大眼睛，比多数松鼠都要来得更大，脸上的花纹更是凸显出“美颜”一般的效果。因此有人认为它比松鼠更漂亮可爱。一些松鼠，比如红松鼠，耳朵尖上有天线一样的两撮毛，花鼠的耳朵短小，并没有“天线”。

在这段推文中，读者通过文案就可以自行勾勒出一只花鼠的可爱形态，即一只长着花脸、背上好像长着五道眉毛的鼠类。杏核一样黑溜溜的大眼，仿佛有“美颜”效果的脸部花纹，耳朵上没有红松鼠耳朵上的像“天线”那样的一撮毛，作者通过生动的文笔，将花鼠写得俏皮又可爱，文字读起来也轻松有趣。在这篇推文的另一个段落中，也用有趣的文字介绍了花鼠储存粮食的情形：

> 花鼠一般是独居的，只有在冬季，雌雄花鼠会共用一个冬眠的洞穴。洞穴可以长达 2.5 米，有复杂的通道，有巢室和储藏室的区分。每当秋天到来，花鼠开始忙碌地储粮。花鼠有一种多数松鼠都没有的结构：口腔两侧各有一个颊囊，可充当“购物

> 袋”。花鼠会贪婪地将食物塞进颊囊里，直到颊囊充满，才把食物带回储藏室，节省了大量的时间和体力。每只花鼠在秋冬季节可储藏 3 公斤食物，足够供应到翌年春季。

这段文字可以说很好地展现了推文标题的精髓，把花鼠口腔两侧的颊囊比作购物袋，就像标题“大促时你的购物车，比不上它的嘴巴”中，把花鼠的嘴巴比喻成电商大促时用户的购物车，充满喜感，与“花鼠会贪婪地将食物塞进颊囊里，直到颊囊充满，才把食物带回储藏室”的状态确实有些相似了。

原本是一个科普类的账号，物种日历却通过富有“网感”的文字，将知识以有趣的形式传递到读者眼前，这样的内容在新媒体传播环境下往往更容易获取用户，对于用户而言，这样的内容就是读起来毫不费劲却又能收获知识增量的典范。

观点层面

除了文案层面的技巧，在新媒体推文的创作过程中，提炼鲜明的观点并对其进行充分的表达，也是非常重要的一项技能。在众声喧哗的新媒体时代，那些洞察了用户情绪、能一语道破用户心理并让用户产生“Wow Moment”（哇哦时刻）的观点，往往能让推文更具力量。推文的观点就像一种强力的黏合剂，能帮创作者黏住大量的粉丝，塑造出更清晰的形象。

比如微信公众号槽值的推文《别低估朋友圈那个抠门的成年人》，就围绕花钱和省钱这件事提出了鲜明的观点。在开篇，推文罗列了很多体现成年人在花钱这件事上的矛盾心理的例子：

> 每个成年人，都是矛盾的综合体。
>
> 一件小事就可以看出来，比如，花钱：
>
> 节假日跟团游动辄上万元不心疼，菜市场买根葱最好能让大姐免费送；
>
> 一百多块一顿的火锅随便吃，买东西时五块钱的邮费不能掏；

几十块一杯的咖啡天天喝从不眨眼，十五块一个月的视频会员必须借……
小气的时候抠门到家，大方的时候一掷千金。

开篇之后，笔锋一转，指出那些大方与抠门兼具的当代成年人，其实在花钱这件事上有着自己的“套路”，并提出了“省钱的终极意义，是把它们更漂亮地花出去”这一观点。随后文章又通过列举追星女孩豪掷千金只为抢到偶像演唱会的 1 排 C 位，但是打车去演唱会的路上却坚持省一分就是赚到一分，以及有的人放弃购置衣服，但周末一定要去玩玩新开的密室逃脱的例子来说明。

有的人放弃剁手囤货塞满衣柜鞋架，周末一定要去新开的那家密室逃脱，他们乐意，在这个城市里不断尝试新鲜的挑战；
有的人结婚，钻戒可以不买，但婚礼一定要放在热带小岛上举办，他们需要，给平淡的生活，增添一份必要的仪式感。
在经济承受范围内，按照自己的想法，合理配置金钱，获得生活中最大程度的快乐和满足。
说到底，是人们更清楚什么事情让自己开心，什么事情更“值得”。
无论是投资兴趣、追求快乐，还是提升自我，本质上，都是对自己精神世界的“富养”。

生活本就是参差多态的，在花钱这件事上也不存在“标尺”，每个人都有热衷省钱的地方，也有舍得花钱的地方，把钱花在自己认为“值得”的地方在另一种层面上也是对自己的“富养”，就像有的人结婚不需要钻戒，却要去热带小岛上办婚礼，有的人不喜欢购物囤货却喜欢体验密室逃脱这样的新鲜事物那样。这篇推文的末尾再次提炼了文章的观点：在有的事情上省钱，把省下来的钱花到刀刃上、花到能让自己快乐的地方，其实是一种段位更高的“钱商”。这样的文章，用户读完之后很容易记住创作者的观点，因为推文提出的观点既能和用户的既有认知形成关联，又能从中生发出一些新的思考，介于旧与新之间的观点，最容易让用户产生被一语道破的心情。

创作习惯层面

除了在文案层面和观点层面让文章变得更具“网感”，在创作习惯层面，还可以使用一种方法帮助我们提升作品的完成度，这种方法叫作互动式写作，这是一种完全不同于传统创作的写作模式。

传统文章的写作过程更像是一种“封闭式”写作，作者把自己关进安静的小黑屋中埋头码字，直到文章完成之后才展示在他人眼前。但是在新媒体推文的写作过程中，我们可以尝试一种截然不同的创作方法——互动式写作，它是指我们可以在推文写作的整个过程中，随时接受来自他人的评价、建议甚至是挑刺。哪怕文章刚写了开头，也可以发给潜在用户或同事看一看，问问他们这个开头是否会让人想要看到接下来的内容、能否勾起他们的阅读欲望。如果不能，那就可以另起炉灶了。互动式写作的本质是创作者拥有用户思维，这样的写作不仅仅是创作者的自我表达，也是一种对用户喜好的尊重，而这种开放的心态可以让创作者创作出能在新媒体时代更受欢迎的作品

5. 做排版：提升视觉“可读性”

新媒体创作者需要掌握基础的排版技能。如何让内容在一块小小的手机屏幕上，以更漂亮、更轻盈的姿态与用户见面，是一个值得研究的课题。

在经历了找选题、搭框架、填素材、写推文这四个步骤之后，我们的推文内容已经准备就绪，最后一步的排版也不容忽视。一个糟糕的排版会让原本精彩的内容失色，过大或过小的字体会让用户阅读起来很费劲，过密的行间距和字间距也会增加用户的阅读成本，过于花哨的配色会让用户觉得眼花缭乱，反而增加了内容的“噪声”……

糟糕的排版各有各的缺点，优秀的排版却有一些共通之处，它能让内容的呈现更加清晰，重点分明，提升用户阅读推文的体验。创作者可以通过以下原则学习做出优秀的排版：

清晰原则

清晰，是推文排版的第一要义。设计的本义是辅助信息的表达，创作者可以通过排版的小技巧让文章的段落结构更加分明，突显出文章的逻辑，让读者一眼就看到重点。比如可以通过加大字号、改变字体颜色，或辅以简单的设计样式来突出部分内容，使核心信息在视觉上成为焦点，让用户一目了然。

此外，要将字号调整到合适的大小。一般来说，字号不宜太大，因为字号太大会导致手机屏显示的信息过少，用户需要不断地滑动屏幕才能读完推文，这其实增加了他们阅读文章的成本。但字号也不能太小，字号太小会太考验眼力，让用户读起来比较费劲。

除了字号大小，行间距也是重要的因素，以微信公众平台为例，1.75 倍的行间距是视觉上令人舒适的一个距离，这样的行间距可以确保内容不会太拥挤，让排版具有呼吸感，用户读起来也会更轻松。

就段落而言，对呈现在手机屏幕上的内容而言，最好是五行文字可以分为一个段落，一个段落最多不超过八行文字，这样阅读起来会比较舒适。

同时，为了让文章内容更有逻辑，在排版时还需要遵循就近性原则。也就是当推文中出现配图时，配图的说明文字要靠近与之对应的图片；每一个部分的小标题要靠近对应的段落，而离上一段落稍远一些；如推文中出现了表格、框、符号标志等，也要注意就近性原则。

这些排版的细节看似琐碎，却决定着排版的质感与内容的清晰度，是在排版过程中不能忽视的要素。

克制原则

新媒体创作者需要牢记，排版的目的是让内容的展现更清晰、更有逻辑、更有美感，而不是为了排版而排版，因此在排版过程中，我们要克制，避免过度排版，不要炫技。

改变字体的颜色是创作者在排版中经常会运用到的一种技巧，将某一处的信息（如小标题或重要句子）颜色改变,可以起到突出核心信息的作用，但同时也需要注意，一篇推文的文字部分中尽量不要出现三种以上的颜色，因为焦点太多就等于没有焦点。同时，颜色太杂乱也会降低推文排版的美观度。总结起来，新媒体推文的配色要遵守“三色原则”，常用的配色方案是正文内容用黑色，注释如图注等文字用灰色，标题或核心的句子用另外的一个亮色，这样的配色方案既在风格上统一又能在内容上突出亮点。

在新媒体推文中，配图所占的比例通常会比传统媒体稿件中配图所占的比例更大，图文并茂的内容更容易受到用户的欢迎。不仅是静态的图片，GIF 动图也是新媒体推文中常见的元素。不过，当我们在为推文配图时，也需要秉承克制原则，太过眼花缭乱的配图或动图会降低用户摄取核心信息的效率，影响用户的阅读体验。

曾经有新媒体人透露，创作一篇爆款推文需要用到这样一个公式：从 50 个选题里面选一个，四级采访，5 小时互动式写作，取 100 个标题，同时拿到 5000 人群里投票，最后再给一篇文章做 1 万字的数据分析报告。可以看出，新媒体推文的创作需要创作者一步一个脚印地耕耘，从找选题，到搭框架、填素材，再到写推文，最后到做排版，每一个步骤都需要专业技能和耐心，唯有做好了这五大步骤，创作者才有机会创作出一篇优质内容与可观流量兼具的新媒体推文。

11.2 “借势”的正确方式

借势，也就是新媒体人常说的“追踪热点”，是大部分成功的新媒体推文都在使用的一大技巧。在新媒体传播环境下，追踪热点甚至可以说是新媒体创作者必须具备的一项看家本领。在信息横流的新媒体时代，借势的本质是利用公共话题产生的强有力的磁场，让内容获得更多流量。因为当热点产生时，用户的注意力会形成焦点，与焦点相关的内容就更容易进入他们的眼球。

虽然都知道追踪热点的重要性，但许多创作者在借势时，还是会经常遇到如下问题：

- 虽然敏锐地捕捉到了热点，但自己无法结合热点想出新鲜的观点或写出有信息增量的内容；

· 虽然想追踪热点，但发现热点与推文服务的品牌或产品契合度并不高，不知道内容该如何与热点结合；对于每个热点不同派别会形成不同的观点，追踪热点时如果操作不慎就容易引起一些用户的不满，引发“果取关”（果断取消关注）的后果；

· 追踪了热点，也把产品、品牌与热点做了结合，但是内容的点击量并不高，转化率更是很低……

为了避免上述常见的追踪热点难题，我们需要学会借势的三条铁律。

1. 对热点进行“二次加工”，创造内容关联度

热点，并非产生了就可供新媒体创作者随意取用，在热点中挖掘与自己的平台关联度高的点，是推文借势成功的关键。想要解决热点与平台之间的关联度问题，我们就要对热点进行“二次加工”，通过“二次加工”创造出关联点，并由此产生信息增量。

以 2020 年流行的任天堂模拟经营类游戏《集合啦！动物森友会》为例，游戏一经面市就因为轻松治愈的玩法和风格获得大量用户追捧，用户纷纷在社交媒体晒出自己在小岛上“钓鱼”“盖房子”“和小动物交朋友”的截图，让这款游戏产生了刷屏社交媒体的效果。面对这样一款现象级游戏，新媒体创作者自然不会放过借势的机会，其中也涌现出许多对热点进行成功“二次加工”的优秀作品。

比如新世相的推文《一位猛男玩〈动物森友会〉的 39 条教训：我还是把快乐搞丢了》，就从人们刚开始玩游戏时和玩了一阵子游戏后态度的变化入手，探讨了“我们是怎样把好不容易获得的快乐，一步一步消磨掉的”这一生活命题。在推文中，展现了用户初玩游戏时收获的轻松、治愈与感动：

> 别怕，你第一次会觉得还房贷是件幸福的事。
> 没有首付，没有利息，每天努力一点，就能还清。
> 当你拼命想把钱还掉，小动物还会来劝你：

> 不用这么努力，刚来还是休息一会儿好好享受生活吧。
> 网友 @ 耳朵不要咸鱼 说，从来没有人对我说过你要享受生活可以不用这么努力，他们只觉得我不够努力。

在小岛上，贷款盖房子不需要利息，多花时间钓点鱼就可以还清，还有人来宽慰你不用那么努力、不用那么累。游戏中的生活方式与多数游戏玩家在现实中窒息的生活节奏截然不同，因此能给人带来极大的治愈。不仅如此，游戏中的小岛上还有许多“出厂设定是‘善良’”的小动物岛民，它们也会为游戏玩家带来无限的善意：

> 不管你做什么，都有人给你鼓掌。
> 你穿了一件很难看的衬衫，小动物夸你好好看！
> 你钓到一个易拉罐，小动物路过必定给你鼓掌！
> 你设计的衣服挂在裁缝店，你会发现他们把你的设计穿在了身上。

在游戏中，即使玩家做了一些微不足道的事，也会得到来自小动物朋友的赞美与鼓励，这也与相对功利的现实生活形成了极大反差，让玩家可以重拾简单的感动。

> 但是许多人玩了这款游戏一周之后，成年人的恶习也会逐渐渗透到游戏中：
> 但当你玩了一周，你会发现：
> 就算是在这个理想之岛，胜负欲一样会占领你的心。
> 时间就是金钱，一天有一天的进度。
> 如果你放松了，看到别人的岛，心态很容易崩。
> 啊，你房贷已经全还完了？有地下室还有阁楼？
> 啊，你有全套的樱花家具还有哥斯拉和变形金刚？
> 为什么你们的岛都比我的好看！

随着游戏的推进，胜负欲开始在玩家心中作祟，大家开始嫌弃自己钓的鱼太便宜、房贷还得不够快，动物邻居也会叹气，这座原本用来逃避现实的岛屿开始变得和现实越来越像，网上甚至出现了贩卖人气小动物的商家，用户花 999 元钱就能买到一位“理想邻居”。

可以看到，这篇推文虽然在主题上借势了《集合啦！动物森友会》这款游戏，但推文本质上还是在探讨成年人在面对快乐这件事时的矛盾态度：人们总是想要获取快乐，但又总是会在追求快乐的过程中迷失方向，从而失去快乐。这样的主题方向符合新世相作为一个情感类公众号的定位，在借势热点的过程中，也体现出了账号的特色和价值观。

新世相还对《集合吧！动物森友会》这一热点进行了“二次加工”，在加工的过程中加入了新的内容，从平台的角度提出了新的视角，让用户对这款游戏中折射出的人性有了新的认知，这样的借势就成功地解决了热点与平台之间关联度的问题，不至于让用户觉得这个热点“蹭”得生硬。

同样以《集合吧！动物森友会》为例，我们再来看看另一个平台的借势角度。美食类公众号艾格吃饱了在面对这一热点时，发出了《动物森友会里的鱼要怎么吃？》这篇推文。因为这款游戏的玩家可以从事的一项主要活动是钓鱼，游戏中也有种类丰富的鱼类图谱，海里、河流里、池塘里、瀑布中都有鱼，鲷鱼、鲈鱼、竹荚鱼、条石鲷等都是玩家经常可以钓到的品种。作为一个美食类公众号，艾格吃饱了从自身的特色出发，向大家提供了一份游戏专属版菜谱：“动森的鱼类图鉴种类真的很丰富，挑挑选选，有很多种子选手可以红烧、香煎、清蒸、水煮、白灼、爆炒。”

比如游戏中玩家经常会在池塘里钓到的淡水龙虾：

> 想象一下，把新钓上来的小龙虾放锅里。假装能买到一包正宗的“潜江油焖大虾调料卤料包”，然后再做一口大锅，烧一烧，炒一炒，一碗香喷喷的油焖小龙虾，肯定能吸引很多小伙伴上岛。

又比如玩家经常在海边钓到的鱿鱼：

每次都会被鱿鱼丑到，长得太适合被吃掉……稍微煮一煮，变成红彤彤的样子，才好看。再用刀切成小圈小圈的，配个秘制酱料，白灼小鱿鱼肯定能吸引很多客人！

此外，还有醋烧鲈鱼、烤竹荚鱼、清蒸鲫鱼、蒸中华绒螯蟹（大闸蟹）、麻辣水煮鲶鱼、三文鱼片、红烧河豚……艾格吃饱了在推文中把游戏里各个品种的鱼的吃法向用户进行了介绍，让用户感受到了这款游戏令人垂涎三尺的一面。在追踪热点的过程中，艾格吃饱了也很好地关联了自身平台的特色与优势，对热点进行了“二次加工”，从美食的角度对《集合吧！动物森友会》这款游戏做出了诠释，极富有趣味性。

值得注意的是，那些真正能成为“热点”的内容，往往自身就富有弹性的解读空间，正是这种弹性解读空间的存在，才能让热点话题获得了更多更广的讨论，从而得到发酵。这对新媒体创作者而言是一件好事，在这样的情况下，新媒体创作者也有机会从话题中挖掘出自己擅长的那一部分，来进行“二次加工”，打造出符合自身特色的内容，不至于使借势的方式过于生硬。

就像面对同样一款游戏，它既然火了，就说明游戏本身是非常具有话题性的，游戏中也存在大量可供解读的元素，并且这些元素都是亲民的、不深奥的，容易被用户理解和传播。这就是为什么新世相可以从情感的角度进行解读，艾格吃饱了可以从美食的角度进行解读。这样的借势行为就容易受到用户的欢迎，因为这些借势的推文能让用户感受到游戏更丰富的内涵与层次。

当面对突然产生的热点时，我们需要以很快的反馈速度去响应热点，但同时也需要找到自身定位与热点之间的具体关联。借势的本质是借助热点让我们自己的内容获得流量，让我们的内容或品牌通过热点这一载体进入用户眼界范围内。除了快速反馈，更应该快速而准确地挖掘出平台与热点的关联，将热点进行“二次加工”，创造出有价值的内容。

2. 围绕热点，输出信息增量

当热点来临时，许多用户都在积极地关注、探讨和发表自己的观点。在这样的情形下，用户其实是需要输入一些与热点相关的新信息的，这些新信息能成为他们的谈资，作为他们的“社交货币”，成为用户与身边人谈话或在网络上发表观点时的素材来源。

因此，当新媒体创作者选择追踪热点时，如果想让推文获得更好的传播效果，就需要让推文在包含热点内容的同时也含有信息增量。许多优质的新媒体推文都懂得并在运用这一规则，在各式各样的热点来临时，都能结合热点为用户提供富含信息增量的内容。

情感类公众号 ONE 文艺生活曾经在情人节这一热点节庆时推送了一篇文章，标题是“看完这篇文章，再也不担心情人节不会说情话了”，推文中整合了大量经典隽永的情话，比如美国诗人伊丽莎白·毕肖普的情诗、沈从文写给张兆和的信、知名翻译家朱生豪写给妻子的情话，为用户提供了一份情书“攻略”：

> 论含蓄隽永正话反说，美国诗人伊丽莎白·毕肖普无出其右。
> 在《失眠》里，她这样写：
> 所以把烦恼裹进蛛网吧
> 抛入水井深处
> 那个倒立的世界
> 那里，左边永远是右边，
> 影子其实是实体，
> 那里我们整夜醒着，
> 那里，天国清浅就如
> 此刻海洋深邃
> 并且你爱我
>
> 浪漫澄明的沈从文先生，与合肥张家四姐妹的三姐张兆和之间，

有着共沐风雨的真情。1934 年，沈从文的母亲病危，匆匆赶回。临行前，他与张兆和约定，每天写一封信给她，报告沿途的见闻。这些书信，构成了后来的《湘行散记》。其中有一段广为流传的话："我行过许多地方的桥，看过许多次数的云，喝过许多种类的酒，却只爱过一个正当最好年龄的人。"

思君不见，心有戚戚，唯有丰富如命运，才能解释"我遇见你"。

朱生豪先生是知名的翻译家，也是莎士比亚译者里文采斐然的一位。但更多人是从他给妻子宋清如的情话里知道他的。面对同是诗人和翻译家的妻子，朱生豪把热烈的爱意倾注在情话里。已经跻身金句的有：

"醒来觉得甚是爱你。"

"我们都是世上多余的人，但至少我们对于彼此都是世界最重要的人。"

"我是宋清如至上主义者。"

推文中不仅有名人的情话，也搜集了许多来自普通人的有趣告白，比如理科生的情话：

我将对你的爱写进每一个微分里

然后积起来

直到无法收敛

我是 sin，你是 cos

不求平方和

只求 tan

充斥着理工专业术语的情话，没点知识积累的人还看不懂，比如"我是 sin / 你是 cos / 不求平方和 / 只求 tan"这句，因为 sin、tan 的平方和是 1，而 sin 除以 cos 得到的 tan 范围是负无穷到正无穷，所以“翻译”一下就是，“我和你的感情是天长地久、绵绵无尽的”。

在推文中，还为用户总结出了情话的精髓，也就是不要说那些烂大街的、空洞的誓言，而是要去回忆两个人之间的具体场景、表情、事件等，就像朱生豪那句为人称颂的“醒来觉得甚是爱你”，就抓住了清晨醒来思念恋人这一看似普通的场景，道出了无限柔情，因为人在刚刚醒来时，意识尚未完全清醒，这是一个容易真情流露的时刻，这句情话之所以如此动人也是因为抓住了这一个微妙的场景。

又比如针对儿童节这一热点，公众号公路商店就推送了一篇题为“为什么童年时的一天，是长大后的一个月？”的推文，总结出在儿童节的成年人朋友圈中其实有三种人：“追忆童年的怀旧男孩儿，假装儿童敲诈男友金钱的心机女孩儿，以及冷嘲热讽上面两种人的愤怒喷子。”

但这篇推文并不打算走寻常路，而是想要去探寻那些反复碾压着大众的廉价情绪的真正价值是什么。为什么大众会热衷于追忆童年？当人们在回味童年时到底是在回味什么？这篇推文的主要目的，就是在儿童节来临时，给用户提供一些更深度的剖析和信息增量。推文指出，童年是很多人一生的快乐源泉，是因为它在我们的生命之初提供了饱满有力的新鲜感。

> 我过去常常思考，为什么儿童感知到的时间总是格外长。但其实这个道理很容易被想通：
>
> 对于孩子来说，每一天都有无数的新鲜信息涌进他的脑袋里，成为构筑他尚不完整的世界观的材料。就像一种食物的美味极值永远出现在它被品尝的第一口，一段爱情最美好的阶段永远是初识时的暧昧时光，新鲜的东西永远是最美好的。
>
> 在这样的背景下，儿童的生活品质是极高的：每一秒钟对于他们来说，都像金子一样珍贵，他们当然会觉得一天好像成人的一个星期那么长，因为他们可以在一天之内，体验成人一个星期都体会不到的新鲜事物。

为什么在人的感知中童年的一天会比成年后的一天更长？是因为在新鲜感的影响下儿童的生活品质是很高的，每一秒钟都沉甸甸地承载着珍贵的体验，儿童可以在一天之内体验成人一个星期都体会不到的新鲜感。

围绕儿童节这一热点输出内容，除了输出那些赞美童真、追忆童年的内容，也可以像公路商店这样另辟蹊径，去向用户呈现追忆童年背后的心理因素，这样的内容能为用户提供信息增量，也就很容易让用户产生转发的冲动。

针对端午节这一节庆热点，大象公会推送了一篇关于屈原的文章《屈原是怎样“霸占”端午节粽子的》。推文指出端午节有许多普遍存在于中国的习俗，如吃粽子、赛龙舟、挂菖蒲和艾草等，但推文的目的不在于描述这些端午节常见的现象，而是去探讨中国人到底为什么要过端午节，端午节的起源到底是不是纪念屈原。

> 在古代中国，端午也远不是人们欢庆喜乐的节日。在人们心中，五月长期都带有不祥的色彩。
> 这可能是因为，每当仲夏到来，洪水和瘟疫的季节也随之开端。《礼记·月令》对此即有解释，认为夏至是阳气的顶点，同时也是阴气发展的起点，阴阳相争，正是万物死生之界，所以在这个月万事都要注重“戒”。
> 五月不吉利，五月五的端午更是凶上加凶。东汉末年的《风俗通》即提到，五月五日出生的孩子，“男害父，女害母”。

推文从时令入手，指出五月在古代人的心目中是一个不祥的月份，是洪水和瘟疫季节的开端，挂菖蒲和艾草、佩戴香包、喝雄黄酒都是古人抵抗疫病的方法。推文还指出，端午节其实不止一个源头，承载抵御不详之事功能的神祇也不止一个，至于为什么屈原成了端午节的“代言人”，则原因如下：

> 至于缺乏送瘟能力的屈原，之所以能名列端午诸神，是因为端

午除了祈祷丰收和防疫抗病，还有一项重大的任务：避免洪水。这项艰巨的任务，最好由与水有关的神负责完成，像屈原这样死在水里的著名历史人物，就是这类神的最佳候选人。

大象公会这篇推文，在节日热点到来时，带领用户去深入了解端午节的来龙去脉，为用户提供知识增量，用户读完这篇文章之后，对端午节的了解能更增加一分。这样的追踪热点方式，往往更能受到用户的欢迎。

在 3 月 8 日妇女节这一热点节日，《新周刊》的公众号发布了推文《三八妇女节，已经成了歧视女性的节日》，向沉浸在购物氛围中的用户提供了犀利的新观点。推文针对“女生节取代妇女节”这一网络事件展开，指出中国女性对被称为“妇女”的不满，其背后是商业在推波助澜，目的是向女性兜售那些号称能让她们变美的商品。

“其实与年龄无关，只要你对美丽、浪漫和温柔充满期待，还要有那么一点天真，你就是永远的女生。”关于“女生节取代妇女节”倡议活动的诠释非常漂亮，仿佛无论年龄、经历、身份、职业，每个女人都能有做“女生”的愿望。然而，这却是一场广告商、销售商与网络媒体共同助推的预谋——消费主义的华丽包装。

国际劳动妇女节的设立原本是为了纪念在 1911 年美国纽约三角内衣工厂火灾中丧生的 140 多名女工，同时也是对妇女取得平等、创造历史的见证，然而正如这篇推文提到的，消费主义正在弱化妇女节严肃的一面：

在消费主义时代下，这个节日逐渐失去了女权主义色彩——对妇女而言，“自由”比“平等”重要，确切地说，是购买包包、高跟鞋、名牌裙子和高级化妆品的自由。仔细回想经历过的每一个“妇女节”，我到底得到过什么？无非是单位每年发一箱姨妈巾，偶尔是洗衣粉或衣领净，以及享之无味弃之可惜只能用来购物的半天假期。

粉红色的广告文案告诉你，要用 8 折的价钱当一个“优雅幸运的女人”；粉红色的广告文案同时告诉你，想成为品位卓越的男神，就要用双倍折扣来成全“时光宠爱的女人”。

消费主义的引导，让对女性的关注集中体现在了购物的自由上，这同时也会让污名化女权的行为得到机会，指出了三八妇女节是“一个即使是专门为女性设定，却仍有很多女性遭受歧视的日子”，其实大家更应该关注的，是女大学生、离异女性、单亲妈妈、职场孕期女性们面对的真正关乎平等的严肃命题，而不是把妇女的权利等同于撒娇式的“索取”，不要把“福利”等同于“权利”。

推文为妇女节在当代的变迁提供了一个深入的剖析，让用户能在妇女节铺天盖地的购物营销中看到不一样的声音，获得信息增量，也会让一些用户真正关注到妇女节的意义与价值，不至于在消费主义的推波助澜中放弃对女性命运的关注。

3. 追踪热点的错误方式

对新媒体创作者而言，追踪热点是一项刺激的工作。它要求创作者拥有毫秒级的反应速度，必须在第一时间敏锐地捕捉到热点，并快速针对热点策划选题。

在当下，大部分热点的生命周期都只有一周左右，如果创作者不能快速反馈，就会错失热点。此外，输出的速度越快，内容越容易得到用户的阅读和转发，若是等到围绕热点的许多观点都已经输出后，想要在舆论场中瓜分一片田地就更困难了，创作者会发现无论怎么写都难以逃出“老生常谈”的命运，上文提到的输出信息增量的要求会更难被满足。

然而许多创作者在求快的过程中，往往会产生一些追踪热点的错误方式。如何避免在追踪热点的过程中“翻车”，可以说是新媒体创作者的一堂必修课。

许多品牌在追踪热点的过程中都曾经发生过“翻车”事件，比如肯德基就曾在母亲节推出了一支被网友直呼“辣眼睛”的视频，视频中的肯德基上校一改往日和蔼可亲的神情，摇身一变成了一个拥有八块腹肌的银发年轻男子，还在视频中表演了撕衣服、秀肌肉的热舞。不少网友看了视频后无法接受肯德基形象的转变，认为视频内容有低俗之嫌，并表示找不到这支视频与母亲节的合理关联，甚至有网友留言怀疑肯德基被盗号了。

可以看到，在热点来临之际，许多品牌和账号都在摩拳擦掌以求在流量盛宴中获得一瓢饮，但太过追求噱头和博出位的借势方式反而会起到适得其反的效果，容易引发用户的反感。

因此，新媒体创作者需要一份追踪热点“避雷”攻略，以找到正确的方式，不让错误的追踪热点方式伤害平台和品牌。

首先，我们需要明确，有一类的热点是不适合追的，那就是地震、洪水、火灾、车祸等灾难事件，因为公众在面对这样的事件时情绪大多是悲悯的，也比较敏感，如果在这样的事件上做文章，则很容易被用户认为是在吃“人血馒头”，容易引发公众的不满情绪。

其次，追踪热点的质量也需要关注，不能为了追踪热点而产生低质甚至低俗的内容，许多品牌就曾因为博眼球、“打擦边球”等追踪热点行为遭到用户质疑，反而给品牌形象抹黑。

最后，创作者在面对热点时也需要有审慎的态度，要对热点的真实度进行判断和查证，热点是否来自权威信源？热点是否属实，还是只是处于媒体推断阶段？创作者必须在明确这些问题之后再着手进行相关选题的策划。

一般而言，以下类型的热点是相对安全的：法定节假日，比如儿童节、中秋节、元旦、春节等，每年都会诞生许多优秀的追踪热点作品，为用户带来有趣的视角或是新鲜的解读；重大体育赛事，比如奥运会、世界杯等，可以围绕这些赛事做热点选题策划；热门的电影作品上映；此外，还有一些每隔一段时间就会被翻出来“炒热”一遍的热点话题，比如婚恋话题、职场焦虑、岁末规划等，也是创作者需要随时关注的领域。

以上提及的这些热点都是相对可预测的，但对于新媒体创作者来说，还有大量的热点是突发型的，比如社会新闻、娱乐新闻等，这就要求创作者具有对热点的敏锐嗅觉。一般来说，我们可以通过定时浏览微博热搜、接收新闻媒体即时推送等方式来以最快的速度获取热点信息。

11.3 高流量的推文长啥样

在新媒体时代，文章仅仅做到内容优质是不够的，还需要让用户产生想要转发的冲动才行，因为这决定了文章是否具有自传播力，能否以较低的成本获取较高的流量。在信息饱和的新媒体时代，创作者花更多精力去研究传播逻辑和表达技巧，才能让内容获取更高的流量。影响一篇文章能否获得高流量的因素是比较多的，比如账号本身的粉丝基础、账号内容质量、账号是否在传播的关键节点上获得了助力（比如获得媒体或 KOL 的转载），等等。

《纽约时报》畅销书作家克里斯•布洛根曾提出过一个“影响力方程式”：I = C ×（R+ E + A + T + E）。

在这个方程式中，对比度（C，Contrast）是最重要的一个要素，它是指信息的差异性、区别度，这是在信息过载的新媒体时代，我们的内容得以脱颖而出的前提。

触及率（R，Reach），是指信息抵达用户的量，信息触及的受众基数越大，内容扩大影响力的概率就越大，比如微信公众号的订阅量、微博的粉丝数，都在很大程度上决定了内容的阅读量。

如果触及率是指我们和多少人打交道，曝光度（E，Exposure）就是指我们多久和他们打一次交道。提升曝光度的关键在于把握曝光的时间点、频率、节奏等，比如微信公众号的运营者需要知晓用户阅读的高峰期分布在哪些时间点，最符合目标用户需求的推送频率是什么，依照这些规律去发布会获得更好的流量。

表达方式（A，Articulation）更多涉及具体的文案技巧。天底下新鲜的道理并不多，同样的道理用不同的方式进行表述，产生的效果可能判若云泥。

信任度（T，Trust）是决定影响力的一个关键因素，它关系到内容与用户之间的黏性，也和传播的转化率等密不可分。

共鸣水平（E，Echo）也就是经常被人们挂在嘴边的“走心”。只有具备了洞察人心的能力，才能赋予内容激起心智共鸣的力量。一般而言，品牌的观点需要触及用户已有的知识沉淀，激起涟漪，才能引发共鸣和理解。

在这个影响力方程式中，触及率、曝光度属于弹性不大的变量，为了让我们的内容获取更高的流量，我们需要研究提升对比度、表达方式、信任度、共鸣水平这四个变量的策略与技巧。

1. 对比度：信息饱和度与传播度的抛物线

新媒体时代拒绝含糊的观点，信息的对比度越高，被用户识别、接收的概率就越高。然而，信息越新越奇，就越容易受到关注吗？答案是否定的。

事实是，只有当用户所获得的信息和它们大脑里储存的知识形成映射时，他们才能在信息中找到快乐，这种兴奋感会促使它们更认同这条信息，产生转发、传播的动力。就像许多画家、文学大师的作品被同代人弃之不顾，却要等数十年甚至数百年后才被世人奉为珍宝那样，内容太新奇、太先锋，往往难以获得人们的理解。在新媒体时代尤其如此，信息饱和度和信息传播度的关系呈抛物线状。

当信息饱和度过高，比如信息太新或太复杂时，用户接受和消化的成本就会过高，会阻碍他们主动传播信息；而信息饱和度过低，会让用户觉得毫无新鲜感，也不会得到他们的注意和传播。只有当信息饱含度适中时，才能获得较好的传播。

以自媒体大象公会的内容为例，账号的定位是致力于分享知识、见识和见闻，其内容是有一定阅读门槛的、相对小众的。但仔细观察就会发现，大象公会的选题大多会从人们日常生活中常见的现象去切入，比如面膜、烤肠、咖啡、厕纸、医学、莎士比亚、成功学、女权等，并以现象进入到对背后本质的剖析，为用户提供相对专业的知识。这样做的好处，其实也就是上文提及的，让文章的信息饱和度可以处于一个合适的状态，既提供用户熟知的信息，又加入用户不知道的新信息，从而触发用户阅读和传播的欲望。

比如在大象公会的推文《为什么中国只有名菜没有大厨》，主题就十分亲民。文章的开篇指出，对于中国人而言，到一个地方必须吃的都是那些当地的名菜，比如北京的烤鸭、上海的红烧肉、杭州的西湖醋鱼，但是当人们出国旅行时，朝思暮想的却是那些出自某位大厨之手的名菜，比如去东京就会想去打卡“寿司之神”小野二郎的店，去巴黎就想体验一把传奇大厨乔尔·卢布松的餐厅，去丹麦就会抢订主厨 Redzepi 的餐厅 Noma……

文章的开篇所阐释的现象都是符合读者认知的，在后文中，大象公会开始以专业的视角剖析现象背后的成因，文章展示了中国流动人口规模和城市化发展情况，城市化发展让中国人的消费习惯发生了很大变化，而人口流动也导致老百姓在任何一座城市都能得到不同菜系、不同地方特色的中国菜的供应，餐饮业也因此受到了巨大的影响：

> 一旦打响了一道招牌菜，现代餐饮行业的标准化避免了出品的不稳定，保证了同一个品牌不同餐馆出品的菜味道差别很小，比如都是“外婆家”的招牌东坡肉，杭州店和上海店做出来的就算是“盲测”恐怕也很难区分。
>
> 因此，对于想打出品牌的餐厅，研制出一道让人吃了淋漓畅快的热辣水煮鱼，比一位老师傅使用不同节气的新鲜食材技巧性的烹饪更能令其不同门店的上万食客印象鲜明。
>
> 而标准化的餐品背后都是无名的厨师。再也没有因为一位师傅的手艺失传，某道菜从此成了江湖绝唱。这些厨师也是过去几十年人口流动的结果：其主力都是从劳务输出地区向东部的劳务输入地区迁移的流动人口，职业规划很不稳定。

招牌菜的背后，是餐饮行业的标准化，这也导致了招牌菜背后的主厨的默默无闻，而且厨师本身也是流动人口，他们的稳定性较低，职业规划也不明朗，种种原因都导致了中国只有名菜而没有名厨这一局面的出现。类似大象公会这样的文章，就通过日常的事物切入，让文章的信息密度很匀称，用户读起来不会太累，趣味性和专业性得到了较好的平衡。

又比如在大象公会的另一篇推文《窄脸当道，宽脸当家》中，就从人们的脸型这件事开始说起，煞有介事地提出了“窄脸在全世界都更受欢迎，只是宽脸的人掌控世界”这一观点，并且给出了有理有据的论据支撑。文章开篇就以苹果 CEO 乔布斯脸型的变化向用户展示脸型背后折射出的更多信息：

> 乔布斯从硅谷的暴君企业家，变成大众精神导师，有两个原因，一个是乔布斯创造了不可思议的奇迹，另一个原因，是乔布斯的脸看上去变窄了。
>
> ……
>
> 宽脸乔布斯，满脸是攻击、攫取、欲望、骄横之色，而窄脸乔布斯，一脸的睿智、悲悯、与世无争，完全是个艺术家或哲学家。

推文指出，宽脸会更富有攻击性，给人一种不好惹的感觉，并且胖会让人联想到享乐和物欲，而瘦削的脸庞则相反，容易让人联想到清心寡欲和苦行自律，许多宗教人物都是长着一张巴掌脸的瘦子。

除了列举大量典型的宽脸人物——无论是现实人物还是影视作品中的虚构角色——来说明宽脸“当家”这件事，文章还引用了心理学领域的“面部宽长比”指标，它是指面部宽度（两侧颧骨点之间）与面部高度（从上唇到鼻根或眉中）的比值，低于 1.7 就是窄脸，高于 1.9 就是宽脸。整篇文章有理有据，令用户读来信服。

2. 表达方式：文案需要“拳击手套”还是“羽毛”

在信息饱和时代，平庸的表达方式会被用户无情屏蔽，笨拙的表达方式会让用户失去耐心，只有那些聪明而独到的文字能像闪电一样击中用户。内容想要获得高流量，在文案的撰写上尤其需要下功夫。

就像克里斯·布洛根所说，高水准的表达方式会让想法如一把剑般锋利，突破认知上的层层屏障，让你恰如其分地接受它的全部内涵。对创作者而言，表达方式的锤炼和推敲并非时下流行的“说人话”那么简单，面对不同的人群，需要选择与之契合的表达方式。

一般而言，高水准的表达方式分为两种：一种是力量型的，就像给文案戴上拳击手套，使其精悍有力，可以有效唤起行动。另一种是挑逗型的，就像给文案插上羽毛，使其具有挠痒痒般的魅力，引起人们的好奇心，加深记忆度。

写出力量型文案，有三个技巧：从负面情绪着手，多用短句，多用动词。

虽然正面情绪能让用户产生愉悦感，但负面情绪往往更有“扎心”的力量。企业办公软件钉钉在一组地铁广告投放中，就通过文案去“揭伤疤”，揭开了创业光环下的残酷真相，将创业者的焦虑、疲倦、无奈一泻而出，“感觉自己会成功，这种感觉已经是第六次”“每天一睁眼，要养 50 个家”，这样的内容对目标用户会造成情绪冲击，让目标用户产生情感上的共鸣。

多用短句这一技巧很好理解，短小精悍的文案显然比复杂冗长的文案更具力量感，“自律给你自由”就比“节制自己的欲望能让你对人生有更强的掌控力”有冲击力；“漂亮得不像实力派”就比“漂亮得让人不相信她竟然不是花瓶”更有底气。让文字变短最需要的能力是提炼，首先创作者可以先将想表达的信息写出来，在这个基础之上再做文字技法上的优化。

多用动词会让表达“活”起来，动词原本就自带力量感。红星二锅头的“把激情燃烧的岁月灌进喉咙”“用子弹放倒敌人，用二锅头放倒兄弟”“将所有一言难尽一饮而尽”就通过“灌”“放倒”“饮”等动词的使用，让文案充满力量感，也与烈酒的产品属性相得益彰。

而创作挑逗型文案的关键词就是：具体。文案的颗粒要很细，充满细节，能够唤起场景感。就如罗伯特·麦基在《故事：材质、结构、风格和银幕剧作的原理》一书中所说：

> 生动性来源于事物的名称。名词是物体的名称；动词是动作的名称。要生动写作，应回避采用泛指名词和带修饰语的动词，

努力寻找事物的具体名称：不要说“木匠使用一根大钉子”(a big nail)，而要说“木匠捶打一根尖铁钉”(spike)。“钉子”是一个属名，“大”是一个形容词。

日本神奈川县齿科牙师会一组主题为“你的牙齿没事吧？”的公益广告中，就通过挑逗型的文案，让受众自行脑补出牙齿疾病带来的尴尬：

想“啾”地亲亲小狗狗，
它却把头扭到了一边。
小朋友给我画的人像，
牙齿被涂成了褐色。

挑逗型文案不会像力量型文案那样直戳痛点，却能通过场景的构建、侧面的烘托或悬念的铺设，让用户轻易明白隐藏的信息，并通过这样的“迂回”来加深用户的好感度和记忆度。

3. 信任度：缺点暴露效应，小怪僻拉近距离

社会心理学上有一种理论，叫“缺点暴露效应”(Weaknesses Exposed Effect)，指适当地暴露无伤大雅的小缺点，非但不会对形象造成损害，反而会拉近和他人之间的距离,让人更加受欢迎。就像鸡汤里说的“卸下盔甲，袒露软肋”，人们只有在信任的人面前才敢暴露缺点。

因此，适当暴露缺点是一种表示信任的行为，高大完美的形象会拒人于千里之外，而小缺点并不会掩盖主要的优势，反而会让人觉得真实，小怪癖也更容易拉近关系。

在面对“90 后”“95 后”用户时，这一招尤其重要。当下许多品牌都在探索年轻化道路，放弃自吹自擂的套路，企图获得年轻人的好感与信任。

快 100 岁的奢侈品牌 Gucci 在 2017 年 3 月就为推广手表系列做了一次

风格奇特的线上营销，获得了国外网友一致好评。比如直接使用意大利画家布伦齐诺的一幅画作，为画中面有愠色的女子配上“当他给你送花，而不是送 Gucci 手表时”的文案，正好与这幅画作背后的典故契合：画中女子因求婚者赠送的礼物不合心意而懊恼。又比如一幅“当你买了 Gucci 新手表忍不住炫耀”的海报，海报中身着西装的男子为了炫耀自己的 Gucci 手表而把西服袖口抠烂……诸如这类搁下严肃面孔，以小怪僻、恶趣味示人的内容，往往更容易拉近和消费者之间的距离，也更容易打破陌生感、建立信任感，这类看上去有些瑕疵的内容，也更容易获得新媒体时代用户的喜爱。

公众号 X 博士的推文《我发现有 3000 人点评过我家门口的公厕》中，就介绍了生活服务 App 大众点评的另一面，上面记录着用户对身边公厕的点评：

> 原来，这款软件除了操心吃得怎么样，也会关怀用户拉得舒不舒适。
> 如果你人在北京，只要在大众点评输入“公厕”二字，就能获得 3299 个精确结果。
> 这看似只是一串冰冷的数字，数字背后，却是一位位鲜活的个体。
> 这些人生怕错过每个厕所，将大半个京城的厕所点评得面面俱到。
> 我知道有美食家、作家、吉野家，但我真没想到，在这个互联网角落，竟然还存在着一个善于点评公厕的群体，我将其称为“厕评家”。

推文用调侃的笔触展示了大众点评用户对公厕的走心评价，还杜撰出了一个新名词叫“厕评家”，大概是“测评家”中比较特别的那一种吧。

> 有人觉得这种点评毫无意义，就像《黑镜》中给每个人打分那样，只是某种虚无的行为，彻底物化了我们的生活，终有一天会被人遗忘在角落。

> 但也有人觉得，大众点评扫清了人们生活的每个死角，发现了残存的精神角落。
>
> 包罗万象的点评就像一把生活标尺，在人们都炫耀着吃喝玩乐的年代，也默默记录着一些不被人关注的生活角落，给人指引，给人共鸣，给人以关怀。
>
> 也许，正如这位老哥所言：热爱生活的人，连去过的公厕都要点评。

亦庄亦谐的文案风格，成就了一篇“有味道”的推文，“热爱生活的人，连去过的公厕都要点评”这类金句的存在更加深了用户对厕所点评一事的印象，让用户在“吐槽”与欣赏之间对大众点评也有了新的好感。

4. 共鸣水平：构建场景，打开用户的情绪阀门

“一个观点引起某个人的注意，必定是因为它勾起了受众某种似曾相识的感觉，而它又包含某个足够突出的差异点以引起受众的再注意。”

这句话里其实已经指出了引起用户共鸣的两个关键因素：唤起让用户似曾相识的场境，有足够的特点能让用户记住。

下面两句文案，哪一句更容易引起爱美女士的共鸣？

A 文案

> 我的女朋友是个爱美的女人，爱美到有点疯狂。

B 文案

> 我的女朋友有超过 50 个色号的口红、30 件不同款式的白衬衫，当你打开她的鞋柜时，你会误以为她是一只蜈蚣。

显然，充满细节和场景感的 B 文案更容易让女士们产生代入感：谁不渴望拥有全部色号的口红与整整一个衣帽间的衣服和高跟鞋呢？B 文案不仅唤起了用户的代入感，还具有差异性，也就是描述稍做夸张，50 个色号的口红、30 件不同款式的白衬衫等并非每位女士都能拥有，所以更容易让人产生记忆。

微信公众号 WeLens 的推文《不过生日很多年，没有为什么》，就洞察到许多人不爱过生日、觉得过生日是麻烦事这一现象，展示出那些不爱过生日的人的真实想法。在推文的前半部分，就描写出过生日令人尴尬或讨厌的一系列场景。

> 下了班想赶紧逃回自己的小世界，也不是那么容易，躲过了职场尬聊的同事，生活中的社交小圈子还等着你一往情深。
> 好久不联系的塑料姐妹花突然发消息给你，想要周末请你去庆生，餐馆订好，人也叫齐，就差你带着礼物现身。
> …………
> 办派对只是入门级，有朋友生日去蹦极，组团出国游，百般花样让你自惭形秽，感慨自己没钱没朋友，但这也还算容易消化。
> 要是不小心刷到前任帮现任大张旗鼓庆生的照片，那才是真的五味杂陈，柠檬精上身，被打脸后仔细一想，“哦，我们才在一起几个月，都没到我生日”。

无辜员工被迫为老板庆生送祝福的苦恼，不得不给关系一般的朋友准备生日礼物的无奈，看到朋友令人自惭形秽的生日派对、不小心看到前任帮现任过生日的照片的不甘……推文中罗列的这些场景，可以勾起许多用户似曾相识的感受，让人们看完后产生共鸣。

在微信公众号槽值的推文《成年人爽翻了的瞬间，一半是投影仪给的》中，就用鲜活的场景描写，展现出投影仪给成年人带来的快乐。

> 捧着手机、ipad 追剧的日子，早就让人感到厌倦。
> 投影仪可爽多了，解放举酸的双手，还再也不用担心“砸脸”。

悠闲的周末，抱着可乐和爆米花，打开囤了一周的剧集，这简直就是当代年轻人的桃源生活。

对于租房的年轻人们来说，小巧便携的投影仪，可以塞进行李箱，走到哪里带到哪里。

相当于用买电视剧的钱，买了一个随带随走的电影院。

生活质量在不知不觉间嗖嗖上升一个档次。

把投影仪比喻成"随带随走的电影院"，形象的比喻体现出投影仪既小巧方便又能提升用户观影体验的特点。"悠闲的周末，抱着可乐和爆米花，打开囤了一周的剧集，这简直就是当代年轻人的桃源生活"描写出了宅家生活的惬意场景，让用户读来就觉得轻松，产生想要立刻下单购买投影仪的冲动。

综上所述，优化内容的对比度、表达方式、信任度及共鸣水平，能够帮助内容在信息过载的新媒体时代获取更多的流量。这本质上需要创作者提升人群洞察力、沟通策略和文案技巧，那些能够流到用户心中的内容，才能为内容带来更强的自传播力。众所周知，在信息饱和时代，内容想要脱颖而出的成本大大增加，传播环境日益碎片化、日益复杂，但找到影响力的杠杆并学会撬动杠杆的技巧，会更容易让文章以更低的成本，获取更高的流量。